基于创新驱动的工程档案知识赋能及其实现路径研究

陈 慧 著

科学出版社
北 京

内 容 简 介

本书从创新驱动发展战略出发，以知识赋能相关理论和方法为基础和手段，挖掘、提取和开发工程档案管理活动中隐含的必需技能、诀窍和专业知识，对其知识赋能体系的多要素、多维度特征进行阐释和解读；基于创新驱动建设要素，以"工程质量创优、产业发展创新、数智技术创先"为典型性应用场景案例，通过实地调查和访谈调研，构建了以知识全活动为核心，事实知识为基础，概念知识和元认知知识为支柱，经验知识为目的，数智技术场域为新作用空间的工程档案知识赋能体系。最后结合工程档案实践工作，提出"构建统筹化的政策法规体系、构建规范化的知识赋能标准、构建精细化的知识管理体系、构建常态化的专家咨询机制、构建立体化的协同发展模式、构建全程化的监督督导机制、构建卓越化的人力资源队伍"七大具体措施，全面保障工程档案知识赋能的实现路径。

本书内容丰富、材料翔实、体系完整且密切联系业务应用场景，兼具理论性和实用性。读者对象包括高校信息资源管理、档案学、工程管理等专业的学生和研究人员，也可供档案实践工作及工程建设等领域的业务人员和管理人员参考使用。

图书在版编目（CIP）数据

基于创新驱动的工程档案知识赋能及其实现路径研究/陈慧著. —北京：科学出版社，2024.6
ISBN 978-7-03-078293-9

Ⅰ. ①基⋯ Ⅱ. ①陈⋯ Ⅲ. ①工程档案－档案管理－研究
Ⅳ. ①G275.3

中国国家版本馆 CIP 数据核字（2024）第 060259 号

责任编辑：阚 瑞 / 责任校对：胡小洁
责任印制：师艳茹 / 封面设计：蓝正设计

科学出版社出版
北京东黄城根北街 16 号
邮政编码：100717
http://www.sciencep.com

中煤（北京）印务有限公司印刷
科学出版社发行 各地新华书店经销

*

2024 年 6 月第 一 版　开本：720×1000　1/16
2024 年 6 月第一次印刷　印张：14 1/2
字数：292 000

定价：129.00 元

（如有印装质量问题，我社负责调换）

前　　言

　　创新是引领发展的第一动力，创新驱动发展战略是我国着力增强国家创新能力和国际竞争力的重大举措。依靠科技创新提升国家综合国力和核心竞争力的同时，工程档案作为工程建设的原始记录，是一种最具重要价值的科技档案，其管理活动是涉及多要素的复杂活动，在管理实践活动中所产生的经验和知识，则是实现其有效管理的基础，也是提升组织整体效益、激发创新内生动力的重要支撑。由于工程档案管理工作困难较多、手段落后且效率低下，档案的真实性、完整性、齐备性、规范性常常难以得到保证，继而难以为知识赋能构筑良好的基础，也为个人和组织的竞争优势和创新能力的提升带来新的困境。在此背景下，研究工程档案知识赋能是时代之所趋、实践之所需。

　　本书以研究工程档案管理中知识赋能体系构建为导向，挖掘、提取和开发其管理活动中隐含必需的技能、诀窍和专业知识，建立其赋能体系和实现机制，实现管理活动中的知识转移和知识管理机制，改善档案工作者的工作，提升工程档案全过程管理的效率、效益和效能，从而提升工程档案的管理质量，促进工程档案在科技创新和创新驱动发展中价值得到充分释放。

　　本书共 9 章。第 1 章主要探讨工程档案知识赋能的研究背景、研究现状与内在意蕴，以及本书的主要内容与结构。第 2、第 3 章是本书的理论基础，以协同创新理论、文件连续体理论、知识生态理论、知识连续体理论为代表性的知识赋能相关理论为基础，深入探究国内外创新驱动指标构建的核心思想，梳理工程档案全过程管理的活动要素及知识赋能内涵，构建基于创新驱动战略背景下的工程档案知识连续体模型，为后续实践研究建立理论敏感度和提供理论支撑。第 4~6 章是本书的核心章节，选取"工程质量创优、产业发展创新、数智技术创先"为典型性应用场景案例，通过实地调查和访谈调研，分析并归纳了工程档案知识赋能要素。第 7 章综合工程档案知识赋能的"三创"实践应用场景，整合工程档案知识赋能要素，结合国内外包括文件管理体系标准、知识管理成熟度模型及数据管理成熟度模型的典型体系，构建面向"三创"实践应用场景的工程档案知识赋能体系。第 8 章分析创新驱动指标，结合工程档案实践工作，提出了工程档案知识赋能的七大实现路径。第 9 章强调了创新驱动战略下档案工作的优化升级对于工程项目建设的重要意义，并对项目的研究局限与后续研究展望进行了阐述。

　　本书的显著特点是：①创新性强。书中的内容全面且新颖，充分反映了国内外本研究领域前沿研究的创新成果，既可以用于科学研究和教学场景，也可满足实践需要。②综合性强。本书涉及档案学、工程管理、信息管理与信息系统等专业领域，汇集多领域的专业知识，为读者呈现一幅综合性极强的知识图景，提供了一个全面、系统的研究视角。③学术性强。本书致力于传递高质量的知识和研究成果，具备扎实的理论基础，并综合使用了典型性案例、扎根理论与访谈法等研究方法，保证新理论产生的效度和信度，此类融合研究方法可为其他类似的归纳法研究项目提供参考和借鉴。④实践性强。本书聚焦三大创新场景"工程质量创优、产业发展创新、数智技术创先"，结合典型性案例的实地调研数据，构建"三创"场景应用下工程档案知识赋能体系和应用路径，为构建完整的、可持续发展的知识管理体系提供实践指导，应用示范研究的相关成果可直接应用于各类档案实务的工作实践。

在项目研究和本书撰写过程中，得到研究小组成员们对项目持续地参与和热情地投入，也得到了"三创"场景应用的档案实践部门的积极响应。在此谨对所有参与项目研究、本书撰写的同仁们表示衷心的感谢。特别感谢参与调查研究的档案专责、工程总工、监理、资料员、质量主管、安全管理、项目经理及信息化实施等档案相关岗位的39位深度访谈参与人。

研究和撰写过程中尽管力求精细，但书中难免存在疏漏之处，恳请专家和广大读者批评指正。

陈 慧

2023年12月于武汉南湖

目　　录

前言

第1章　绪论 ·· 1
　1.1　研究背景 ·· 1
　1.2　国内外研究现状述评 ··· 2
　　　1.2.1　国内研究现状 ·· 3
　　　1.2.2　国外研究现状 ·· 5
　　　1.2.3　研究述评 ·· 6
　1.3　工程档案知识赋能的内在意蕴研究 ························ 7
　　　1.3.1　工程档案的概念界定 ····································· 7
　　　1.3.2　知识赋能的内涵及沿革 ·································· 8
　　　1.3.3　基于创新驱动的工程档案知识赋能的探析思路 ··· 8
　1.4　本书主要内容 ··· 9
　　　1.4.1　研究目标 ·· 9
　　　1.4.2　总体框架 ·· 9
　　　1.4.3　研究思路 ·· 10
　　　1.4.4　研究方法 ·· 12

第2章　基于创新驱动的工程档案知识赋能理论基础 ···· 16
　2.1　协同创新理论 ··· 16
　2.2　文件连续体理论 ··· 17
　2.3　知识生态理论 ··· 19
　2.4　知识连续体理论 ··· 20

第3章　理论敏感度构建 ··· 22
　3.1　创新驱动指数的构建 ··· 22
　　　3.1.1　国外创新驱动指数研究 ································ 22
　　　3.1.2　国内创新驱动建设指数研究 ························· 23
　　　3.1.3　创新驱动指数选择 ······································· 24
　3.2　工程档案全过程管理的活动要素 ·························· 29

	3.2.1 国内外工程档案的特点	29
	3.2.2 国内外工程档案管理及其特点	31
	3.2.3 工程档案管理环节及活动要素	33
3.3	知识赋能及知识连续体研究论述	41
	3.3.1 知识的概念与内涵	41
	3.3.2 知识管理的全活动	51
	3.3.3 知识赋能内涵及其解读	62
3.4	基于创新驱动的工程档案知识赋能研究	69
	3.4.1 创新驱动下工程档案的重点与困境	69
	3.4.2 创新驱动下工程档案知识赋能场景应用	72
3.5	创新驱动下工程档案知识连续体构建	75

第4章 工程质量创优驱动下的工程档案知识赋能体系 ... 80
4.1 研究设计 ... 80
- 4.1.1 案例介绍 ... 80
- 4.1.2 数据收集与处理 ... 82
- 4.1.3 数据分析与编码 ... 84

4.2 案例数据分析 ... 90
- 4.2.1 事实知识 ... 90
- 4.2.2 概念知识 ... 91
- 4.2.3 经验知识 ... 92
- 4.2.4 元认知知识 ... 94

4.3 知识概念体系关系分析 ... 96
- 4.3.1 层级关系分析 ... 96
- 4.3.2 关联关系分析 ... 98

第5章 产业发展创新驱动下的工程档案知识赋能体系 ... 101
5.1 研究设计 ... 101
- 5.1.1 案例介绍 ... 101
- 5.1.2 数据收集与处理 ... 104
- 5.1.3 数据分析与编码 ... 106

5.2 案例数据分析 ... 113
- 5.2.1 事实知识 ... 113
- 5.2.2 概念知识 ... 114
- 5.2.3 经验知识 ... 114

5.2.4　元认知知识···116
　　　5.2.5　知识全过程···117
　5.3　知识概念体系关系分析···117
　　　5.3.1　层级关系分析···118
　　　5.3.2　关联关系分析···118

第6章　数智技术创先驱动下的工程档案知识赋能体系·······································122
　6.1　研究设计···122
　　　6.1.1　案例介绍···122
　　　6.1.2　数据收集与处理···124
　　　6.1.3　数据分析与编码···126
　6.2　案例数据分析···135
　　　6.2.1　事实知识···135
　　　6.2.2　概念知识···136
　　　6.2.3　经验知识···137
　　　6.2.4　元认知知识···141
　6.3　知识概念体系关系分析···143
　　　6.3.1　层级关系分析···143
　　　6.3.2　关联关系分析···145

第7章　面向"三创"场景应用的工程档案知识赋能体系构建·······························147
　7.1　工程档案知识赋能体系···147
　　　7.1.1　工程档案知识赋能要素···147
　　　7.1.2　工程档案知识赋能体系···151
　7.2　国内外典型体系分析与借鉴···153
　　　7.2.1　文件管理体系标准···153
　　　7.2.2　知识管理成熟度模型···155
　　　7.2.3　数据管理成熟度模型···157
　7.3　基于工程档案的知识赋能体系构建···161
　　　7.3.1　基于工程档案的知识赋能体系特色···161
　　　7.3.2　基于工程档案的知识赋能体系支撑···166
　　　7.3.3　面向"三创"场景的工程档案知识赋能构建···································170

第8章　基于创新驱动的工程档案知识赋能体系的实现路径·······························172
　8.1　基于创新驱动的工程档案知识赋能路径选择···172

  8.1.1 创新驱动建设要素选择 …………………………………… 172
  8.1.2 创新驱动下的工程档案知识赋能路径框架 …………… 177
 8.2 基于创新驱动的工程档案知识赋能路径实现 ……………………… 179
  8.2.1 构建统筹化的政策法规体系 …………………………… 179
  8.2.2 构建规范化的知识赋能标准 …………………………… 180
  8.2.3 构建精细化的知识赋能体系 …………………………… 180
  8.2.4 构建常态化的专家咨询机制 …………………………… 183
  8.2.5 构建立体化的协同发展模式 …………………………… 184
  8.2.6 构建全程化的监督管控机制 …………………………… 184
  8.2.7 构建卓越化的人力资源队伍 …………………………… 185

第 9 章 总结与展望 …………………………………………………… 186
 9.1 研究结论 ……………………………………………………………… 186
 9.2 研究局限 ……………………………………………………………… 188
 9.3 研究展望 ……………………………………………………………… 188

参考文献 ………………………………………………………………………… 190

附录　访谈提纲 ………………………………………………………………… 216

第1章 绪 论

本章在对全书研究背景与研究意义进行深入分析的基础上,指出当前工程档案管理存在的一系列问题,提出应以工程档案为研究对象,以知识赋能相关理论和方法为手段,挖掘、提取和开发工程档案管理活动中隐含必需的技能、诀窍和专业知识,对其知识赋能体系的多要素、多维度特征进行探索与研究。总之,本章对项目研究及报告撰写的研究意义、研究内容、研究思路、研究方法、研究创新等方面进行了系统介绍。

1.1 研 究 背 景

赋能,最早源自组织管理领域的"授权赋能"一词。20世纪80年代,国外开始兴起"授权赋能"的研究,通过权力下放等行为激发员工工作效能[1],是激励员工不断创新与学习的有效手段[2]。随着社会经济的发展,赋能理论逐步应用于其他领域。在大数据时代,数据赋能通过创新数据的使用场景及技能和方法来实现数据的价值[3]。在知识经济时代,人类社会从以生产物质产品为主导的工业社会转为以智力资源和知识生产、配置、占有使用为主的新时代,知识成为最具价值的资源[4]。知识赋能通过赋予个人技能(skill)、诀窍(know-how)和专业知识(expertise),使得个人可以更有效地、高效地处理复杂的情况,尤其是解决现实问题和突发性问题[5],在应对快速变革的信息社会时,知识赋能的实现也极大地提高了组织的竞争优势和创新能力[6]。

创新驱动就是创新成为引领发展的第一动力,科技创新与制度创新、管理创新、商业模式创新、业态创新和文化创新相结合,推动发展方式向依靠持续的知识积累、技术进步和劳动力素质提升转变,促进经济向形态更高级、分工更精细、结构更合理的阶段演进。创新驱动是国家命运所系。国家力量的核心支撑是科技创新能力,我国将创新驱动发展作为国家战略,以科技创新为核心带动创新体系构建,把科技自立自强作为国家发展的战略支撑,从而为建设高水平的创新型国家凝聚强大合力。2022年,中央网络安全和信息化委员会印发了《"十四五"国家信息化规划》,明确提出要深入实施创新驱动发展战略,构建以技术创新和制度创新双轮驱动、充分释放数字生产力的创新发展体系[7]。在依靠科技创新提升国家综合国力和核心竞争力的同时,包含"在自然科学研究、生产技术、基本建设等活动中形成的应当归档保存的图纸、图表、文字材料、计算材料、照片、影片、录像、录音带等科技文件材料"的科技档案就显得尤为重要了[8]。工程档案作为一种最具重要价值的科技档案,是工程建设的原始记录,是再现工程建设的重要文献[9],对于支撑科技创新具有重要的知识储备、依据凭证和情报作用[10,11]。工程档案具有内容广、数量多、形成时间长、复杂可变、参与主体多等突出特点[12],其管理过程是不同层次业务活动协同互动的复杂非线性过程,管理活动是涉及多要素的复杂活动,在管理实践活动中所产生的经验和知识,则是实现有效管理的基础。但是,因为工程档案管理工作困难较多、手段落后且效率低下,档案的真实性、完整性、齐全性、规范性常常难以得到保证,继而难以为知识赋能创造良好的基础,提升个人和组织的竞争优势和创新能力。

由此,研究工程档案管理工作的知识赋能,挖掘、提取和开发其管理活动中隐含必需的技能、诀窍和专业知识,建立其赋能的方法和实现机制,实现管理活动中的知识转移和知识管理机制,对于改善档案工作者的工作,提升工程档案全过程管理的效率、效益和效能,保障工程档案的管理质量,促进工程档案在科技创新和创新驱动发展中的作用具有重要的理论价值和实践意义。

1.2 国内外研究现状述评

20 世纪 50 年代以来,大多数国家就开始从自身国情出发,积极寻求实现工业化和现代化的正确道路,许多发达国家均把科技创新作为国家基本发展战略,以提高科技创新能力为目标,逐渐形成日益强大的竞争优势,进而实现创新驱动发展[13]。2015 年 3 月,中共中央、国务院出台《中共中央 国务院关于深化体制机制改革加快实施创新驱动发展战略的若干意见》文件,指导深化体制机制改革加快实施创新驱动发展战略[14]。2022 年,习近平总书记在党的二十大报告中再次提出加快实施创新驱动发展战略,将创新的战略意义提升到了新的高度[15]。在 2023 年 3 月 5 日的第十四届全国人民代表大会第一次会议上,国务院总理李克强在政府工作报告中,也明确肯定了创新驱动发展战略的实施对产业结构优化升级的重要意义[16]。随着创新驱动发展目标的确立,创新思维的浪潮正在深刻而强烈地影响着各行各业,逐步形成了创新赋能的新模式,这一模式在为档案领域带来发展机遇的同时,也使其经受前所未有的考验与挑战。依靠科技创新提升综合实力和核心竞争力的同时,作为"在自然科学研究、生产技术、基本建设等活动中形成的应当归档保存的图纸、图表、文字材料、计算材料、照片、影片、录像、录音带等科技文件材料"的科技档案就显得尤为重要了。

工程档案是科技档案的重要组成部分,作为一种极具特色的档案类型,其管理工作也同样受到新常态的影响。工程档案指工程项目建设活动中直接形成的，"具有归档保存价值的文字、图表、声像等不同形式和载体的历史记录"[17]，为日后管理、维护、营运、改扩建和稽查、审计、监督、管理、验收工程提供了重要的凭证依据，为工程项目的成本、质量研究提供最真实的理论数据，具有重要的社会价值[18]、学术价值[19]和文化价值[20]。在科技创新的驱动下，工程档案管理与创新的交互程度不断深化，越来越多档案领域的学者对档案管理创新与变革进行探索。

工程档案具有内容广泛、数量庞大、形成时间长、复杂可变、参与主体多等突出特点，其管理过程是不同层次业务活动协同互动的复杂非线性过程，管理活动是涉及多要素的复杂活动，在管理实践活动中所产生的经验和知识，则是实现有效管理的基础。但是，因为工程档案管理工作困难较多、手段落后和效率低下，档案的真实性、完整性、齐全性、规范性常常难以得到保证，继而难以为知识赋能创造良好的基础，提升个人和组织的竞争优势和创新能力。当前，国际竞争日趋激烈，国家的发展不再取决于自然资源和人口数量，而是越来越依赖创新的力量[21]。企业作为创新驱动发展的关键力量、建设创新型国家的重要主体，创新力量来源于人才培养，而知识管理驱动着人才培养。

"知识管理"这一概念最早于1955年由美国学者Drucker提出，直至20世纪80年代理论研究才正式开始。随着数字经济和知识经济的到来，人类社会从以生产物质产品为主导的工业社会转为以智力资源和知识生产、配置、占有使用为主的新时代，知识成为最具价值的资源，知识管理迎来新的挑战和机遇，受到广大学者的关注。

1.2.1 国内研究现状

1.2.1.1 工程档案研究现状

从工程档案的内容视角来看，国内学者的研究角度涉及工程档案的相关概念界定、工程档案的作用、工程档案存在的问题和针对问题的解决措施等。在概念界定方面，张玉琴从工程项目前期的数据资料收集和建设，工程项目中、后期的数据材料收集和建设及工程项目主件、附件、补充文件的收集与建设等3个要素出发，分析工程档案收集的要点和要素[22]。在作用意义方面，乔刚强调制度化、规范化和标准化是做好企业项目档案工作收集的重要保障，同时也指出将档案管控方法、理念融入文件过程控制中，可以对档案完整性、准确性、系统性起到前端控制作用[23]。陈玉兰提出工程档案是建设工程的有机组成部分，是提高工程档案质量的重要手段，强调了工程档案的重要性[24]。在问题和对策方面，廖玉玲基于云计算的建设工程档案开展全过程监管模式可行性研究，提出工程档案建设存在信息化建设不完善、档案管理人员临时性与兼职性较强、专业意识缺乏及档案收集不全等问题[25]。

从工程档案的应用视角来看，现有相关研究大多源于实践单位，主要针对工程档案管理实际问题提出创新优化路径，其应用实例多集中于电网工程、建筑工程、水利工程等应用领域。王晓波提出电网工程档案为电网应急抢险和改扩建工程提供了有力支撑，指出其具有专业性、多媒体性、复杂性和协同系统性等特点[26]。姬广鹏以国家电网为研究对象，提出电网企业工程档案管理具有投资规模大、参建单位多、工程周期长、参建单位档案人员少且变化快等特点，故导致工程档案质量控制难度大、共享利用成效低等问题[27]。张威以建筑工程档案为研究对象，剖析建筑工程档案所包含的内容分类，如土建工程及水电、设备安装、竣工图和综合性文件资料，并进一步提出建设工程档案存在项目建设与档案建设不同步、档案材料填写不真实及档案移交不及时等问题，并提出应健全档案管理制度，制定相应的档案管理制度，明确建设单位、勘察设计单位、招投标代理机构、施工单位和监理单位等工程项目管理人员的职责，加强竣工验收档案资料质量要求，及时审核并发现问题[28]。张海军以水利机构工程档案为研究对象，强调水利工程档案管理人员素质有待提高及档案管理方式缺乏科学性。他从水利工程档案的特性入手，提出工程档案是一项专业化、系统化的工作，而工作人员缺乏专业培训导致档案工作的实际效率比较低，由此提出全面提升档案工作人员的档案素养和结合实际实施科学的档案管理，强调应引进先进智能终端设备，切实加强档案管理人员的信息化素养[29]。

1.2.1.2　知识管理研究现状

从知识管理的内容视角来看，乌家培教授表明"知识管理是信息管理的延伸，是信息管理发展的新阶段，是将信息转换为知识，并用知识提高特定组织的应变能力和创新能力"[30]。该定义界定了知识管理中知识的流向是知识采集、知识应用、知识创新、知识传递和知识应用。王广宇则认为知识管理"包括知识的获取、整理、保存、更新、应用、测评、传递、分享和创新等基础环节，并通过知识的生成、积累、交流和应用管理，复合作用于组织的多个领域，以实现知识的资本化和产品化"[31]。

从知识管理的应用视角来看，国内学者从知识管理在组织创新和企业绩效等方面的影响展开讨论，并且在实践中建立知识管理模型。张洁梅和李丽珂以华为和联想为典型案例研究，通过实证研究得出提升企业创新绩效与充分利用顾客知识管理之间存在密不可分的关系[32]；林勋亮指出知识管理对企业自主创新起到了正向的促进作用[33];伏虎等则是结合了企业管理的视角,采用结构方程模型,量化研究了企业知识生产及流动与企业管理活动之间的关联影响[34]。

1.2.2 国外研究现状

1.2.2.1 工程档案研究现状

从工程档案的内容视角出发,国外研究也涉及工程档案的相关概念、作用、问题及解决问题的路径等方面。在概念界定方面,Stewart 认为工程档案是对工程实施全过程控制的原始记录,可以有效地维护组织的经济效益[35],而建筑档案中的主要组成是工程档案,可以包括建筑工程设计、施工过程中产生的各种图形文件[36]。在作用意义方面,Mandičák 等认为建设项目管理正通过现代信息通信和知识技术进行,文件管理系统可以保障建设项目中各参与方之间的数据和信息的有效交换,收集整理工程档案有助于企业进行决策制定,也有助于改进对项目的控制[37]。Song 认为对工程档案进行管理,能够促进工程安全、提高工程质量、降低工程成本、审核工程进度及优化信息管理。工程档案还可以应用于对突发事件的处理,为有关部门在决策时及时提供有效数据,降低事故带来的风险[38]。Sage 等认为工程档案其实起到了知识工具的作用,可以为工程建设提供参考建议[39]。Scherer 和 Schapke 则建议通过对工程档案的创新管理,借助分布式的信息服务平台,为工程建设提供决策依据[40]。Williams 和 Bryde 也表明翔实的工程记录、科学的数据统计和规范的归档分类,有利于管理层评估工程建设的成本,有效控制成本,从而产生更大的经济效益和社会效益[41,42]。在问题和对策方面,Lee 指出项目管理信息系统在施工管理中发挥着重要作用,但是很少有企业将新兴数字技术应用在档案工作上[43]。Harrison 指出由于工程档案以多种载体形式(纸张、磁带、软盘、电子文件等)分散存储在多个部门之中,难以集中管理,且各个工程参建单位的收集质量不平衡,经常出现人为无意识的数据重复录入和数据缺失等问题,尤其在数据存储上也无法保障其永久有效性[44]。

从工程档案的应用视角来看,现有相关研究主要为具体领域应用中工程档案的案例研究。Seo 和 Kim 以 Web-GIS 交通工程档案为例,认为在档案资源开发和利用的过程中,工程档案的原件容易受到损毁[45]。

1.2.2.2 知识管理研究现状

从知识管理的内容视角来看,国外学者主要研究及探讨界定知识管理的活动流程。Lee 等建立了知识流程模型[46],其中知识链由知识管理基础和知识过程管理组成,并指出知识管理的核心流程为知识获取、知识创新、知识保护、知识整合和知识扩散。

从知识管理的应用视角来看，国外学者多从知识管理与创新能力的关系开展研究，同时探索有效的知识管理系统。Vrontis 等与 Santoro 等均采用结构方程模型，量化研究了知识密集型企业中知识管理系统与知识管理能力、开放式创新与创新能力之间的关系，得出知识管理系统可以提高组织内部知识管理能力，开放和协作的生态系统可以促进组织内外部之间的知识流动，从而提高企业创新能力[47,48]。Bongku[49]运用实证分析方法探索印度尼西亚咨询公司有效的知识管理系统。

1.2.3 研究述评

总的来说，在工程档案管理方面，可以看出我国学界及业界已有一定的探索，对于工程档案的研究侧重于基础理论研究与实例研究两大方面，并反映出工程档案建设过程中存在许多不完善的地方，如信息化建设、管理组织制度建设、管理组织方法建设及档案管理人员建设等方面，需要进一步提出完善的建设方案与系统平台，推动工程档案的不断发展。相对于国内而言，国外侧重于对信息技术、管理系统等领域研究，并且意识到工程档案对于企业管理及项目进展的重要性。

在知识管理领域，尽管现有研究对知识管理的理论内容和应用实际进行了大量探索与分析，但是在现有研究中，知识管理领域的关于在创新驱动背景下的知识赋能研究涉猎较少，缺乏较为深入的研究。在创新驱动的背景下，新兴技术的崛起与发展，也会进一步提升知识管理领域研究的合作水平，因此需要促进跨行业、跨领域、跨平台的知识创新，探索出适用于我国科技创新建设的知识管理模式。

根据文献调研显示，专门将"工程档案"结合"知识/知识管理"的研究很少，没有形成系统完善的研究成果。国内研究主要集中在：①从档案内容开发的角度，采用知识仓库和知识网络，实现工程档案的智能服务[50]；②以知识管理的思维，形成关键文件获取逻辑图，实现工程项目前期档案的处理[51]；③在知识管理的背景下，以深圳某地铁线的档案管理信息化建设历程为例，深入探讨知识化管理在工程建设单位的档案建设应用发展情况[52]；针对工程设计行业产生的海量档案数据，提出了一种更为高效的知识管理系统——EDI-EKM[53]；④以工程勘探设计档案为主要对象，探讨档案知识积累、档案知识组织及档案知识服务的具体实施建议[54]，并研究知识管理理念引入工程勘探设计企业智慧档案馆建设中的策略[55]。国外研究主要集中在：①将卫星工程项目管理中形成的技能和隐性知识的形式进行归档，形成重要的档案资源[56]；②以文档管理的思维，去捕获管理中形成的知识，并储存于系统中[57]。

基于对国内外相关研究的调研分析，目前多数学者都是针对知识管理在工程设计勘测档案展开概念性研究，只是单纯提出知识管理可以应用于工程档案中，但是更具体的应用场景与应用策略鲜少被提及，在工程档案与知识管理相结合的应用研究领域仍存在很大的空白。因此本书在国内外工程档案与知识管理的研究成果基础上，创新性地从知识赋能工程档案的角度，对工程档案进一步地分析整理，在创新驱动发展战略背景下，对工程档案中的知识管理展开研究。

1.3 工程档案知识赋能的内在意蕴研究

档案知识挖掘可以使档案活起来、用起来，以适应新技术背景下的新需求。本节在知识挖掘的基础上，提出知识赋能路径的构建，释放档案在推动工程质量创优、产业发展创新、数智技术创先等方面的价值。本节界定了工程档案的概念，梳理了知识赋能的内涵和原则，以此探析工程档案知识赋能的内在意蕴。

1.3.1 工程档案的概念界定

《工程建设常用专业词汇手册》中将工程档案定义为"在整个工程建设过程中，包括从立项、审批到竣工验收备案等一系列活动中直接形成的文字、图表、声像等各种形式的有价值的历史记录"，将建设工程档案定义为"在工程建设活动中直接形成的具有归档保存价值的文字、图表、声像等各种形式的历史记录，也可简称工程档案"。在《工程建设常用专业词汇手册》中，虽然工程档案与建设工程档案的表述略有出入，但两者基本内涵一致，故认为两者为同一概念。

此外，据文献调研所知，学者普遍认为工程项目从设计到建设到完工的整个过程中产生的所有资料的总和即为工程档案[58]。有人将"工程技术资料"称之为"工程档案"，指"本公司在工程实施过程中形成和收集的具有保存价值的各类文件、与公司有关的各种文字记录、图纸、电子文档、光碟、图片、录像带、书籍及其他有关实物"[59]。有人直接指出"工程档案"即"工程建设、管理过程中形成的具有保存价值的各种形式的历史记录，是工程项目从立项、设计、施工、监理、验收的过程中形成的文件材料"[60]。还有部分学者多次提到"工程项目档案"[61]。本书将该概念表述与"工程档案"相比较，发现：两者均强调档案产生于工程项目建设与管理过程中；都包括文字、表格、声像、图标等各种形式的载体；都强调其保存价值与原始记录性；两者表述没有显著性差别，因此认为"工程档案"和"工程项目档案"所表达的概念基本一致，考虑为表述的习惯差异。

综上，本书认为工程档案泛指一切建设工程档案、工程技术资料和工程项目档案。基于表述的完整性与全面性，本书拟采用徐继铭关于工程档案的概念表述，即工程档案包括立项、审批、招投标、勘察、设计、采购、施工、监理、质量监督、竣工验收和后评价等全过程中形成的，具有保存价值的应归档保存的文字、图表、声像等载体形式的全部文件，是项目整体活动的原始记录[62]。

1.3.2 知识赋能的内涵及沿革

知识赋能是"赋能"理论在后知识时代的重要研究主题。随着人工智能等智能技术的大力应用，学术界及实践部门利用智能技术进行知识管理，挖掘知识管理中的智慧潜能和知识资产，同时知识管理也从注重集体智慧演变为注重个人智慧和集体智慧并存，逐渐形成以知识共享来驱动知识创新，到以知识赋能为基础驱动知识创新的变革。尤其是在后知识服务时代中，知识管理强调应充分激发员工的内在潜能，凸显员工的个人价值，对其进行知识赋能，以提升企业整体的组织效益。在此背景下，知识赋能开始关注个人价值，主张与其在组织岗位上的权力契合，强化个人智慧在知识管理中的应有作用，更加注重隐性知识的挖掘与共享。

我国的相关学者也针对知识赋能展开研究，但尚未形成统一定义。张翠娟、柯平等学者提出知识赋能是"激活知识主体内在潜能，使其知识活化，提升其知识认识及转化能力"，进行知识创新和知识价值化[63]。姚伟、柯平等强调知识赋能是知识动员活动参与者所处空间的知识不对称现象所形成的，其基础是知识共享及交流，尤其是在动员活动中知识参与者的去中心化[64]。

综上，结合本书的相关分析，将知识赋能界定为两种含义，一是利用知识进行赋能，指知识促进客体对象主题的发展；二是赋能知识本身，即柯平所提出的概念，强调激活知识主体本身，使知识活化。

1.3.3 基于创新驱动的工程档案知识赋能的探析思路

在创新驱动发展战略背景下，新兴信息技术的发展冲击着工程档案的生成方式与管理手段。在此背景下，基于工程档案的真实性、全面性和价值多元性，数智技术的普及、发展对于工程项目档案挖掘知识潜能、转化为知识资产、提升组织整体效益起到关键作用，如何将新技术应用于工程档案知识赋能的实现路径成为本书研究、阐述的重点。

本书以创新驱动为背景，工程档案管理活动为基础，知识管理活动为依托，逐步探析工程档案知识赋能的内在意蕴，构建赋能的可行路径。本书以协同创新理论、文件连续体理论、知识生态理论和知识连续体理论作为理论基础，在工程档案知识赋能内涵中，引入多元主体协同管理、前端控制、全过程动态管理的思想；以国内外创新驱动指标作为行动参考，梳理工程档案全过程管理的活动要素，构建工程档案知识连续体模型，为后续实践研究建立了理论敏感度；以赋能理论与创新指标相结合，为赋能体系的构建夯实基础，本研究对国家创新示范工程参与人员展开访谈，初步构建工程档案知识赋能的基本体系，解析"三创"——工程质量创优、产业发展创新、数智技术创先三个维度下，工程档案知识赋能的关键性要素，将创新驱动应用于工程档案的全过程知识赋能，并提出工程档案知识赋能的实现路径，包括法规体系、标准规范、赋能体系、咨询机制、协同模式、监督机制及人力资本7个方面。

本书选择了创新驱动背景下3种创新应用场景作为典型案例，采用实地调研、线上访谈等手段，对收集到的访谈数据进行编码，并严格遵循概念间的原始联系，逐层解读，逐级分类，形成以知识全活动为核心、事实知识为基础、概念知识和元认知知识为支柱、经验知识为目的的基于创新驱动的工程档案知识赋能体系。

综上，本书以扎实的理论基础与真实的实践经历为依托，探索科技创新与工程档案知识赋能之间的联系，探究适用于科技创新建设的知识管理模式，提出构建一条基于我国创新驱动发展战略下的工程档案知识赋能体系及实现路径，为学术领域和实践领域继续深入工程档案知识赋能的研究和实践提供参考借鉴。

1.4 本书主要内容

本书以工程档案为研究对象，分析创新驱动背景下档案工作面临的机遇和挑战，并通过实地调研等方式进行数据的收集、分析、关联、组合，形成工程档案知识赋能实现路径，以期为相关研究提供参考与借鉴。本节主要介绍本书的研究目标、总体框架、研究思路、研究方法，对本书进行概括介绍。

1.4.1 研究目标

本书以工程档案为研究对象，以知识赋能相关理论和方法为手段，挖掘、提取和开发工程档案管理活动中隐含必需的技能、诀窍和专业知识，对其知识赋能体系的多要素、多维度特征进行探索与研究。研究总目标是梳理工程档案管理工作的知识赋能，建立其赋能的方法和实现机制，实现管理活动中的知识转移和知识管理机制。基于总体研究目标，研究目的如下。

(1) 分析总结创新驱动战略的深入实施对科技创新和工程档案管理工作的意义和挑战，提出实现科技创新和工程档案管理活动的知识识别、转移和赋能的重要性，完成创新驱动战略、档案管理与知识识别的逻辑梳理。

(2) 对工程档案全过程管理中形成和积累的赋能知识进行分析，对赋能知识进行识别、挖掘、分类和利用，明晰知识赋能一般路径，构建知识概念框架。

(3) 探索赋能知识的结构、要素和类型，研究知识结构内部要素和要素之间的逻辑关系和关键控制点，为实现知识赋能提供保障。

1.4.2 总体框架

本书共包括4个部分，总体框架见图1.1。

```
┌─────────────────────────────────┐
│        理论敏感度构建            │
│ 创新驱动策略的落实对工程档案全过程管理的挑战 │
│  国内外赋能知识的范围和知识赋能的方式研究  │
└─────────────────────────────────┘
              ↓
┌─────────────────────────────────┐
│         调研框架构建             │
│  三要素(主体联盟、过程联通、要素联结)  │
└─────────────────────────────────┘
              ↓
┌─────────────────────────────────────────┐
│      赋能知识的识别和实现赋能的框架构建       │
│  ┌──────┐ ┌──────┐ ┌──────┐ ┌──────┐  │
│  │理论依据│ │要素范畴│ │要素关系│ │影响赋能│  │
│  │知识生态│ │概念框架│ │ 结构  │ │ 因素  │  │
│  │理论相关│ │组成要素│ │层次结构│ │关键要素│  │
│  │  理论  │ │       │ │流程结构│ │障碍因素│  │
│  │知识连续│ │       │ │关联关系│ │       │  │
│  │体理论  │ │       │ │       │ │       │  │
│  │数字连续│ │       │ │       │ │       │  │
│  │性理论  │ │       │ │       │ │       │  │
│  └──────┘ └──────┘ └──────┘ └──────┘  │
└─────────────────────────────────────────┘
              ↓
┌─────────────────────────────────┐
│       知识赋能的验证性研究         │
│ 要素内在关系检验、赋能的关键控制点检验、适用性检验 │
└─────────────────────────────────┘
```

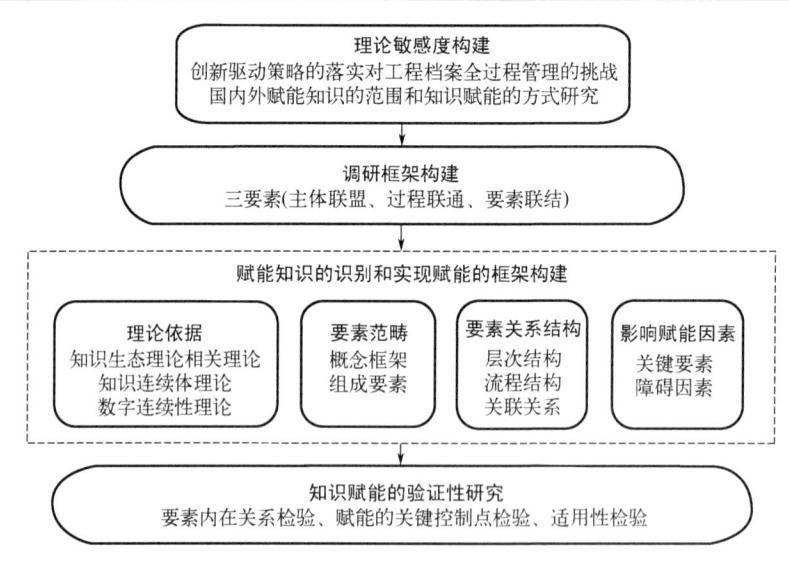

图1.1 基于创新驱动的工程档案知识赋能及其实现路径研究框架

(1) 理论敏感度构建。开展创新驱动发展的战略研究，调研并总结创新驱动发展的战略意义，从工程档案全过程管理活动的认知角度，分析工程档案管理面临的新问题和新挑战；调研并总结国内外赋能知识的需求、现状和主要问题，梳理现有知识转移的手段和技术，以及知识赋能的方法。

(2) 调研框架的构建，即工程档案全过程管理的基本流程分析。以主体联盟、过程联通、要素联结为主体框架，以活动全流程为分析主线，重点分析出活动中影响三要素的重要行为方式，为产生和积累的赋能知识构建调研分析框架。

(3) 知识赋能的概念框架和构成要素，以及知识赋能的实现路径分析。在知识生态理论相关理论、知识连续体理论、数字连续性理论等相关支持理论研究上，通过调研数据分析，归纳总结赋能知识在管理活动中的形态特征，构建知识的概念框架、组成要素及要素关系结构；针对实现路径，分析影响知识赋能的关键要素及障碍因素，比较分析造成知识赋能薄弱的原因及其有效对策；调查研究隐性知识赋能的构建是否能够对工程档案管理的效率和效益产生影响，如何产生积极影响，避免负面影响。

(4) 知识赋能的验证与应用示范研究。根据其他类似管理模式的理论框架，完善调研研究成果，并选择典型案例，开展应用示范；在应用示范研究的基础上，提出工程档案赋能知识的识别和知识赋能的有效途径与对策，以及指导未来工作可持续改进的方法和建议。

1.4.3 研究思路

本书整体上秉承"理论构建——实证研究——分析结果"的思路(图1.2)。首

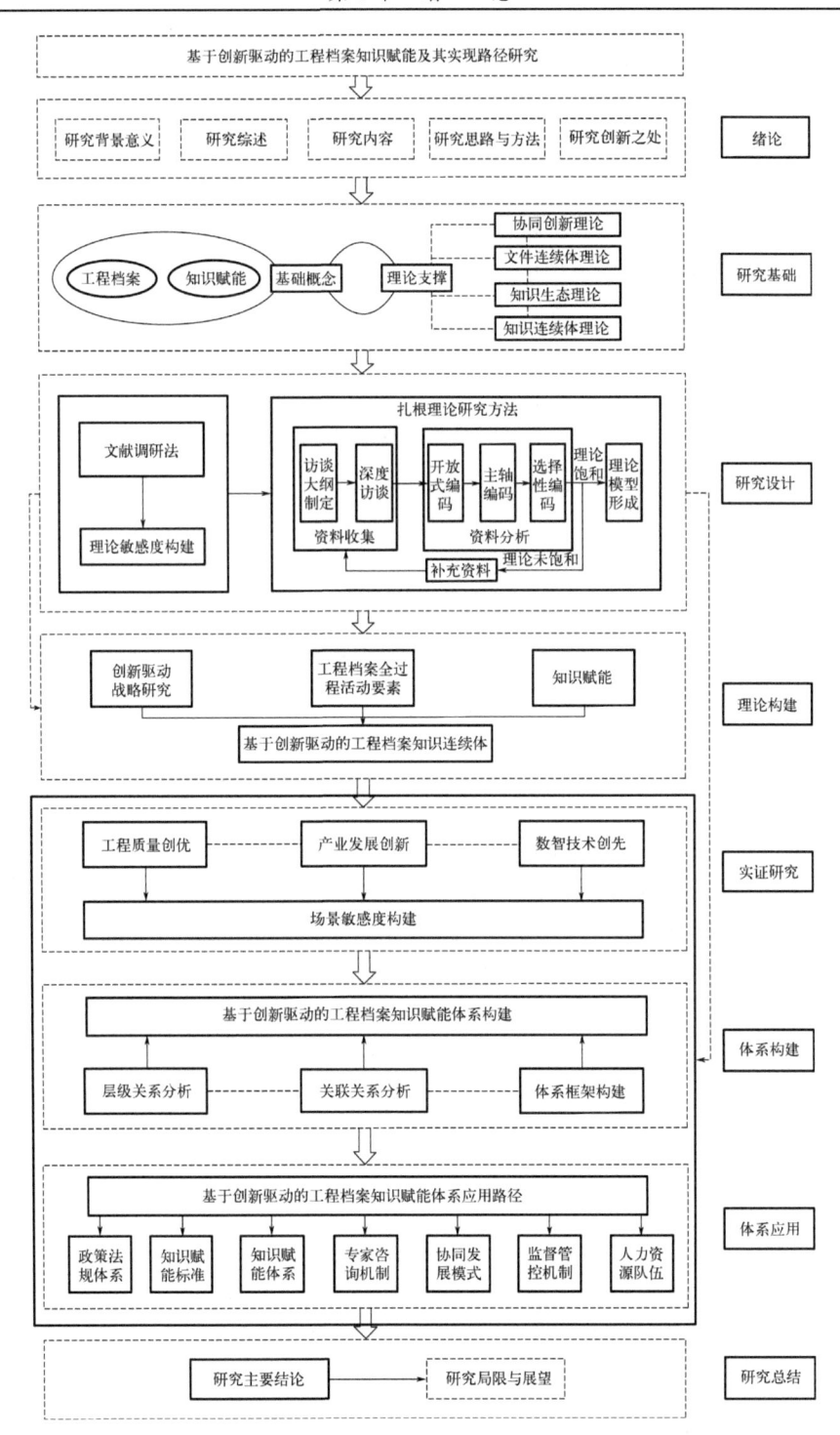

图 1.2　基于创新驱动的工程档案知识赋能及其实现路径研究思路

先采用文献调研法，掌握创新驱动、工程档案全过程管理及知识赋能等概念内容，为本研究提供理论研究基础。在此基础上，本书详细分析了创新驱动背景下工程档案知识赋能的场景应用及理论要素，形成了"理论敏感度"。其次，本书以创新驱动发展中具有代表性的 3 大类型作为场景应用进行实地调研，选取某大型电网公司下属分公司承担的国家创新示范工程 A 作为工程质量创优调研对象；选取新能源工程建设和清洁能源行业具有代表性的 3 家公司 B1、B2、B3 作为产业发展创新调研对象；选取档案数字化技术研发公司 C 作为数智技术创先调研对象。通过实地走访、半结构化访谈等形式，了解相关案例的实际建设情况，并剖析其特色之处，形成本书的"场景敏感度"研究。最后，本书在理论构建与实地调研的基础上，对相关数据进行深入分析，探索要素之间的层级关系、结构关系与关联关系，并基于此形成工程档案知识赋能实现路径，以期为相关研究提供思路参考与借鉴。

1.4.4 研究方法

本书综合使用了文献调研法、典型性案例、扎根理论与访谈法等多种研究方法，以确保研究的连贯性、深入性与系统性。

1.4.4.1 文献调研法

本书采用文献调研法对"创新驱动""工程档案""知识管理""知识赋能"等方面开展研究，目的在于获得对研究的核心概念的基础理解。本书调研并总结创新驱动的战略意义及评价指标；从工程档案全过程管理活动的认知角度，分析工程档案管理面临的新问题和新挑战；调研并总结国内外赋能知识的需求、现状和主要问题，梳理现有知识管理的主要环节，以及知识赋能的概念体系，形成理论敏感度研究。基于此，保证研究成果的前瞻性，建立课题研究的理论基础，提出工程档案管理中的重要环节活动；采用模型构建方法，针对相关国内外研究，构建出工程档案与知识赋能的主要要素框架，为研究活动中产生和积累的知识构建调研基础。

1.4.4.2 典型性案例研究

Platt 提出案例研究是一种实证研究，它并不是一种收集数据的做法，也不仅是一种设计特征，而是一种周延而完整的研究策略[65]。本书选取 3 大创新性场景应用，逐步构建基于创新驱动的工程档案知识赋能体系。

(1) 场景一：工程质量创优。以某大型电网公司下属分公司承担的国家创新示范工程 A (以下简称"质量创优 A 工程") 为主要应用案例，初步构建本书的场景敏感度。该国家创新示范工程实现多项电网技术的创新,创造多项世界第一,包括世界上容量最大的特高压多端直流输电工程、首个特高压柔性直流换流站工程等。建设质量创优 A 工程是落实西电东送战略,促进清洁能源消纳的重要举措,也是实现资源优化配置,服务粤港澳大湾区建设的现实需要和推动科技创新、增强公司全球竞争力的重大机遇,对于推动绿色发展、创新发展、区域协调发展具有里程碑式的意义。质量创优 A 工程的建设意味着我国在特高压多端、柔性直流输电技术创新方面处于制高点,在提升远距离、大容量、大电源状况下电网运行的安全稳定和经济性等方面,为未来大规模可再生能源基地的开发与并网提供强有力的技术支撑。

质量创优 A 工程的建设初期就以工程质量创优目标及保证措施为标准,为确保工程施工各个标段按创优目标的顺利实现,建设单位结合工程建设的特点,制定了创优细则,通过细化创优目标,深化创优措施,以加强工程项目的过程管控,达到创国家优质工程的目标。在创优建设过程中,建设单位办公室依据《中华人民共和国档案法》《中华人民共和国档案法实施办法》《建设项目档案管理规范》(DA/T 28—2018)等文件建立了工程档案创优的检查内容,主要包含新技术应用实施方案与记录、工程安全无事故证明文件等,并要求参建单位的管理质量体系、职业健康安全管理体系、环境管理体系认证证书有效期至少截止于工程竣工后 3 个月等。通过加大创优工程档案检查,推动了建设单位的工程档案建设,满足国家、行业、公司的质量标准、控制标准和验收规范,促进文档管理的齐全完整。

因此在创新驱动背景下,研究工程质量创优建设中工程档案的知识赋能路径,对于其他工程质量保障建设中工程档案知识赋能建设具有参考意义和价值。

(2)场景二:产业发展创新。以新能源工程建设和清洁能源行业具有代表性的 3 个公司 B1、B2、B3(以下分别简称"产业创新 B1 公司""产业创新 B2 公司""产业创新 B3 公司")为调研对象,详细构建本书的主体理论。产业创新 B1 公司是集风电、光伏、氢能、综合智慧能源等为一体的综合型清洁能源企业,是新能源发展的主力军之一,在新能源发电产业经验丰富,成绩斐然,能够在产业创新领域提供数据支撑。产业创新 B2 公司则抓住国家鼓励发展风电的机遇,将发展风电作为突出公司清洁能源定位、开拓可再生能源领域的重要战略部署,予以大力发展。截至目前,该公司已在主营业务范围内累计建成投运多个带电风电场和光伏电站,投运容量居全省第一。产业创新 B3 公司作为超大型煤炭港口企业,以清洁、绿色、环保为导向,着力缩短各个省间煤炭的运输距离,打造清洁能源产业链条,同时也是我国西煤东运、北煤南运的主通道之一。产业创新 B3 公司以打造"绿色、高效、国际一流能源大港"为目标,高度重视环境保护工作,加大环境保护投入,制定全港煤尘治理项目实施方案,对煤尘污染严重的区域进行重点治理，强化绿色港区管理，整体优化港区生态发展环境。3家企业在能源领域创新发展，其新能源工程档案管理中的知识对构建知识赋能要素体系具有指导性意义。

在"碳达峰、碳中和"的目标引领下，新能源等清洁能源行业发展前景广阔。从"十四五"现代能源体系建设顶层设计的部署，到新型储能、氢能等各类专项规划设置，多项政策明确能源绿色低碳转型的路线图，积极发展能源新产业成为新趋势。国家发改委、国家能源局发布的《"十四五"现代能源体系规划》为"十四五"时期加快构建现代能源体系、推动能源高质量发展制定了总体蓝图和行动纲领，从3个方面推动构建现代能源体系，其中就包括了提升能源产业链现代化水平，增强能源科技创新能力，加快能源产业数字化和智能化升级。新能源工程档案是在新能源项目建设及管理过程中形成的，能够真实反映项目建设期间整个施工过程的文字、图表、声像等不同形式和纸质、光盘等不同载体的全部文件材料。新能源工程档案真实完整地记录了新能源项目建设的各项活动，是反映项目建设全过程唯一的依据性技术成果，对新能源项目验收和评优具有重要作用，也是项目后期维护和检修的重要依据，更是工程业务建设和知识管理实施的重要资源保障。

因此在创新驱动背景下，研究新能源工程建设中工程档案的知识赋能路径，对于我国其他科创行业中工程档案知识赋能建设具有参考意义和价值。

(3)场景三：数智技术创先。以档案数字化技术研发公司(以下简称"数智创先C公司")为调研单位，持续推进研究理论的形成，直至研究理论达到饱和。数智创先C公司是目前国内技术实力最强的专业档案研发公司之一，背靠学科实力强劲的大学，在国内已经拥有上千家大型用户，也是市场占有量和用户数据量最大的公司。数智创先C公司在档案管理理论、信息化建设方面具有丰富经验和丰硕成果，先后承担过大型国有企业档案信息平台、数字档案馆、电子文件管理系统的开发，多个能源企业数字档案馆、档案管理系统等重大项目的建设，并参与过多项国家课题的研究。该公司在云计算、云平台、云存储和云应用领域是国内领军的企业，为研究工作创造有利条件和技术支撑。

因此在创新驱动背景下，尤其在数字化转型和智能化转型的时代背景下，研究数字档案的知识赋能路径，对于档案数智创先中工程档案知识赋能建设具有参考意义和价值。

1.4.4.3 扎根理论

扎根理论由Glaser和Strauss两位学者1967年在专著《扎根理论之发现:质化研究的策略》(*The Discovery of Grounded Theory Strategies for Qualitative Research*)

中正式提出，主要用于社会科学研究，便于系统性地获得与分析资料以发现理论，并使之符合客观现象且提供相关理论的说明、解释和应用，即"从资料中发现理论"。在该方法的发展与历史沿革中，扎根理论形成了 3 大流派，分别是以早期 Glaser 和 Strauss 为代表的经典扎根理论、以 Strauss 和 Corbin 为代表的程序化扎根理论、以 Charmaz 为代表的建构主义扎根理论。其中，程序化扎根理论（Straussian 扎根理论）应用更为广泛，它要求对研究现象有足够想象力的解释，认为"一套在关系命题中相互联系的完善概念共同构成了一个完整的框架"，可用来解释和预测客观现象。为保证研究成果的方法性，在了解工程档案业务流程和赋能知识的应用和研究现状基础上，本书通过典型案例研究，采用 Straussian 扎根理论研究法进行数据分析与数据收集，运用系统化的编码程序，直接从实际观察入手，从原始资料（访谈数据）中归纳概括出经验概括，并上升到系统理论[66]。

  本书采用 Strauss 和 Corbin 提倡的编码流程：开放式编码、主轴编码和选择性编码。开放式编码是从资料中发现概念类属，对类属加以命名，确定类属的属性和维度，然后对研究现象加以命名及类属化的过程；主轴编码是发现和建立概念类属之间的各种联系，以表现原始资料中各个要素之间的有机关联，构建理论雏形；选择性编码是在所有发现的概念类属中经过系统分析以后选择核心类属，并在核心概念类属与其他类属之间建立起系统的联系，初步构建理论模型。在本书中，运用开放式编码，构建出隐性知识的概念框架和组成要素；运用关联式编码，分析各个要素之间的层次结构、流程结构和关联关系；运用核心式编码，分析影响隐性知识赋能的关键要素和障碍因素。

第 2 章 基于创新驱动的工程档案知识赋能理论基础

工程档案在科技创新和创新驱动发展中具有重要作用，本书基于协同创新理论、文件连续体理论、知识生态理论、知识连续体理论为代表性的知识赋能相关理论，为工程档案的协同治理、全过程管理及项目知识赋能路径实现等方面提供重要支撑。本章将深入探讨以上理论，并深挖其在创新驱动背景下工程档案知识赋能体系构建的重要意义。

2.1 协同创新理论

美籍经济学家约瑟夫·熊彼特（Joseph Alois Schumpeter）指出创新是把一种从来没有过的关于生产要素的"新组合"引入生产体系[67]。1965 年，Ansoff 首次提出了"协同"的概念，即协同指"相对于各独立组成部分进行简单汇总而形成的企业群整体的业务表现，是在资源共享的基础上，两个企业之间共生互长的关系，并强调企业协同的核心是价值创造，必须高度重视子公司之间的协同"[68]。随着产业学科间的不断跨界融合，数字智能技术的深度应用拓展，科技创新活动越来越复杂，其难度也在增加，需要各种创新资源的融合与运用，组织内外全方位、多层次的协同合作，协同思想在创新领域的应用就应运而生了。该概念最早由美国麻省理工学院斯隆中心的研究员彼得·葛洛（Peter Gloor）提出，他认为协同创新应"借助网络交流思路、信息及工作状况"最终实现合作互赢的目标。彭纪生和吴林海则认为，协同创新宏观层面是知识创新系统、技术创新系统、知识传播系统和知识应用系统 4 个创新子系统的集成，微观层面则是多元创新主体的各个环节协同整合[69]。胡恩华和刘洪认同此类观点，并补充到协同创新是通过"复杂的非线性相互作用"来实现整体协同效应的过程[70]。

何郁冰构建了协同创新的理论框架（图 2.1），该理论框架的核心为战略协同、组织协同和知识协同。政府的相关政策及体制制度支持是协同创新过程的保障要素，中介、金融、其他组织对协同创新实现过程起到辅助促进的作用[71]。

Koschatzky 认为知识协同属于知识管理的协同化发展阶段，是知识在合作组织间的"转移、吸收、消化、共享、集成、利用和再创造"[72]。安小米等从协同创新的知识管理角度，展开了持续性的系统研究，认为促进知识增值和知识价值

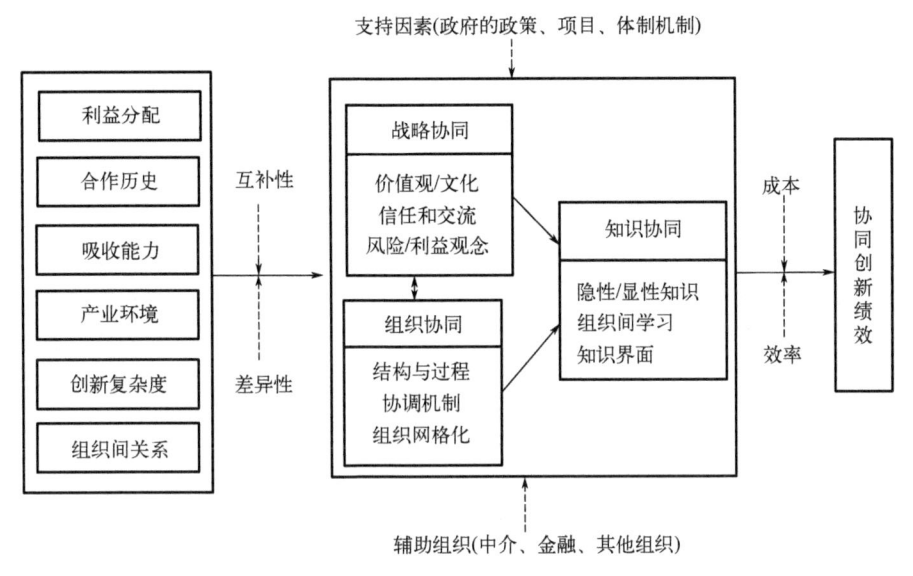

图 2.1 协同创新理论

实现是构建协同创新体的本质，提出一套支持协同创新体能力构建的知识管理方案[73]；界定了创新 2.0 视野下协同创新的概念，阐述了在创客浪潮中知识整合、知识转移和知识共享对创新成果转化的重要作用[74]；提出"数据—知识—行动"的技术体系，构建出实现我国新型智慧城市可持续发展的数据资源协同创新路径[75]；拓展了协同创新理论的应用领域，也为数据价值研究探寻了有效指导理论[76]。

综上，本书立足于创新驱动背景，聚焦于工程档案知识赋能，以协同创新理论为指导，通过多元主体之间的相互沟通、资源共享、协同合作及组织内外环境之间的互相协调，激发"1+1>2"的效应，提高工程档案工作的创新效率和创新应用，从而获取工程档案创新成果、实现组织之间的共同利益。

2.2 文件连续体理论

20 世纪 50 年代 Maclean 提出了连续体思想雏形，这一时期澳大利亚的档案实践构成了基于连续体文件保存的早期形式[77]。20 世纪 80 年代不少学者逐步丰富其相关的观点、理论和概念，1985 年档案专家阿瑟顿（Atherton）在加拿大档案工作者年会上详述了连续体概念[78]，但此时澳大利亚档案工作实践中基于证据、连续的文件管理的方法并未受到广泛认同。直至 20 世纪 90 年代，受数字技术在文件管理领域的实践推动，澳大利亚档案学者弗兰克·厄普沃德（Frank Upward）进行了文件连续体理论（theory of records continuum）的模式构建[79]。连续体是不可分割的，但在逻辑上是无限可分的[80]，该模型不是一个实现模型，也不能作为形成档案的指南，它为任何时代档案形成的解读提供了一种逻辑形态[81]，即一个多维坐标体系，描述了文件的运动过程及其管理活动[82]。体系包括4个坐标轴，即文件形成者轴、价值表现轴、业务活动轴和文件保管轴，和4个维度，即文件的创建、文件的捕获、文件的组织、文件的聚合[83]（图 2.2）。其核心思想认为文件管理是"往复运动于从生成到处置的连续体中的一个过程"[84]，这种过程打破了原来文件生命周期理论中各个阶段之间截然分开的界限，它倡导的是文件的连续管理、全程管理、前端控制[85]，强调管理过程中文件的全动态变化，着重多部门协同治理，提倡文件/档案工作者以全局观和协同观来管理文件。

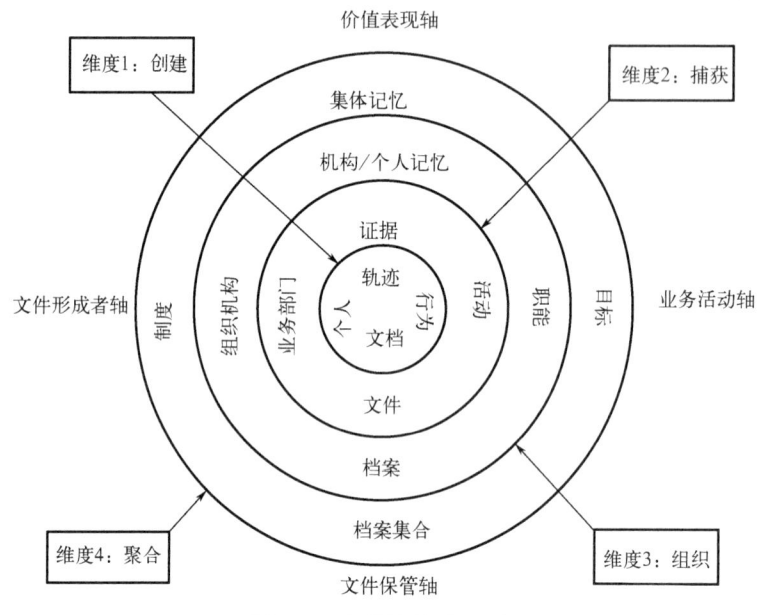

图 2.2 文件连续体理论

2012年8月，弗兰克·厄普沃德在第十七届国际档案大会上，对文件生命周期理论与文件连续体理论两者进行了比较研究，指出前者是以纸质文件为主的实体文件从形成到销毁，或作为档案永久保存的运动规律，从单一维度对文件自身运动规律进行的线性研究。文件连续体理论则强调将文件管理活动"引入一个多元时空范围，运用立体、多维的研究方法，全方位地考察文件从最小保管单位直到组成最大保管单位的运动规律和管理过程"[86]。文件连续体理论提供了认识文件的思维和观点，特别是认识电子文件运动规律的一种新的思维和观点。随着大数据、人工智能等技术的发展及其在档案收集、整理、检索和利用等业务工作中的应用，档案场景将呈现更加丰富多彩的技术图景[87]，工程档案管理也逐渐向智能化方向发展,对电子文件管理的要求也进一步提高。尤其是在数字时代,档案文件的形成与管控,不再仅仅是档案工作的业务活动,其过程和管理系统的有机组成还包括工程业务活动,需要用连续体理论去探索着眼于文件记录保存的数据对象的整个生命跨度,构建档案机构、部门及个人之间协调、协同的创新模式[88]。

因此,结合文件连续体理论,周林兴提出了政务数据连续性治理体系优化策略,并指出文件连续体理论具有前端性和全程性特点[83]。钱德凤在充分分析文件连续体理论本土化意义及实践基础的前提下,提出了创新人事档案管理模式设想,强调了文件连续体的前端控制和全程控制思想对档案工作者的重要指导意义[89]。在工程档案管理方面,陈晖等将全过程控制理念实践应用于工程建设项目中,按照事前介入、事中控制、事后验收对工程档案的全生命周期管理进行管控,从而提升档案管理的效益和水平[90]。

综上,本书以文件连续体理论为指导,吸纳全程管理和前端控制思想,着力挖掘工程档案的管理主体、管理过程及管理要素,为探索构建创新驱动背景下工程档案知识赋能的内在逻辑体奠定基础。

2.3 知识生态理论

生态理论最早源于自然界生态系统,由非生物环境、生产者、消费者及分解者4部分组成[91]。随着数据——信息——知识等理论探究的演变发展,学者将研究主体与生态学相结合,知识生态应运而生。知识生态主要源于信息生态理论,是信息生态理论的继承与发展。美国学者George于1991年首次提出"知识生态"的概念,并将知识生态与三元网络相结合,提出认为"知识生态是由信息、灵感和洞察力、任何组织能力构成的自组织系统",将其主体分为人员网络、知识网络和技术网络3大部分,强调各要素之间的相互作用,从而形成一个动态协调可持续的网络系统[92]。蔺楠等提出,知识生态系统是"将知识工作者视为有机体,各有机体彼此间相互作用,并与知识系统的组织环境相互影响的功能系统"[93]。孙俐丽将知识生态分为知识主体、知识客体和知识环境3大部分,且认为3部分互相协作,共同推动知识生态系统的进化升级[94]。蒋甲丁则将知识生态理论分为4个部分,即知识主体、知识客体、知识环境及知识技术,其中以人为核心要素,注重"系统的整体协调性"和"知识的吸收、应用和创新"[95]。结合以上论述,可看出知识生态理论具有主体、客体、环境等要素,强调各要素之间的有序性与开放性。

在此基础上,蒋甲丁等将大型工程项目与知识生态理论相结合,提出了大型工程项目知识生态系统(图 2.3),以工程项目生命周期与项目知识流为基础,强调项目知识生产者、传递者、分布者和消费者在共享环境的影响和协调作用,为本书的撰写提供了一定的理论参考。

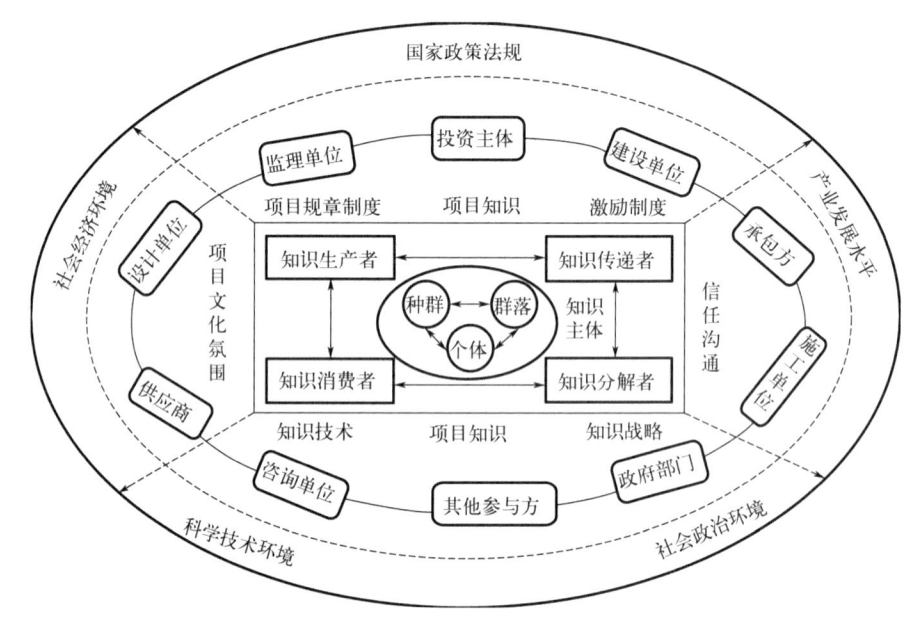

图 2.3　大型工程项目知识生态系统构成要素

2.4　知识连续体理论

早在 20 世纪 50 年代,英国哲学家波兰尼提出了知识连续体的概念[96],以知识的产生为出发点,强调知识由察觉连续体、活动连续体、知识连续体 3 个连续体活动联系产生,此处的知识连续体主要是用于探究人与知识的关系。此外,还有部分学者从文件出发,探究连续体思想,并为国内的知识连续体理论研究奠定基础。连续体思想早在 20 世纪 50 年代就由 Ian Maclean 提出[97],主要是因为 20 世纪 50～60 年代澳大利亚的文件保管,是从"基于图书馆哲学的著录方法转向平衡可检索性、信息价值和背景重现与证据及可问责性要求的方法",探索融合多元视角、多元价值、多元认知方式,从而构成了基于连续体的文件保存的澳大利亚早期形式[77]。

随着知识管理的发展,学者将连续体思想引入国内,并与知识集群研究及协同创新发展思想相结合,逐渐形成了知识连续体理论。马良灿[98]探究了作为知识连续体的社会科学范式及学术品格,提出科学社会范式是为某个社会科学家共同体所遵循的"一组由价值取向、方法论原则、范例与理论硬核、研究视角等结构性要素组成的环环相扣的知识连续体",提出其具有包容性、开放性、客观性等特点,将知识连续体视为一种集群知识现象,将社会科学范式视为"知识连续体的整体性联动",强调价值观、方法论等内容是一个系统的知识连续体,是对社会科学范式的系统研究。由此,本书将其所提出的"知识连续体"定义为是一种整体联动性的知识集群现象。另一种知识连续体理论源于安小米提出的协同创新思想,即基于系统论、知识管理、协同学等理论,提出了协同创新体与协同创新能力构建的概念,在此基础上提出了多元主体协同创新共同体,强调主体之间应打造一种跨部门、跨行业、跨领域的协同创新生态治理体系。她在"支持协同创新能力构建的知识管理方案设计"研究提及了知识连续体这一概念。该研究提出的支持协同创新能力构建的知识管理方案之一——知识创新多维度活动联通即形成知识连续体。在此背景下,知识作为一种持续研究、不断丰富与创新发展的主体对象,强调多维度、多视角的融合互通,具有协同性、持续性、创新性的特点。

  本书认为知识连续体是指在知识管理过程中的一种协同创新思维,是具有动态性、连续性与创新性的,其把知识创造、知识共享、知识转移、知识服务看作一个连续性整体,通过知识管理各主体协同创新,构建多维度的、动态的、连续的、创新的知识管理机制,满足不同类型主体、不同需求层次的创新需求,实现知识管理全活动联通的效益与价值。知识管理的各个主体在各个知识管理活动环节中,既存在竞争与制约,又存在合作与共享,各方实现整体协同,实现最大的效益。而知识连续性的实现,则需要考虑知识管理活动的主体、活动、环境和技术等因素。此外,结合知识的动态性和连续性特征,本书认为,知识需要通过经验积累而获得,且在个人与企业、环境等单位主体的交互中会产生不断积累的知识。在此过程中,随着社会的不断发展,主体在各项活动中进行了持续性的知识传递与知识共享,因此该协同管理过程会促使知识的持续性获得与输出,从而保证了知识的连续性,并推动了主体思维的创新与变革,提升了整体竞争力。因此,知识需要持续管理、不断积累,以增加知识获取与传递的深度与广度。

第 3 章 理论敏感度构建

本章全面梳理了本书研究内容中国内外研究现状部分，这不仅是研究的前期基础，也是找到当前研究突破重要问题的方法之一。故本章的主要工作是以创新驱动为背景，工程档案管理活动为基础，知识管理活动为依托，深入探究国内外创新驱动指标构建的核心思想，梳理工程档案全过程管理的活动要素及知识赋能内涵，构建基于创新驱动战略背景下的工程档案知识连续体模型，为后续实践研究建立了理论敏感度。

3.1 创新驱动指数的构建

为推动经济全面协调可持续发展，走向创新驱动、内生增长的道路，我国把创新驱动发展作为战略目标，逐步推动新兴战略性产业成为经济社会发展的主导力量。为国家各项产业提供科技情报工作是我国图书情报学科实践工作的主阵地之一，各级各类图书情报档案机构尤其是专业性图书馆、文献中心、信息中心、情报中心、档案馆和科技信息研究所等机构在我国科技发展、经济建设、政府决策等方面发挥了重要作用。在创新驱动发展战略及碳达峰、碳中和目标的指导和引领下，我国信息资源管理学科围绕服务社会发展总目标，实现能源安全和经济转型开展研究和实践工作。

3.1.1 国外创新驱动指数研究

创新驱动是充分释放生产力的关键支撑，科技创新是人类社会发展的重要引擎。当今世界，新一轮科技革命和产业变革蓬勃兴起，以互联网、大数据、云计算、人工智能等为代表的新一代信息技术发展日新月异，并加速向各领域广泛渗透，推动经济全球化深入发展[99]。在创新驱动战略视角下，美国、瑞士等国家积极部署、落实创新战略，并积极推动科技成果转化，在实践中已经积累了大量的经验，也逐步形成颇具特色的创新建设和研究方向。在此基础之上，国外学者形成了一系列衡量创新能力的权威研究。目前，国际上最具影响力的相关研究包括：全球创新指数(Global Innovation Index, GII)[100]、全球竞争力报告(the WEF Global Competitiveness Report)[101]、世界竞争力报告年鉴(the IMD World Competitiveness Yearbook)[102]、经济学家情报单位的全球创新指数(the Global Innovation Index of the Economist Intelligence Unit)[103]、欧洲创新记分牌(European Innovation Scoreboard, EIS)[104]等(表 3.1)。

表 3.1 国际创新驱动建设指数

研究成果	发布机构	指数体系	方法
全球创新指数（Global Innovation Index, GII）	世界知识产权组织、康奈尔大学、欧洲工商管理学院	创新投入：创新环境、人力资本和研发投入，基础设施建设，市场成熟度、商业成熟度；创新产出指数：知识和技术产出、创意产品	定量+定性
全球竞争力报告（the WEF Global Competitiveness Report）	世界经济论坛	创新能力、市场规模、金融市场状况、基础设施、技术水平、教育水平	定量+定性
世界竞争力报告年鉴（the IMD World Competitiveness Yearbook）	瑞士洛桑国际管理学院	经济发展、政府效率、商业效率、基础设施	定量+定性
全球创新指数（the Global Innovation Index of the Economist Intelligence Unit）	经济学家情报单位	创新投入通过直接创新投入（6个指标，如劳动力、教育）和创新环境（9个指标，如外贸、外汇管制）。创新产出：欧洲、日本和美国专利局通过的专利数	定性+定量
欧洲创新记分牌（European Innovation Scoreboard, EIS）	欧盟委员会	促进因素：人力资源、科研系统、金融/支持；企业活动：企业投资、联结/创业、知识资产；产出：创新和经济的影响	定量

3.1.2 国内创新驱动建设指数研究

2012年，党的十八大就明确提出实施创新驱动发展战略，强调科技创新是提高社会生产力和综合国力的战略支撑，必须摆在国家发展全局的核心位置[105]。2013年，习近平总书记立足国家发展全局，指出我们必须加快从要素驱动发展为主向创新驱动发展转变，发挥科技创新的支撑引领作用[106]。2021年，"十四五"规划同样强调要把科技自立自强作为国家发展的战略支撑，深入实施创新驱动发展战略[107]。从2015年到2023年，"科技创新"在政府工作报告中连续9年被提到，是名副其实的"两会热词"，科技创新对于创新驱动战略背景下高质量发展的落实，有着重要意义[108]。在理论与实践双重需求的牵引下，我国形成了一系列创新能力监测与评价报告，包括《中国创新指数》（China Innovation Index，CII）[109]、《国家创新指数》[110]、《中国区域创新能力评价报告》[111]、《中国区域科技创新评价报告》[112]、《国际科技创新中心指数2022》（GIHI2022）[113]等（表3.2）。

表 3.2 国内创新驱动建设指数

研究成果	发布机构	指数体系	方法
中国创新指数	国家统计局社科文司	创新环境、创新投入、创新产出、创新成效	定量

续表

研究成果	发布机构	指数体系	方法
国家创新指数	中国科学技术发展战略研究院	创新资源、知识创造、企业创新、创新绩效、创新环境	定量
中国区域创新能力评价报告	中国科技发展战略研究小组	知识创造、知识获取、企业创新、创新环境、创新绩效	定量
中国区域科技创新评价报告	中国科学技术发展战略研究院	科技创新环境、科技活动投入、科技活动产出、高新技术产业化和科技促进经济社会发展	定量
国际科技创新中心指数	清华大学产业发展与环境治理研究中心和自然科研团队	通过科学中心、创新高地、创新生态等三个维度的31项指标,对全球100个城市(都市圈)的创新能力进行评价	定量

综上,在日益激烈的科技创新背景下,由于市场关系着科技向经济转化的动能和效能,因此,国外研究主体着重强调经济体的研发投入和成果产出、经济发展水平和市场成熟度。国内权威机构不仅关注国家层面经济体的创新发展,也注重国际层面及省域间的创新能力评价,国家层面的科技和经济指标更具有一致性和成熟性,而在省域范围内尚未有统一的测度和计量标准。但从整体评价体系的主要指标来看,有 3 点共同特征:①均以综合性指标为主,表明较多国家认同需要以协同发展的视角,实现多要素联动、多领域互动,推进创新驱动战略的贯彻落实;②均以主客观指标相结合的方式,反映了国家创新能力评价逻辑的转变;③均从整体、全局的角度,综合评价一个国家的创新能力或科技竞争力[114]。

3.1.3 创新驱动指数选择

综合比较上述 10 种国内外权威机构发布的创新指数报告,对本书开展实证研究和指数选取具有重要的借鉴意义。然而部分创新指标体系建设仍存在问题,如国外权威机构发布的数据报告虽然具备一定的信服力,但是报告发布的目标仅面向本国或本地区(如欧洲创新记分牌),不能涵盖所有的国家;创新指数报告的发布时间连续性较差(如全球竞争力报告、全球竞争力报告年鉴),存在部分关键性年份数据的缺失;国内创新驱动指数建设存在方法单一的问题,仅采用定量的研究方法。

以全球创新指数(GII)为代表的指数体系是全球范围内国家或地区间创新能力比较的重要尺度,每年度发布的报告成果都会引发众多机构的解读和研究[115]。因其指数建设的数据覆盖范围大、报告发布的时间连续性强、指数体系建设的影响力广,因此本书采用全球创新指数(GII,表 3.3)为创新驱动的背景依据,作为创新场景(案例)的选取依据。

表3.3 全球创新指数

一级指标	二级指标	三级指标	四级指标
创新投入 innovation input	制度 institutions	政治环境 political environment	政治和运营稳定(political and operational stability); 政府赋能(government effectiveness); ……
		监督环境 regulatory environment	监管质量(regulatory quality); 法律执行力(rule of law); 冗员成本(cost of redundancy dismissal); ……
		商业环境 business environment	注册公司便利度(ease of starting a business); 破产手续便利度(ease of resolving insolvency); ……
	人力资本和研发投入 human capital and research	教育 education	教育支出(expenditure on education); 政府教育支出于中小学比重(government funding per secondary student); 受教育年数(school life expectancy); 阅读、数学&科学的教育(assessment in reading, mathematics, and science); 中学师生比例(pupil-teacher ratio, secondary); ……
		高等教育 tertiary education	高等教育入学率(tertiary enrolment); 理工科毕业生(graduates in science and engineering); 大学生流动情况(tertiary inbound mobility); ……
		研发金额 research and development	全职研究者占人数比例(researchers FTE); 研发占GDP比重(GERD)(gross expenditure on R&D); 前3公司在全球的研发费用(global R&D companies, average expenditure, top 3); 前3排名大学的QS评分(QS university ranking score of top 3 universities); ……
	基础设施建设 infrastructure	信息和通信技术 information and communication	ICT获取便利度(ICT access); ICT的使用(ICT use); 政府网络服务(government online service); 在线电子参与(online e-participation); ……
		普通基础设施 general infrastructure	电力输出(electricity output); 物流绩效(logistics performance); 资本占GDP比重(gross capital formation); ……

续表

一级指标	二级指标	三级指标	四级指标
创新投入 innovation input	基础设施建设 infrastructure	生态可持续性 ecological sustainability	单位能量产生的GDP(GDP per unit of energy use); 环境绩效(environmental performance); ISO 14001环境认证(ISO 14001 environment certificates); ……
	市场成熟度 market sophistication	信贷 credit	拿到信贷的便利度(ease of getting credit); 私营企业能拿到的信贷占GDP比重(domestic credit to private sector); 小额信贷占GDP比重(microfinance institutions gross loan portfolio); ……
		投资 investment	保护小投资人的便利度(ease of protecting minority investors); 市场价值占GDP比重(market capitalization); 风投占GDP比重(venture capital deals); ……
		贸易、竞争和市场规模 trade, competition, and market scale	关税情况(applied tariff rate); 加权平均(weighted average); 本地竞争的激烈程度(intensity of local competition); 国内本地市场规模(domestic market scale); ……
	商业成熟度 business sophistication	知识型工人 knowledge workers	知识密集型雇佣率(knowledge-intensive employment); 提供正式培训的公司占比(firms offering formal training); 公司研发占GDP比重(GERD performed by business enterprise); 公司财务支持的研发比重(GERD financed by business enterprise); 拥有高学历女性雇员占比(females employed with advanced degrees); ……
		创新制度关联 innovation linkages	大学/行业科研合作(university/industry research collaboration); 创新城市群发展情况(state of cluster development); 海外支持的研发比重(GERD financed by abroad); 风投资产(joint venture/strategic alliance deals); 在多个国家和区域申请的专利数量(patent families filed in two offices); ……

续表

一级指标	二级指标	三级指标	四级指标
创新投入 innovation input	商业成熟度 business sophistication	知识吸收 knowledge absorption	知识产权付费占所有贸易比重(intellectual property payments); 高科技引入占总贸易比重(high-tech imports); ICT 服务引入占总贸易比重(ICT services imports); 外资直接投资占 GDP 比重(foreign direct investment net inflows); 科研工作者在公司中的百分比(research talent in business enterprise); ……
创新产出 innovation output	知识和技术产出 knowledge and technology outputs	知识创造 knowledge creation	专利产出规模(patent applications by origin); 国际专利申请规模(PCT applications by origin); 实用新型专利规模(utility models by origin); 科技文章规模(scientific and technical publications); 可检索出来的科研文章规模(citable documents H-index); ……
		知识影响 knowledge impact	就业人均 GDP 增长率(growth rate of GDP per person engaged); 新的公司申请量(每千人)(new business density); 计算机软件总开支(total computer software spending); ISO 9001 质量认证规模(ISO 9001 quality certificates); 中高端科技型制造业占总制造业比重(high-tech and medium-high-tech manufacturing); ……
		知识扩散 knowledge diffusion	知识产权输入占总贸易比重(intellectual property receipts); 高科技出口占总贸易比重(high-tech exports); ICT 服务出口占总贸易比重(ICT services exports); 外资直接投资数额净外流占 GDP 比重(foreign direct investments net outflows); ……
	创意产出 creative outputs	无形资产 intangible assets	商标申请类别规模(trademark application class count by origin); 全球品牌价值(global brand value); 工业设计规模(industrial designs by origin); ICT 和组织模式创建(ICTs and organizational model creation); ……

续表

一级指标	二级指标	三级指标	四级指标
创新产出 innovation output	创意产出 creative outputs	创意产品和服务 creative goods and services	创新服务出口占总贸易比重(cultural and creative services exports); 民族特色电影产量(national feature films produced); 全球娱乐媒体市场规模(每千人)(entertainment and media market); 印刷出版业占制造业比重(printing publications and other media output); 创新产品出口占总贸易比重(creative goods export); ……
		网络创意 online creativity	一般的最高级域名网站量(每千人)(generic top-level domains, GTLD); 国家级的最高域名网站量(country-code top-level domains, CCTLD); 维基百科年度编辑量(wikipedia yearly edits); 移动应用程序创建量(mobile app creation, gTLDs); ……

全球创新指数(GII)主要分为创新投入与创新产出两大模块,其中创新投入强调政策与制度、人力资源、基础设施、市场成熟度和商业成熟度的建设;创新产出模块则强调知识和技术产出、创意产出。2020年9月,世界知识产权组织(World Intellectual Property Organization, WIPO)发布《2020年全球创新指数报告》,指出我国在总体创新上处于领先地位(131个经济体中,排名第14位)。2022年,我国在创新领域的全球排名上升至第11名[116],但仍能反映出我国存在创新投入不足、创新制度与创新基础设施薄弱、平均人口创新产出不足的现状[117]。

结合全球创新指数(GII)的评价体系,本书认为,工程档案管理应以创新为主要发展动力,将创新驱动指数引入工程档案管理全过程之中,实现工程档案知识赋能管理,以更有效地实现相应的管理目标,并推动其创新能力的发展和提升。工程档案知识赋能及其实现是一个极其复杂的过程,需要综合考量档案管理全过程的具体任务,从制度与政策、人力资本和研发投入、基础设施建设、市场成熟度及商业成熟度等诸多方面进行保障与推动,助力工程档案知识赋能知识产出与产品产出,使工程档案价值得以体现,从而实现工程档案管理效益的最大化。

场景一:工程质量创优的案例选取为国家创新示范工程,在其工程建设中,极大地体现了国家创新建设中的基础设施、人力资本研发的创新投入;场景二:产业发展创新的新能源产业案例选取,为国家实现"双碳"战略目标,举国之力的创新环境、制度与政策、研发投入的创新投入;场景三:数智技术创先选取档案数字化技术研发企业,面对以云大物移智为代表的数字化技术不断涌现和发展,以知识产出与产品产出不断拓展数智档案的创新产出,实现创新驱动发展中的数字智能创造。综上,本书立足于我国创新驱动的建设背景,以全球创新指数(GII)指标体系为基础,以工程质量创优、产业发展创新及数智技术创先作为本书的创新场景应用,详细开展本书具体的实证数据收集和数据定性分析(具体分析详见第4章、第5章和第6章)。

3.2 工程档案全过程管理的活动要素

本节将全过程管理的思想贯穿于工程档案管理活动,旨在通过梳理国内外工程档案特点、工程档案管理的特点,探析工程档案管理环节及其活动要素,构建形成具有工程特色的"6+1"档案管理环节,进一步助力知识赋能与工程档案管理结合,为知识赋能工程档案管理的研究奠定基础。

3.2.1 国内外工程档案的特点

工程档案为日后管理、维护、营运、改扩建和稽查、审计、监督、管理、验收工程提供了重要的凭证依据,为工程项目的成本、质量研究提供最真实的理论数据。Song认为对工程档案进行管理,能够促进工程安全、提高工程质量、降低工程成本、审核工程进度及优化信息管理。工程档案还可以应用于对突发事件的研究,为有关部门在决策时及时提供有效数据,降低事故带来的风险[38]。工程档案对于企业制定决策、提升经济效益及项目管控等方面具有重要影响。Mandičák等认为建设项目管理正通过现代信息通信和知识技术进行,文件管理系统可以保障建设项目中各参与方之间数据和信息的有效交换,收集整理工程档案有助于企业进行决策制定,也有助于改进对项目的控制[37]。

工程档案受工程特性的影响,具有建设周期长、材料数量多、内容专业化、成果成套性、领域广泛化和技术综合性[118]等特点,其档案的收集整理与工程建设的规模性质、工程技艺、资金支持和所具备的建设条件紧密相关。工程档案是建设工程技术成果的汇集,是建设工程各阶段的直接原始性记录,在材料汇集中除涉及工程直接参与的建设、施工、监理、设计、勘察单位,还涉及城市管理、计划管理、财政管理、环保、人防等各部门文件,涵盖类型除一般建设中的文件和图纸档案外,还包括黑白和彩色胶片,相片和磁盘、光盘,录音的磁带等多种存储介质,故而工程档案涉及单位较多、资料繁杂多样、管理与建设难度较大。廖玉玲采用云计算技术,展开工程档案全过程监管模式探讨,提出工程档案建设存在信息化建设不完善、档案管理人员临时性与兼职性较强、专业意识缺乏及档案收集不全等问题[25]。张玉琴从工程项目前期的数据资料收集和建设，工程项目中后期的数据材料收集和建设及工程项目主件、附件、补充文件的收集与建设3个要素出发，分析工程档案收集的要点和要素[22]。乔刚则强调制度化、规范化和标准化是项目档案收集工作的重要保障，指出将档案管理的方法、理念前端融入文件过程控制中，可以对档案的完整性、准确性、系统性起到管控作用[23]。

依据《专业工程类别及等级表》，专业工程类别大类可分为房屋建筑工程、冶炼工程、矿山工程、化工石油工程、水利水电工程、电力工程、农林工程、铁路工程、公路工程、港口与航道工程、航天航空工程、通信工程、市政公用工程、机电安装工程14大类，不同的专业工程领域所产生的项目文档资料略有差异。当前关于工程档案的实证研究多集中于电网工程、建筑工程、水利工程等应用领域。王晓波提出电网工程档案为电网应急抢险和改扩建工程提供了有力支撑，指出其具有专业性、多媒体性、复杂性和协同系统性等特点[26]。姬广鹏以国家电网为研究对象，提出电网企业工程档案管理具有投资规模大、参建单位多、工程周期长、参建单位档案人员少且变化快等特点，故导致工程档案质量控制难度大、共享利用成效低等[27]问题。张威以建筑工程档案为研究对象，剖析建筑工程档案所包含的内容分类，如土建工程及水电、设备安装、竣工图和综合性文件资料，并进一步提出建设工程档案存在项目建设与档案建设不同步、档案材料填写不真实及档案移交不及时等问题，并提出应健全档案管理制度，制定相应的档案管理制度，明确建设单位、勘察设计单位、招投标代理机构、施工单位和监理单位等工程项目管理人员的职责，加强竣工验收档案资料质量要求，及时审核并发现问题[28]。张海军以水利机构工程档案为研究对象，指出水利工程档案管理活动存在管理人员素质有待提高及档案管理方式缺乏科学性等问题。从水利工程档案的特性入手，提出工程档案是一项专业化、系统化的工作，而工作人员缺乏专业培训导致档案管理实际工作效率较差，提出全面提升档案工作人员的档案职业素养和结合实际实施科学的档案管理，强调应引进先进智能终端设备，切实加强档案管理人员的信息化素养[29]。

综上，可以看出国内外在工程档案的概念、重要性及实例研究方面均有一定的探索，并反映出工程档案建设过程中存在许多不完善的地方，如信息化建设、管理组织制度建设及档案管理人员建设等方面，提出应推动工程档案管理的不断发展。工程档案是工程建设的原始凭证，由于其涉及的角度广泛且具有特色，因此本书基于以上学者的探讨，结合相关分析，总结出工程档案具有如下特点，以期为后期的工程档案知识赋能研究奠定基础。

(1)参与单位多样化。工程档案由于工程期限较长，涉及范围较广，包括各种建设单位、施工单位、监理单位、设计单位、勘察单位等，各单位之间相互连接，各司其职，因此单位参与方较多，建设体系较为复杂。

(2) 材料形成分散化。从传统工程建设档案现状来看，由于参建单位较多，各单位在建设过程中均直接形成了相关的原始性凭证记录，即工程档案的一部分。档案材料来自不同地方和部门，信息多呈分散化状态。

(3) 工程档案管理系统专门化。在工程项目建设过程中引入档案管理系统是实现公司内部业务管理信息化的重要举措，国外工程档案管理侧重于工程档案管理系统的设计与实施，尤其注重系统对于整个工程项目的适应性。国外一些大型工程项目的建设会聘请专业软件公司为其定制工程档案管理系统，软件公司根据业主的需要，为其设计系统功能、操作流程。此类专门定制的档案管理系统虽然费用较高，但可以最优化地发挥其作用[37]。

(4) 工程档案管理技术多样化。随着现代化信息技术的发展和信息化水平的提升，国外发达国家逐步将新技术运用到工程档案管理中来。目前，国外工程档案在管理和应用过程中采用产品数据管理(Product Data Management，PDM)技术、结构化文档检索(Structured Document Retrieval，SDR)技术等实现工程档案的实时动态管理，提升基于内容的查询检索性能[119]。

3.2.2 国内外工程档案管理及其特点

工程档案管理指围绕工程档案的生成、收集、整理、鉴定、保管、开发与利用、宣传与传播等活动开展的一系列行为，比如，树立并加强工程档案科学化、规范化的管理思维，并将该意识认知贯穿于工程档案管理全过程[120]；坚持前端控制、全程管理的原则，有效做到工程档案管理的精细化管控[121]。尤其是在数字信息时代，加强工程档案管理人员的数字素养，充分利用数字化技术和手段，更好地推动工程档案管理的规范化、有序化和系统化[120]。随着数字化与智能化水平的不断提升，工程档案管理逐渐向制度化、流程化、数据化方向发展。

在工程档案管理制度方面，谢佩云指出，档案管理的各个环节要有专项制度，包括归档、保管、鉴定、销毁、移交、查阅等环节，要保证档案分类的合理化和整理的规范化，实现不同档案之间的有机联系[122]。刘梅也认为，应制定统一的工程档案产生、收集、整理与归档的标准，实行严格的审查监督体制，保证工程档案管理工作的顺利开展[121]。尉宁则指出，要充分考虑工程建设的内容和特点，建立并完善工程档案管理制度体系，通过科学合理的档案管理制度实现对档案资料的分类、收集、质量控制和验收[120]，并从工程建设整体出发，指出要将工程档案管理纳入日常管理体系之中。随着电子文件数量的不断增多，电子文件档案管理的规范化和标准化也成为工程档案管理的必然要求[123]。

在工程档案管理流程化方面，要将工程档案管理融入工程建设管理中，将档案质量作为工程竣工验收的关键指标。在档案质量方面，陈慧[124]提出，档案数据质量要素主要包括档案内容的规范、档案内容的完整、档案数量的齐全、档案分类的科学、档案鉴定的精准、档案组卷的合理、档案编目的规范和档案签章的合规等，在明确档案质量要素的基础上，才能加速推动工程高效建设。另外，谢佩云也聚焦于档案质量角度，提出工程档案在整理环节具有重要的业务承接作用，档案资料的全面收集、归档文件的科学分类，案卷题名的规范，内容的完整性、卷内资料的有序排列，归档范围的明确指南，竣工图的细致解说等，都能给档案资源的开发利用带来便利影响[122]。因此，工程档案要考虑将具有保存价值、利用价值和开发价值的各种文件纳入归档范围，要匹配相应的保管期限。针对项目立项审批、勘察、设计、施工、竣工等各个阶段，全过程进行档案质量管控，并采用统一的标准，以便为后续的收整和开发利用提供基础保障[122]。

在工程档案信息化、数据化方面，在现代网络技术普及的背景下，随着现代科学技术的发展，数字技术在当今社会得到广泛应用，工程档案管理信息化、数字化建设也不断加强。各种载体的文件资源通过数字化技术转化为数字信息，成为可被计算机识别的图像或文件，同时档案管理系统的使用也解决了工程档案工作在区域空间、时间上的限制，促进了档案资源信息共享和服务[125]。相较而言，国外多侧重研究如何利用档案管理系统优化信息用户的服务，提高项目运行效率，并且重视设计并实现系统模型。Liu 等利用计算机编程开发了工程档案文档内容管理系统（Engineering Document Content Management System，EDCMS），主要指出如何使用文档结构、文档标记及超文本标记语言等实现文档系统检索，从而便于信息用户对工程档案文档内容的检索与访问[126]。Mandičák 等主要研究如何利用信息通信和知识技术解决建设工程项目中文件管理系统的数据共享问题[37]。Cross 等和 Hambly 等从系统角度分析了档案管理系统的分析、设计与实现[127,128]。此外，国内随着互联网的发展，技术领域发生了极大的变革，为工程档案管理发展带来机遇。万玉侠从"互联网+"背景下档案管理的特征出发，分析档案大数据特性的理论体系、资源体系、保障体系和管理体系四大变化带来的机遇和挑战，提出创新"档案数据管理"，树立"人性化、个性化、智能化和知识化"的服务理念，建立风险防控体系，规避档案管理风险[129]。峡江水利枢纽工程档案管理系统的应用，打破了传统的档案管理方式，运用先进的手段突破档案利用的局限性，采用档案管理的自动化，实现档案信息资源的合理配置[125]。总的来说，与传统纸质档案管理相比，工程建设档案的数字化转型能够很好地节约纸质时代的经济成本，且组织有序的数字化档案能够加快检索和调阅的速度，更加便捷地提供档案信息的利用和服务[130]。

然而，信息技术改变了档案工作管理的方式，给工程档案管理模式带来了革新，同时也为工程档案管理工作带来一定挑战[131]。实证调研表明，目前部分工程档案采取"双轨制"的管理模式，或管理方式仍停留在人工管理模式中[132]。尽管在工程建设中涉及信息化程度较高的 CAD（Computer-Aided Design）制图和 BIM（Building Information Modeling）技术大量应用到工程建设中，但由于工程档案信息化建设的经验不足，档案人员无法针对信息化建设提出切合实际的需求，软件升级速度缓慢，被动地应对前端新技术下产生的不同格式的电子文件。档案信息化管理上也存在职能不清、权责不明、系统需求分析不完善等问题[133]。

通过上述的相关分析，结合工程档案的特色，本书认为工程档案的管理方面主要具有以下 3 种特点。

(1) 涉及范围广。工程建设从立项到竣工建成，经过各级管理部门的严格审批，众多行业单位的参与建设，不同行业专业技术的融合。因此，工程档案工作不是一个孤立的管理系统，需要各方面的配合。此外，工程总经理、工程管理人员和技术人员也应该了解工程档案工作的特征和要求，而档案工作人员则需要学习工程项目管理的知识。

(2) 收集整理难度大。由于参建单位多，涉及项目法人、设计、施工、监理及各专业管理部门等方面，关系庞杂，人员变动大，专业种类多，使工程档案的来源比较多元，增加了收集工作的难度。同时，项目从前期立项到最后竣工验收要历时半年以上的时间，项目建设也要按阶段工程进行管理。因此，项目的周期性长的管理特征决定了各个阶段必须按照工程进度要求的关键时间节点完成规定的工作目标，要求工程档案工作必须与项目建设的各个环节同步管理跟踪配合，做到实时归档。最后，由于工程建设档案种类繁多、数量庞大、载体复杂，而在整理过程中又需要专业的工程档案知识，也需要专业的工程技术知识，因此使得其整理难度加大。

(3) 档案管理责任大。工程档案贯穿于整个项目建设的全过程，反映了从项目的提出、立项审批、勘察设计、建设施工、生产准备到竣工、投产使用等专业领域的各个方面，直接为建设管理、竣工验收、技改维修和科研生产提供资料支撑，因此工程档案工作肩负着现实和历史的双重责任，是项目建设管理的极为重要的工作环节。

3.2.3 工程档案管理环节及活动要素

工程档案不同于传统的文书档案，具有工程周期长、参建单位多、档案种类庞杂等特点。作为工程立项审批到建成的重要一手记录，具有重要的凭证和参考价值，且后期的工程改扩建对于档案具有较强的依赖性，故而工程档案管理多侧重全过程管理，强调应将工程文件的生成纳入管理过程中。此外，重大工程档案的宣传与传播有助于弘扬社会记忆，助力国家品牌建设。因此，本书基于工程档案特色，结合档案管理收集、整理、鉴定、保管、统计、检索、编研、利用的 8 大环节，形成特有的工程档案"6+1"管理，即生成、收集、整理、鉴定、保管、开发与利用、宣传与传播。

3.2.3.1 工程档案生成

工程项目建设周期长、参建单位众多，工程档案产生于工程建设的各个环节，其类型丰富、载体多样，涉及工程的立项审批、招投标、勘察施工、监理及竣工验收等各方面[120]。例如，在工程项目设计阶段，会产生用地勘察报告及图纸、岩土水文地质勘查报告、设计方案等资料；在工程施工阶段，会形成工程开工报审表、施工图会审记录、施工方案、安全交底记录等资料；在工程监理方面，会形成施工监理文件、工程进度文件、费用控制文件等资料；在工程竣工验收阶段，会形成竣工图、工程遗留问题清单及尾工清单等资料。随着信息技术的发展与应用，刘凤桐指出工程建设过程中产生的许多数据资料也是工程档案的一大组成部分，尤其是工程建设过程中产生的数字化文字、声像和图片的信息[125]。

工程档案的生成是工程档案管理工作的水之源、木之本，不少学者在档案管理工作中强调应重视工程档案生成环节。北京送变电工程从开工准备、施工过程、竣工验收 3 个阶段入手，从工程档案资料的生成、收集、整理、移交 4 方面着手，与其他各个工程相关部门配合，做到了"三同步"良好的管理效果[134]。谢佩云指出在档案文件的收集中不仅要有明确的标准，还应结合文档资料形成的阶段、内容、性质进行科学性分类和整理[122]。尉宁认为工程档案具有真实性特点，其与工程实体建设同步生成，涵盖工程立项、报批、施工、竣工等全过程，是工程质量的真实反映，也是质量安全保障的依据和参考[120]。刘梅肯定了工程档案的价值，认为工程档案是建设活动的直接产物，详细反映了工程建设的全方位，是建设经验、建设技术的积累，也是建筑防灾、减灾与破坏后恢复重建的重要依据，对于工程质量的安全保障、工程后期的管理维护，以及新建工程的借鉴参考都具有重要的利用价值[121]。

尽管当前研究都肯定了工程档案的价值，但伴随着工程建设的推进，工程档案的管控环节仍存在一定问题，如工程档案在产生、收整与归档过程中缺乏统一的标准。工程档案的载体形式有文字、图纸、图表、声像等，生成内容与其文字形式、声像形式间的匹配关系，并没有统一的管理规范，导致工程档案产生的载体形式比较混乱，且重复生成，造成不必要的浪费，这些现象都影响了工程档案的收集和整理工作[121]。

3.2.3.2 工程档案收集

档案收集工作是一项具有较强政策性与业务性的工作，它贯穿于工程项目建设的全过程，对于整个档案工作具有不可或缺的重要意义。由于工程档案具有来源多元、类型多样、数量庞大、周期跨度长且涉及单位广等特点，其收集工作更具复杂性与挑战性，甚至成为长期困扰建设单位的一大难题。在此情形下，工程档案收集工作研究的必要性愈发突出。Longeway 提出，做好档案收集与保管工作是良好工程的开端。工程档案收集是工程质量控制的关键环节，工程档案资料收集是否齐全完整既会直接决定档案工作质量，也会间接影响工程质量[135]。James 认为工程档案收集是档案业务管理工作的首要环节。一方面，工程档案收集本身为整个档案工作提供实际的管理对象；另一方面，收集工作也是档案业务管理工作的起点，若缺乏收集环节，其他环节也将不复存在，而且工程档案收集数量的多少决定档案工作规模的大小；工程档案收集质量的高低，也直接对其他环节的质量产生影响[136]。同时，Porter 等学者强调工程档案是工程建设过程中所有活动的原始记录，在工程项目中体现出其至关重要的凭证价值。因此，收集工作是维护工程历史面貌的重要手段[137]。曹俊分析了市政工程档案收集的重要价值，并提出应建立收集规章体系、优化管理质量、增强人员意识[138]。

鉴于工程档案具有多样性、复杂性与成套性，其收集工作强调前端控制，陈慧[139]提出，通过规范文件管理流程、调动全员充分参与、打造复合型人才队伍的事前指导战略，保障档案管理过程中关键节点控制的实施，实现多元协同治理，保障档案数智转型，突破档案收集困境。另外，为了确保所收集的档案符合特定要求，就收集的要求而言，有学者从工程档案本身的质量要求开展研究。例如，Jack 指出工程建设过程中所收集的一切档案应具有准确性与规范性[140]。Hicks 等几位研究者则强调，在工程档案资料收集过程中，应尤其注意图纸与照片音像资料在文件使用材料、文字说明、储存格式等诸多方面的具体要求[141]。与此同时，也有学者从工程档案收集工作实施的角度对收集要求进行研究。其中，Porter 等学者认为，工程档案的收集工作应服务于工程档案的保管与利用，因而工程档案在其使用寿命内进行的任何后续改动都应予以记录，以维护档案的历史面貌[137]。Hajjar 和 Abourizk 主张，工程档案收集工作要与工程建设同步，从立项到审批、设计、施工、验收等各环节所产生的资料均应按建设程度进行收集，以保证档案齐全成套、种类完备[142]。此外，根据 Louis 等多位研究者的分析，工程档案的收集应以既定地区或国家的档案收集政策为基础，遵循档案收集范围、时限及质量要求等方面的相关规定[36]。宋丽英认为，跟踪收集适合于施工周期较短的工程。档案管理人员采用跟踪收集的方式，及时掌握在建工程项目的实施情况，通过了解工程的实时信息,有针对性地收集相关资料[143]。沈于兰针对工程档案管理特点,即施工周期较长的工程,需要档案管理人员与工程施工部门保持长久的联系,提出采用分阶段收集方式,有利于将工程的进展进行整体掌握,做好档案资料收集工作[144]。王晶认为要不断创新档案收集工作,做到"三个结合",即接收档案归档和现场收集相结合、随时收集和集中收集相结合、对内收集和对外收集相结合[145]。陈洁清从工程项目的3个阶段,即前期筹建阶段、具体施工阶段以及竣工验收阶段进行探讨,提出前期筹建阶段需要收集齐全的项目前期筹备计划性文件,具体施工阶段需要收集完整的工程项目相关的技术档案资料,竣工验收阶段需要收集真实的质量验收报告[146]。

此外,部分学者围绕工程档案收集的应用领域展开探讨。刘伟基于在一些水利工程建设过程中,存在施工人员比较分散、临时机构比较多的情况,提出可以采用押金的方式对工程档案进行收集和管理,即采取强制性收集的方式[147]。杨敏以城建声像档案为研究对象,提出对于许多老城区及重大工程项目完工后缺失的档案资料,可以采取社会征集的方式。朱光艳从城市工程档案的特点及城市建设工程档案管理的规定进行分析,认为应将规范性文件、技术资料、工程基础资料、施工资料进行收集[148]。杨敏基于成都市城建档案馆,提出根据成都市具体状况,城建档案馆应该将建筑工程面积达到5000平方米以上,或者投资规模达到1000万元以上的工程档案资料进行收集[149]。刘延永提出所有建设工程项目都应按照要求归档有关照片档案资料,对于城建声像档案的收集范围,具体应包括建设工程开工前原貌、基础工程、主体工程、竣工后新貌等[150]。综上,可看出从工程开始到竣工验收,这期间所产生的有保存价值的档案资料都应该进行收集,基本上应该收集的档案包括立项准备文件、监理文件、施工文件、质量检验文件及竣工文件。

3.2.3.3 工程档案整理

工程档案整理是档案业务工作的中间环节,对于工程档案的有序管理及后期归档具有重要的影响。孙宝龙以公路交通工程档案为研究对象,提出工程档案涵盖"大型、超大型桥梁、隧道、涵洞、民防工程"等内容,必须按照集中统一且及时有序的规则进行整理,避免因整理不当造成的零乱杂乱、丢失损坏等情况。尤其是针对重要的工程档案,应做好安全防护,强化责任意识,认真做好整理工作[151]。张雪霖以风电工程档案为例,强调零散形成的文件只有经过整理,才能构建起文件之间的联系,为后续的鉴定与归档打下基础,并提出在工程档案整理过程中,应注重整体思维,遵循档案的形成规律和工程档案的成套性特点,保持卷内文件的有机联系及组卷的合理合规[152]。毕苄强调应按照工程建设阶段进行档案的整理分类归档,遵循同步归档的原则,如按照生产车间或单项工程进行档案的整理分类归档，以做到档案整理的有序完整[153]。赵丽娜提出当前工程档案多存在整理不及时、归档不规范等问题，强调应在开工前、施工中及完工后的各个阶段及时收集，并开展整理工作[154]。

在工程档案的整理中，按"卷"或"件"整理是学者及实践部门长期探讨的重要内容，对于工程档案的整理与归档具有重要的依据作用。周纪伟[155]提到工程档案具有数量大、种类多和内容繁杂的特点，应按照《归档文件整理规则》(DA/T 22—2000)的内容，依据工程档案的阶段性特征，把工程档案分为准备阶段、监理阶段、施工阶段、竣工阶段及竣工验收文件5个部分，并在其中按照工程单位、分部予以划分，环环相扣，体现整体性与系统性的特征。陆霞探析了工程档案按"件"整理的步骤与方法，提出应对工程档案依据《归档文件整理规则》(DA/T 22—2000)进行系统整理，依据日期、内容等进行排列，为后续归档奠定基础[156]。自2002年12月6日，国家档案局颁布《归档文件整理规则》(DA/T 22—2000)，提出将简化档案整理、提高档案工作现代化水平后，档案整理工作发生了极大的变革。廖玉玲指出当前工程档案整理的最大问题是破坏卷内原有文件之间的有序联系，强调应按照《归档文件整理规则》(DA/T 22—2000)的相关要求，按照大件套小件的方式整理，既遵循工程档案的成套性原则，又遵循了文件的有机规律[157]。

3.2.3.4 工程档案鉴定

1984年，国际档案理事会在《档案术语词典》(*Dictionary of Archival Terminology*)中指出档案鉴定是"根据文件的档案价值来决定如何对其进行最后处理的档案工作基本职能，也称为评价、审查、选择或选留"[158]。在此基础上，国内外专家学者对档案鉴定的内涵进行了细化描述，广义的档案鉴定是"人们按照一定目的和标准对文件进行鉴别与处置的档案工作基本职能"[159]，不仅仅局限于真伪鉴别或者价值评估；狭义档案鉴定则以档案价值鉴定和评估为核心，以此为原则合理扩展档案鉴定实践[160]。目前档案界对于档案鉴定虽然没有统一论断，但均称这个过程为档案价值鉴定[161]，比如王英玮等认为档案价值鉴定是判定档案保存价值，确定保存期限的一项专业性档案业务管理工作，需要依据一定的"原则、法律规范、标准、程序和方法"[162]。在国内外档案界，年龄鉴定论、行政官员决定论、利用决定论、文件双重价值论、社会分析与职能鉴定论等档案鉴定理论，指导着档案鉴定工作的实践发展。

在工程档案管理实践中，工程档案的鉴定以鉴定档案形成、档案内容及档案形式为主[163]，以鉴定其真实性与准确性为重点，而非以价值鉴定为核心。工程档案鉴定主要有"进"与"出"两个阶段：第一阶段是在工程竣工验收环节的鉴定，宏观角度而言，是鉴定即将归档的工程档案的原始性、真实性与完整性，是把控工程档案归档质量的关键；微观角度而言，需要对其形式和内容等具体内容进行鉴定，这一阶段的鉴定决定了工程档案销毁与否，即是对工程档案进行价值鉴定[163]。当前阶段，工程档案工作人员集中于第一阶段的鉴定，即对"进"馆质量的严格把关。梳理工程档案归档范围，判定入馆档案的真实性、完整性是第一阶段鉴定工作的关键。为确保进馆的工程档案完整、准确、系统、规范，合乎进馆要求，工程档案工作人员需要严格把控工程档案内容的完整性和准确性，做好工程档案的保管期限与密级鉴定。在工程档案完整性鉴定方面，根据工程文件材料的归档范围以及工程建设的工作流程、内容及特点，鉴别建设活动中所形成、积累的工程文件材料完整状况，确保工程文件材料齐全、完整和成套[164]。在工程档案的准确性鉴定方面，需要审核文件的原始性、签名盖章手续的完备性、文件内容的完整性、电子材料的有效性及图纸编制与用纸格式的规范性，重点审查数据涂改现象、字迹不清问题等内容。换言之，工程设计技术文件(或者图纸)向工程档案的转化，是通过归档鉴定实现的[165]。在工程档案的保管期限与密级鉴定方面，这一阶段侧重于档案价值的鉴定。判断工程文件的保存价值，进行永久、长期和短期的划分。在工程档案销毁鉴定工作实践中，存在销毁鉴定工作不成体系，档案价值研究较为零散等问题，亟须将档案价值作为档案销毁鉴定的核心标准，使之为馆藏建设、档案利用、档案信息化等各项工作提供便捷[166]。

3.2.3.5 工程档案保管

档案保管是指在了解和掌握档案损坏规律的基础上，以一定的物质条件为保障，以日常性工作和专门的技术措施为手段，对档案进行保护和管理，以维护档案的完整与安全[162]。2012年，国家档案局颁发《企业文件材料归档范围和档案保管期限规定》(国家档案局令第10号)，详细规定了企业文件材料的归档范围，永久保管、定期保管的判定依据，各级档案行政管理部门均可以此为依据进行业务指导与监督[167]。工程档案是在工程建设活动中直接形成的具有归档保存价值的历史记录，为了解决工程档案的不断损坏和长远利用要求的矛盾，就需要采取各种保护措施，保证档案的完整与安全。桑利军结合工程档案保管特点，探讨了工程档案保管中适用的防虫杀虫技术及其管理注意事项[168]；唐晓琳，郭倩将PDCA循环法引入档案保管状况检查中，将档案保管状况检查全过程划分为检查策划(plan)、检查实施(do)、检查分析与总结(check)、改进(action)，来提升档案保管状况检查的工作质量与效果[169]；郭林峰认为工程建设是一项系统工程，明确鉴定工程档案的保管期限有利于整合档案库房资源，发挥工程档案价值和作用。工程设计图纸是工程档案的重要组成部分[170]，袁静发现工程档案蓝图保管存在着管理流程不规范，管理人员素质不高等问题，提出通过设置单独存放空间、规范档案借阅流程、提升信息化程度、提高管理人员保护意识等措施优化工程档案蓝图保管环境，提高档案保管质量[171]。

在市场经济和信息技术高速发展背景下，档案数量激增与馆库空间受限的矛盾激化，档案存管能力不足等情况极为普遍[172]。在此情境下，档案保管社会化成为我国档案保管事业发展的趋势。2018年，国家档案局颁布《档案保管外包服务管理规范》（DA/T 67—2017），建立和完善了档案外包保管方面的制度[173]。王虹认为，工程档案的类别与数目激增继续引入档案外包服务，同时档案外包服务也切实提供了高水准、高层次的档案服务，引入外包服务是工程档案工作发展的必然趋势[174]。张新以《档案保管外包服务管理规范》（DA/T 67—2017）为指导思想，提出通过规范档案保管、规避档案外包服务风险、提高档案管理人员素养及加强档案外包服务监督等措施，实现工程档案保管外包服务的规范化、法制化、标准化管理[175]；张茉通过分析工程档案管理实践领域中存在的诸多问题，提出通过合理选择档案保管外包机构、严格执行工程档案外包合作流程及维护好工程档案外包合作关系等措施，规范工程档案外包监督机制，实现工程档案科学化管理[176]。然而，档案外包服务还存在着法律政策制度模糊、档案外包市场服务能力有限、外包服务合作风险等局限。为解决以上问题，工程档案工作人员在实践中提出了诸多对策：汤文军提出通过严格执行国家外包服务制度、加强外包服务监督、合理控制档案外包服务风险等措施，实现合作双方的共赢[177]；陈淑青、徐海静认为通过加强行业引导和行业自律、加强从业人员培训、通过立法规范发包行为、发包方选择有法可依、规范实体档案的整理工作等措施，可以有效规避工程档案数字化外包风险[178]。

3.2.3.6 工程档案开发利用

工程档案是记录工程建设活动的原始资料，也是国家基础设施建设与档案资源的重要组成部分，是后续工程建设与改造、扩建的基石，其档案资源对于项目建设、行业发展具有重要的战略意义。学者围绕工程档案开发利用的研究多聚焦于水利、电力与公路等领域，围绕相关工程的特征及问题，进而提出工程档案开发利用的创新路径。在水利工程档案开发方面，姜孟缘在研究中提出，工程档案开发应积极创新方法，提出可通过印刷图册、举办展览、发布视频及借助媒体资源等，全方位多角度提升工程档案的开发利用水平。此外，还提出应加大资源共享建设，激发工程档案开发活力[179]。徐华提出当前水利工程档案管理存在制度不健全、管理意识不强、人员素质不高、有效监督缺乏、信息化程度不高等问题，基于此提出应引入信息资源，为档案开发奠定基础。此外，强调应考虑资源情况实现有效整合，利用编研及展览等形式以提高开放水平[180]。谢京明提出水利工程档案相较于其余工程来看具有地域性特征，与当地的水文、气象及地形息息相关，因此水利工程档案开发应加大资源整合，并借助地域特色及生态环境，开展特色的展览与研究工作，盘活档案资源，推动各部门资源共享与智能发展[181]。在公路工程档案开发利用方面，邓少云结合公路工程档案在科研、设计和施工过程中所具有的专业性、唯一性、成套性及重复使用性，具有突破性地提出公路工程档案开发过程中的保密性问题，尤其是公路工程在设计、材料和程序上的独一无二性，更是要求加大公路工程档案的监管。由此，该类型档案在开发利用中应提升观念意识、创新服务机制和提升技术应用，以提升社会效益与经济效益[182]。翟超群提出公路工程档案开发有助于挖掘其蕴含的经济、文化、社会等价值，并推动有用的档案信息提供给个人、单位和社会团体，以发挥档案价值。因此，公路工程档案开发应明确责任、建立制度、发展人才并提升数字化建设，满足公路工程档案发展的需要[183]。赵冬梅基于国家改革与创新的背景，提出公路工程档案区域跨度大、作业任务繁多，且与乡镇、企业建设存在沿线交叉，具有真实性、复杂性与交叉性的特征，提出其开发利用须顺应信息时代发展的内在要求与社会实际的环境需求，推动资源共享与人才建设[184]。在电力工程档案方面，谢佩云提出电力工程档案资源具有专业性、唯一性、成套性及重复利用性的特征，而当前档案管理不到位、开发利用资源低下等问题，为档案管理工作及资源效益的发挥带来影响[122]。因此，应构建完备的档案管理制度，立足全局视角，推动工程档案体系化、流程化、数据化建设。

3.2.3.7 工程档案宣传与传播

工程档案是一个工程建设的系统化、原始性记录，对后期的维护管理、维修、改建、扩建与新建等具有重要的凭证作用。同时工程档案中蕴含了经济、社会及文化等内涵要素，做好工程档案的宣传与传播工作有助于弘扬企业精神、彰显工程魅力。2011年9月27日，杨冬权在全国档案宣传工作会议上提出，应立足档案，主动宣传，尤其是针对突发事件及重大纪念活动、重要政策等开展宣传，如"世博档案·中国记忆"展览、《中国共产党成立时期档案》等，充分发挥档案的历史价值与凭证价值[185]。档案宣传对于普及爱国主义教育、弘扬社会主义核心价值体系等方面具有深远意义。柴丽提出，档案所具有的原始性、真实性的特点对于反映历史、揭示规律具有不可替代的作用，有助于推动战略发展、服务于党和国家工作大局，因此应着力推进档案宣传工作，发挥舆论阵地的作用[186]。

工程作为国民经济发展的重要组成部分，其档案对于工程管理、文化宣传、弘扬精神等方面具有重要价值。林鸣以港珠澳大桥岛隧工程为研究对象,强调该工程是举国之力建设的里程碑,重点分析了其中蕴含的"全寿命周期绿色工程"理念和"质量+体验提升"的品质理念和"五保+三化+人心工程"的管理方法等,对于推动工程宣传具有重要的价值[187]。立足于新媒体技术时代,工程档案应与时俱进,不断创新。邓慧、濮寒梅探析了城建档案建设中的城市地下管线工程档案,并指出应借助城建档案馆网站、微博及微信等媒体,加强对工程档案的宣传力度,以提升其社会影响力和认知水平[188]。谢贤、谢虹提出档案宣传有效扩展了档案的社会认可度,拓展了档案的资源传播,推动了档案事业的发展[189]。因此,应着力提高档案工作者的自身素养,突破传统的宣传思维,采用微视频、纪录片、网页、新媒体等渠道,增强宣传手段,提升宣传效果。

工程档案的全过程管理形成"条块结合"的形式,"条"指7个环节紧密相连,且前一工作环节是后一环节推进的基础;"块"指工程档案生成及档案收集对象是各个相对分散的参建单位,其余几个主要环节的开展也主要以工程档案的形成及来源展开工作。工程档案产生主体多样、内容载体类型丰富、管理过程复杂,为了保证工程档案管理工作的科学、高效,可以做到主体联盟、过程联通及数据联结,从而共同构成工程项目记录的有机整体。

3.3 知识赋能及知识连续体研究论述

本节在分析工程档案管理活动要素的基础上,梳理知识的内涵、演变及分类,在此基础上,对知识管理的全活动进行界定,进一步剖析知识管理的内涵,解读国内外对于"赋能"一词的不同理解,并聚焦于"赋能"主题的研究趋势,初步对知识赋能及知识连续体研究进行论述。

3.3.1 知识的概念与内涵

知识在组织内部管理和业务实践方面具有重大价值。本节从知识演变、溯源、分类的视角,对知识的概念内涵进行多维度、多层次的分析,以进一步正确认识知识管理与赋能研究的重要性与意义。

3.3.1.1 知识的演变

为了可以更好地理解知识赋能的概念,本书首先围绕"数据"、"信息"和"知识"的相关概念进行分析,进一步明确三个术语的关联及区别。基于此,结合本书3.3.3小节中赋能的相关概念内涵,进一步探究"数据赋能"、"信息赋能"与"知识赋能"之间的联系,以此形成知识赋能的理论基础。

长期以来，关于这三个术语的概念讨论一直源源不断[190-192]。显然，20世纪60年代电子数据出现时，企业面临着数据泛滥的问题[193]。数据，被描述为"一组关于事件结构化事务记录的离散事实"，需要通过处理、分类、聚合和存储，使之成为有用的信息。信息则是"塑造数据，以达到感知者眼中的意义"，它具有目的性，并与语境相关。每个人可以通过网络、物联网或者邮件的方式，接触和获取大量的、冗余的信息。因此，从信息检索和信息组织中获取知识是管理信息的重要途径[194]。知识不仅仅是信息处理的结果，更应该被认为是"最具价值的、最具有贡献的、对决策和行动有决定性作用的"，以及"需要特定的情景或场景"和"内容形式最难进行管理"的一种资源。见图3.1（数据－信息－知识层级图），描述了数据、信息与知识之间的关联。

图3.1从信息技术的角度出发，提出信息技术和信息系统是服务于数据和信息的处理工具。层级图的基础理论源于自下而上的观点，是根据特定的信息系统要求，获取静态的数据和构建数据结构，然后把获取到的数据处理成信息，最后转化成知识。由此可见，在该层级图中，数据是知识阶层最底层也是最基础的一个概念，是形成信息和知识的源泉。因而，数据泛指对客观事物的数量、属性、位置及其各要素之间相互关系的抽象表示，是从自然现象和社会现象中收集的原始材料，适合于人工或者自然的方式进行保存、传递和处理。信息，作为一个使用率较高的概念，是具有一定含义的、经过加工处理的、对决策有价值的数据。知识处于数据和信息之上，是因为它更接近行动，具有决策意义。

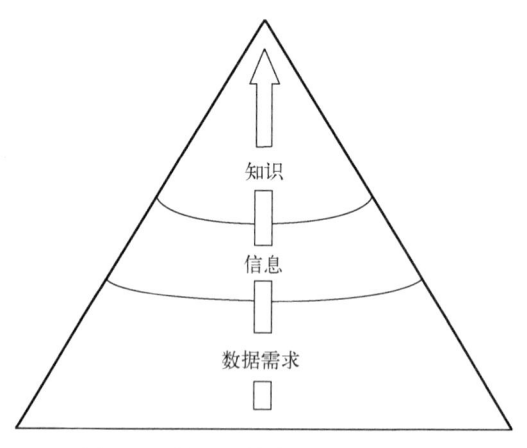

图3.1 数据－信息－知识层级图

Awad和Ghaziri对自下而上的层级图，从行为角度进行改进，使之达到了更高一个级别，即"智慧（wisdom）"。智慧是"一个独特的人类状态"[195]，是人类区别于其他生物的重要特征。它是一种应用知识和信息处理问题的能力，因而超出了在组织中进行管理的可能性。本书中虽然不谈及智慧，但仍然采用 Awad 和 Ghaziri 的概念，即知识不仅仅是信息，还包括了"人类对通过学习和经验获得的在专业领域上的理解"。因此，本书认为专业技能、观点、概念、感官和经验，都可以是知识的组成部分。

在此基础上，知识管理学者研究形成了重要的 DIKW 金字塔模型（图 3.2）。DIKW 金字塔体系是关于数据、信息、知识及智慧的层级体系，可以追溯至托马斯·斯特尔那斯·艾略特（Thomas Stearns Eliot）所写的诗——《岩石》。其首段写道："我们在哪里丢失了知识中的智慧？又在哪里丢失了信息中的知识？"。1982 年 12 月，美国教育家哈蓝·克利夫兰（Harlan Cleveland）引用这些诗句在其《未来主义者》书中提出"信息即资源"的见解。教育家米兰·瑟兰尼（Milan Zeleny）于 1987 年撰写了《管理支援系统：迈向整合知识管理》，管理思想家罗素·艾可夫（Russell L.Ackoff）在 1989 年撰写了《从数据到智慧》，两位均对此观点进行拓展和支持。

图 3.2　DIKW 体系模型示意图

DIKW 体系将数据、信息、知识、智慧纳入到一种金字塔形的层次体系（图 3.3）。

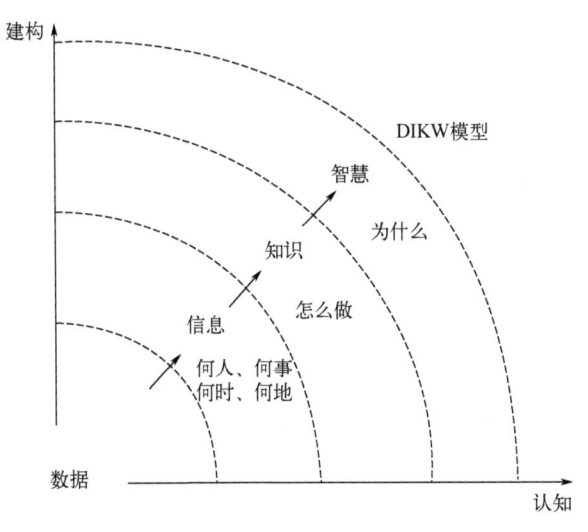

图 3.3　DIKW 体系模型示意图

该模型是信息和知识文献中基本广泛认可的模型之一，常在信息管理、信息系统、知识管理文献中数据、信息和知识定义中被引用或隐含使用。在DIKW的背景下，数据被看作是表征刺激或信号的符号。在某种情况下，数据作为一种观察的产物，不仅仅指符号，还是所描述符号所指的信号或刺激。信息被描述为"有组织或结构化的数据"，这些数据的处理方式使这些信息现在与其特定的目的或上下文相关，因此信息是有意义的、有价值的、有用的和相关的。数据和信息之间的区别是信息是结构性的，而不是功能性的。知识是参照信息来定义的，可以是以某种处理方式、组织或结构化的信息，也可以指应用或付诸行动的信息。知识是由框架式的经验、价值观、上下文信息、专家见解和基于基础的直觉组成的流动组合，为评估和合并新经验和信息提供了环境和框架，它起源并应用于知识管理者的头脑中。在组织中，知识常常嵌入到文档和存储库中，而且还融入组织的日常例程、活动、实践和规范中。

与数据－信息－知识层级图相反的另一派理论，则是知识－信息－数据模型的逆金字塔。这种自上而下的模式是基于案例的研究（图 3.4），并由此提出顶层的知识，是源于对数据和信息的检索和处理的需要。

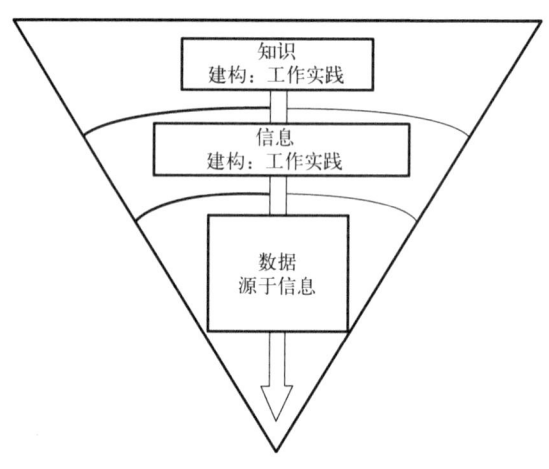

图 3.4　知识－信息－数据模型的逆金字塔模型

知识－信息－数据模型的逆金字塔模型，采用了一个非常实用的观点，即"人员或系统需要能够执行工作实践"，同时数据作为信息的组成部分被捕获，因为工作实践创造了信息需求[192]。该模型与层级图刚好相反，认为数据应该被获取、组织和维护以满足信息的需求。信息的含义和价值，则应以工作实践为背景，根据实践需要被解读、共享和传播。当然，Braganza所使用的知识概念被简化为显性的知识，他认为这些知识可以很容易地在业务流程中保存和捕获以满足基本的组织需求。因此，该模型可以从组织实践且有目的行动的角度对理论做出贡献。然而，简化的概念化知识和显性化知识也存在一些问题，尤其是在理解人类活动系统中的知识本质部分，例如，组织中或者离职人员所有的显性知识、经验性和隐性知识，该逆金字塔模型则是无法解释的。

Jashapara 从有目的的行动角度，部分同意了知识－信息－数据模型。结合上述两个模型的讨论（数据－信息－知识层级图与知识－信息－数据模型的逆金字塔模型），Jashapara 对数据、信息和知识之间的关系提供了更详细的解释，旨在捕捉数据、信息和知识之间关系的复杂性（图 3.5）。

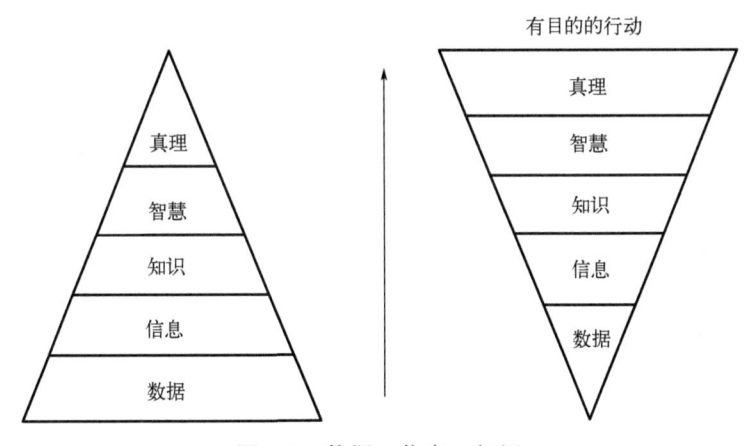

图 3.5　数据、信息、知识

数据被描述为信号，并被定义为"脱离语境并且需要与其他事物相关联"。Meadow 等也认同此观点，将数据定义为"一串基本符号，如数字或字母"[196]。Jashapara 声称信息是"系统的"，信息本身具有内涵，并与目的和意义相关联。因此，一个组织的信息可能对自身没有意义，但是对另一个组织则是有用的。知识代表"真实和正当信念"[197]，用于理解，预测和理解主观或客观信息。如何区分知识和信息，Nonaka 和 Takeuchi 表示"信息是一种信息的流动，而知识是持有人的信念所决定的"。该观点指出了知识的基本构成，与人类认知有关的行动，认同了 Braganza 和 Grover、Davenport 自下而上的概念理解。

Jashapara 的提议另外还包含了智慧和真理的概念。智慧的概念，作为组织资产，其可管理的可能性是更难实现的。真理，这个概念则是有争议的，不同的哲学认识论思想流派对它的含义会有非常不同的看法。然而，无可非议的是，不同的个人"积累了关于真相的部分客观的信息"[198]。这就意味着，组织内的不同个人可能对真相有不同的看法，更不用说不同的组织了。因此，结合本书的撰写目的，真理这个概念将不做考虑。

理解、评估、解释和处理信息不仅需要应用认知练习，还需要使用相关经验，以及相关专业领域、实践和行为的集体经验性知识和个人隐性知识。因此，结合 Jashapara 提出的见解，本书提出了如图 3.6 所示模型。

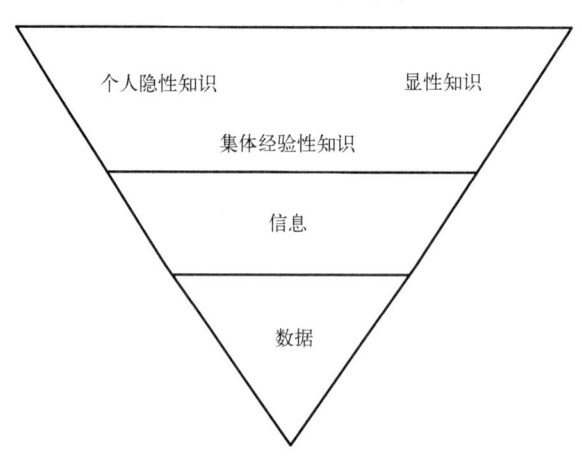

图 3.6　本书中的数据、信息和知识模型

该模型结合了 Jashapara 在知识生成和信息传递之间的双重关系，增加了本书所需的经验性知识。隐性知识涉及个体认知、个人信念、世界观和价值体系，经验性知识则与组织中的工作实践紧密关联。总而言之，无论是从理论构造，还是实践需要的角度，都强调了知识的重要性和价值，以及它与可管理的信息和数据之间的关系。然而，知识是一个更加复杂和动态化的概念，关于它的辩论，哲学家们一直在描述和解释。因此，关于个体认知如何影响和导致知识乃至知识本身的性质，仍然没有普遍认同的定义，这也是本书选题的独特与重要之处。

3.3.1.2　知识的溯源

在传统的社会历史中，最早对知识进行定义的是古希腊哲学家，其中比较具有代表性的是由苏格拉底、毕达哥拉斯和柏拉图提出的观点。苏格拉底认为知识就是人的智力、自我认识和道德的修炼，即自我在智力、道德和精神方面的成长；毕达哥拉斯认为知识即逻辑、语言和修辞；柏拉图则认为知识即"被证实的概念"[199]；康德在经验论和唯理论矛盾的基础上，认为知识始于感性而终于理性。而在中国古代社会中，知识被认为是清高之人的特质，中华文化对于知识的认知有孔子的"述而不作"，即知识是在思想层次上的东西。此外，在古代佛教中也有对"知识"的解释，它表示为经验认知，一直到明清时期，这一观点都受到更多的认可。中西方在古代传统社会中对知识的认知都停留在思想层面。直至工业时代的到来，知识开始作为生产要素，被用到生产工具、流程和产品当中来，人们开始改变对知识的看法，认为知识须存在于实践之中。基于知识从思想层面到实践层面的变化，说明了知识不再是停留在大脑中的思想，而是在实践活动中与经济社会相联结的重要因素。

知识作为一种独特而有价值的资源，在提升组织竞争优势方面起到了极其重要的作用[6,200]。尤其是在当今的知识经济时代，管理知识给组织和业务活动带来了巨大挑战[6,201]。知识，被称为"可操作的信息"，作为提升组织决策力、提高企业行动力和挖掘组织创新力的有效资源，可以整体上增强企业的竞争优势[202]。知识本身特征的复杂化、人性化和动态化，使得任何组织中的知识都难以捕捉、表达和维护[203]。Bhatt声称，业务过程所使用的知识只有一小部分是由组织持有，其余部分均是储备在个人大脑之中[204]。一旦发生知识型员工离职的情况，组织机构的知识资产将会受到重大的损失。在新经济时代，面对"爆炸式"增长的知识，组织和企业如何对其进行合理的管理、开发和利用，成为企业和组织能否持续发展，从而占据竞争制高点的关键[205]。因此，在全球激烈竞争环境下，知识管理是增强组织管理能力的重要途径之一。

国家标准 GB/T 23703.1《知识管理》将知识定义为"通过学习、实践或者探索所获得的认识、判断或技能"。不同领域的学者对于知识的认知也有所不同。美国现代管理学之父彼得·德鲁克(Peter F.Drucker)认为，知识是可以改变人或事物，既能使得信息成为行动的基础，还能通过信息改变个体的行为方式；知识还与企业能力密切相关，能够用以制定决策所使用的事实、模式、概念、意见及直觉的集合体[206]。从哲学认识论的角度来看，知识是人类对信息的一种逻辑推理，强调知识形成的过程，是关于事物运作规律的理解。从心理学的角度来看，知识是一种可以从经验或者学习中获得的认知。知识管理早已受到产业界和学术界的重视。Bouthiller与Shearer[207]详细描述了知识管理实践在公共管理部门和私有产业等场景中的优秀应用案例。与此同时，Davenport和Prusak[208]表示通过知识管理实践，任何一个组织都可以获取潜在的价值。因此，知识管理作为一种组织工具，识别组织中的知识资产，管理着具有价值的战略资产，在增强组织的竞争力、提高管理效力与效率方面起着极其重要的作用。同样，知识管理作为学术研究中日益增长的热门话题，研究角度广泛，包括人力资源、商业统计和信息系统等多个视角[202]。

国内学者针对知识管理在不同学科领域的应用，展开了一系列不同的概念论述。在图书情报与档案管理领域，知识管理多与信息分析、内容挖掘等相结合。21世纪早期，知识常被理解为整合重构再现的有序信息，被认为是"认知主体以其认知图式适应、同化被认知客体的信息内容，经整合重构而再现的观念化、符号化的有序信息组合"[209]；知识是经整合重构而再现的观念化、符号化的有序信息组合,是针对用户的特定需求而提供的解决方案等[210]。此外,多数学者强调知识与信息的关联,提出知识的获取、形成等和信息密不可分,知识是经过传递而又为人们所内化的信息,是通过传递而外化入人类社会交流体系的信息[211];知识是有着内在相互关系联结的结构,知识的增长是通过情报分析的获取来完成的[212];知识是呈现规律的信息[213];知识是信息经过加工之后的成果,它既是一种战略性资源,也是组织生存和不断进步的源泉[214]。

作为一个充满活力且不断发展的领域,知识管理本身目前还没有形成一个被学界和业界普遍接受的概念。但是,来自各个学科的学者,如信息科学、计算机科学、管理科学和信息系统,对知识管理的持续研究和重视程度,则是达成一致认识的。

3.3.1.3 知识的分类

分类是"以事物的本质属性为依据,把一个属概念划分为若干个中概念的过程"[215]。知识分类最早可追溯于我国古文献《尚书·洪范》,其中依据知识的用途划分为天文、农事、地理、国政与人伦等,形成了"九畴"的概念。由此看出,知识的原始分类多依据于生活需要,与知识的起源及用途密切相关。随着知识管理的深入化探讨,各机构及学者围绕研究起源、研究对象、知识属性等特定的需要和标准,对相关知识进行了细致化划分。

在国外关于知识分类的历史上,古希腊学者提及应以认识论为出发点,即对知识进行分类,以此为代表的有柏拉图、亚里士多德等。柏拉图提出知识为 4 种状态:理性、理智、信念和表象。亚里士多德在此基础上,抛弃了柏拉图的唯心主义观点,并改造和发展了相关知识分类法,依据知识的目的与渊源,提出知识分为理论之学、实用之学和创造之学。而当代大多学者认为古希腊亚里士多德是最早对知识进行分类的人,他的这种知识分类方式一直沿袭到 15 世纪[215]。后世关于知识分类的研究,基于不同的分类标准,有不同的分类方式。

1. 基于特征的分类

Polanyi 最早根据知识的可表达程度将知识划分为显性知识与隐性知识,并认为知识具有内隐性特征[216]。Kogut 与 Zander 则指出知识并非严格意义上的隐性知识和显性知识两分法,在知识的隐性和显性之间存在一个连续带[217]。Nonaka 和 Takeuchi 提出了隐性知识的两个构面,包括技术构面和认知构面[218]。Choo 则建议 3 种类型的知识:隐性知识、显性知识和文化知识[219]。Awad 和 Ghaziri 提倡另一种分类形式,其中包含程序性知识、陈述性知识、语义知识和情节性知识[191]。经济合作与发展组织(Organization for Economic Co-operation and Development,OECD)对知识的分类是目前最具权威性的一种,将"知识"归纳为 4 种类型:事实知识(know-what)、原理知识(know-why)、技能知识(know-how)和人力知识(know-who)，前两类为可编码的显性知识，后两类为难以用文字明确表述的隐性知识。

根据知识的可移动性角度，Badaracco 将知识分成可移动的知识和嵌入组织的知识[220]。Novins 和 Armstrong 则从知识的可转移性和应用性出发，将知识划分为易访问知识、广泛适用的知识、复杂知识和一次性知识[221]。Bhagat 等根据知识的复杂性，认为知识可以分为包含较少信息量的简单知识和包含大量信息的复杂知识[222]。

2. 基于内容的分类

德国首次提出以知识的研究对象进行分类。基于知识的研究内容，德国哲学家威廉·狄尔泰(Wilhelm Dilthey)在《人类研究导论》中首次提出自然科学与社会科学两大类，被视为现代知识体系诞生的标准。之后，德国哲学家在此基础上提出了自然科学与历史科学两大概念，提出与制定法则所形成的"永远如此的知识"相对应的为思维知识。

Hsiao 等从知识构成组织出发，将知识划分为嵌入到人类网络中的专家认知性知识，专家的工作活动中提取和集成的能力知识，以及可转移的有形的实体知识[223]。依据知识转移的过程，Harem Krogh 和 Roos 将组织知识分为 4 种：① 了解缺乏的知识，个体认知到自己或者他人缺乏某种知识；② 了解他人知识的知识，帮助缺乏知识的人寻找正确的人以请求帮助；③ 行为表现的知识，了解什么样的行为是恰当的行为选择；④ 任务导向的知识，即如何解决工作上的问题[224]。

Lam 基于个人与集体两个层次的本体论(ontological)、隐性知识与显性知识二分法的认识论(epistemological)的多维视角，将知识分为 4 类，即理智知识(embrained)、编码知识(codified)、体现知识(embodied)和嵌入知识(embedded)[5]。其中，理智知识指抽象推理的知识，强调个人概念化技巧与认知能力；编码知识指能用符号与记号对知识进行编码，如设计蓝图、规章制度和作业程序等；体现知识指存在于个人大脑中必须经由参与、身体力行与实践才能产生的知识；嵌入知识则是一种关系导向，根植于彼此互动学习和实践社区之中，属于涂尔干式(Durkheimiantype)的隐性知识。

3. 基于范围的分类

根据范围进行的知识分类，包括知识的分布范围和知识可利用范围。Nonaka 将知识分为个人知识和社会知识，个人知识由个人单独创造、存在于个人脑海中，而社会知识则由团队成员共同创造、存在于团队集体行动和团队成员交互行为中[225]。Long 和 Fahey 则认为知识分为个人知识、社会知识和结构知识[226]。其中，个人知识指个人所掌握的显性或隐性知识，社会知识指个人之间或组织内部的文化、规范和协作关系等，结构知识则嵌入在组织系统、规则和惯例中。Henderson 和 Clark 采用部分知识与架构知识的分类[227]。张福学以知识的可应用范围和可传递性为标准，将企业知识划分为快速存取型知识(quick knowledge)、宽泛型知识(broad-based knowledge)、个化型知识(one-off knowledge)和复杂型知识(complex knowledge)[228]4 个类型。另外，郭睦庚、朱治理等将知识分为内部知识和外部知识[229,230]。内部知识指能在企业内部自由交流和分享，也能够被企业内部所拥有的知识，包括商业计划书、报告等；外部知识则指有利于企业发展且能被企业所获取到的组织外部知识。

4. 基于价值的分类

弗里茨·马克卢普(Fritz Machlup)根据知识的实用价值，把知识分为实用知识、学术知识、闲谈与消遣知识、精神知识和不需要的知识，以经济学的目的与效益为导向，从而为自身的知识经济学理论奠定基础。Boisot 更是从实用的角度提议了知识类型学，包括个人的、专有的、公共知识和常识的[231]。而 Wiig 则提出了 4 类：事实性的、概念性的、期望性的和方法性的[232]。

除了以上的分类，ISO 5127：2017 标准从多个维度出发，围绕知识涉及的主体范畴进行了多种划分（表 3.4）。共分为 4 大类及 11 个子项概念，围绕知识进行了详细的划分，为知识管理提供一定的研究思路与依据。

表 3.4 ISO 5127:2017 标准中知识的概念分类

分类依据	子类型	概念
项目内容	分项性知识	单一项目的知识
	整体性知识	在某一时间，与某一主题或领域相关的已知的所有知识
主体类型	集体知识	在一个大群体或社会整体中共享的知识
	个人知识	特定个人所拥有的，或可支配的知识
主观经验与客观分析	主观知识	适用于或在某种情况下只对一个或几个特定个人有含义的，可能完全来自于个人主观经验的个人知识
	客观知识	来自于特定人类个体思维的，独立的，能够被外界跟踪或质疑的知识，多强调基于事实、经验方法论或理性推理的并经验证的知识
科学性与文化性	科学知识	在给定社会背景下，运用认为为科学或产生科学结果的特定定义方法形成、产生的知识
	常识知识	常基础性的知识条目，不总是被人知晓，从很早期生物体深入了解活动、自身及周边环境，以及相关反应结果的内在就开始形成
	经验知识	通过包括实验和系列测试观察物质现象、相互关系和行为而获得的知识
	理论知识	通过推理而获得的知识
	传统知识	不需要证明或推理验证的，在文化熏染过程中流传的知识

从上述不同分类观点可以看出，各个学者根据其研究背景、特定研究问题和

需求，以及他们自己的认识论，来定位和区分知识类型。同时，也说明了不同类型的知识并不一定彼此绝对不同，而是相互重叠和相互互补的。而 Nonaka 和 Takeuchi 提出的两种通用类型（显性和隐性知识）则是一个比较广泛采纳的二分法，几乎涵盖了所有可能类型。当然了，也正是由于这种广泛分类的性质，缺乏了细节和精细的层次，才会在知识管理文献中涌现出大量的新兴的类型分类。

本书旨在研究实践部门的知识管理，因此研究该部门所包含的"隐藏在该组织中的程序、管理和工作实践中"的知识是本书的对象。主要包括 3 种不同类型的知识：①通过社会协商沟通在行业内建立的知识，是聚集该领域对如何做事的理解；②知识是特定于组织部门内的，以集体的智慧集结而成的，同时具备显性和隐形的本质；③组织内员工的个人知识来自于经验和工作实践。

3.3.2 知识管理的全活动

知识管理活动或者过程一直是学界和业界的热点研究议题。知识管理活动的划分对知识管理内涵的解读有重要指导意义，本节旨在梳理界定知识管理全活动过程，作为内涵解读的基础。目前，国内外学者对知识管理活动或知识管理过程有不同的理解与描述。Wiig 在 1993 年就提出了由创造与获取知识、编辑与转换知识、分发与应用知识、知识价值实现这 4 类活动来构成的知识管理框架。Jashapara 考虑到知识管理的跨学科特性，将知识管理活动划分为知识创造、知识转化、知识激活和知识传递 4 个活动。国内外关于知识管理活动的不同描述见表 3.5。

表 3.5 知识管理活动

学者/机构	过程/活动描述
Wiig[233]	创造与获取、编辑与转换、分发与应用、价值实现
Nonaka&Takeuchi[225]	分享、创造概念、验证概念、交叉知识、构建原型
Jashapara[234]	创造、转化、激活、传递
O'Dell[235]	识别、收集、适应、组织、应用、分享、创造
Marquardt[236]	获取、创造、转移、使用、存储
Andersen[237]	识别、收集、创造、组织、分享、应用、适应
Davenport&Laurence[238]	定义需求、捕获知识、分发知识、使用知识
Holsapple&Joshi[239]	获取（提炼、解释、转移）、选择（定位、访问）、内化（评估、存储）、使用、创造（监督、评价、产生）外化
Steier（PWC）[240]	发现、过滤、标准化、转移、反馈
Ruggles[241]	产生（创造、获取、综合、融合）、编码（捕获、表示）、转移
Van der Spek[242]	开发、保护、分发、综合
Wiig[243]	杠杆作用、创造、获取和存储、组织和转换、应用

续表

学者/机构	过程/活动描述
Becerra-Fernandez & Sabherwal[244]	获取和生成、采集、组织、存储、共享、应用
Andersen Consulting[245]	获取、创造、综合、分享、使用
Liebowitz[246]	转换、识别与验证、获取、组织、检索与应用、综合、学习、创造、分发与销售
Alavi&Leidner[247]	创造、存取、转移、应用
陈国权[248]	知识来源、获取、传递
王众托[249]	识别、收集和选择、保存、传播与共享、转化与生成、吸收和使用
贾生华,疏礼兵[250]	创造、积累、共享、利用、内部化
付宏才,邹平[251]	获取、储存、修改、共享、使用与反馈
姜丹[252]	提取、组织、应用
林东清[253]	创造、获取、存贮、共享、转移、利用
王旭[254]	获取、存储、解释、传播和审计
陈发祥,梁昌勇[255]	开发(获取、储存、分享、学习)、创新
杨新华,林健[256]	获取、开发与创造、存储与检索、流通、评估、维护和保护
王平,杨斌[257]	获取、编码、转化、存储、整合、交流、共享、创新
朱亚男,于本江[258]	识别、创造、积累和应用
熊学兵[259]	获取、转移、共享、创新和应用

从上述对知识管理活动的描述可以看出，研究角度不同，研究者对知识管理活动的划分结果也不同。但总体来说，知识管理活动或过程并非一个固定的线性流程，而是一个包含多个活动的动态过程。本书主要依据 Ashok Jashapara 的基本分类方法，结合相关学者的研究成果及知识管理活动过程的描述，将知识管理全活动界定为知识创造、知识共享、知识转移和知识服务 4 个部分。

3.3.2.1 知识创造

日本学者 Nonaka 首先提出了组织知识创造(knowledge creation)概念，认为知识创造是组织在企业内部或企业之间创造、分享显性知识和隐性知识的一个持续过程[225]。Nonaka 和 Takeuchi 共同提出了著名的 SECI 模型(图 3.7)，指出"知识创造是一个基于认识论和本体论维度的知识创造螺旋中的知识转换过程"[218]。知识管理的主要目的是通过不断创造新知识来提高技术创新能力和产品的附加值。因此，正确有效地指导企业或组织进行知识的创造活动是知识管理的根本。

基于对知识创造影响因素的探究分析，多位学者从不同角度提出知识创造的促进策略。从内部因素来看，庄彩云等基于互联网背景分析互联网对企业知识创造过程的影响机制，提出在知识创造阶段，互联网技术、平台和思维及其与环境动态性联合具有驱动作用[260]。周健明、周永务提出知识惯性会显著破坏团队创新

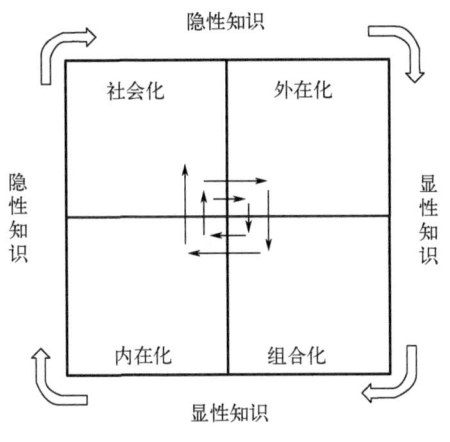

图 3.7　SECI 模型

氛围进而负向影响团队知识创造行为,因此组织应当构建基于"抛弃政策"的创新管理体系,进行有计划地组织知识的更新迭代[261]。唐彬等构建了平台企业知识创造模型(图 3.8),基于此提出平台企业要加强对大数据能力的培育,完善平台机制,加强大数据能力与知识创造各环节匹配,为知识创造建立良好的资源环境[262]。梁娟、陈国宏基于网络嵌入理论和知识管理理论建立理论模型进行实证分析,提出多重网络嵌入有利于集群企业提升知识创造绩效,知识整合在其中发挥中介作用,创造氛围起调节作用,为集群企业提升知识创造绩效提供了借鉴[263]。吴翠花等研究发现,惰性知识的激活对实现跨层次的知识交流具有明显影响作用,对于提升企业知识创造能力和提高企业知识管理水平都具有重要意义[264]。王一构建了社交网络情境下的知识创造过程模型(图 3.9),提出社交媒体技术及其可供性对知识创造具有促进作用[265]。

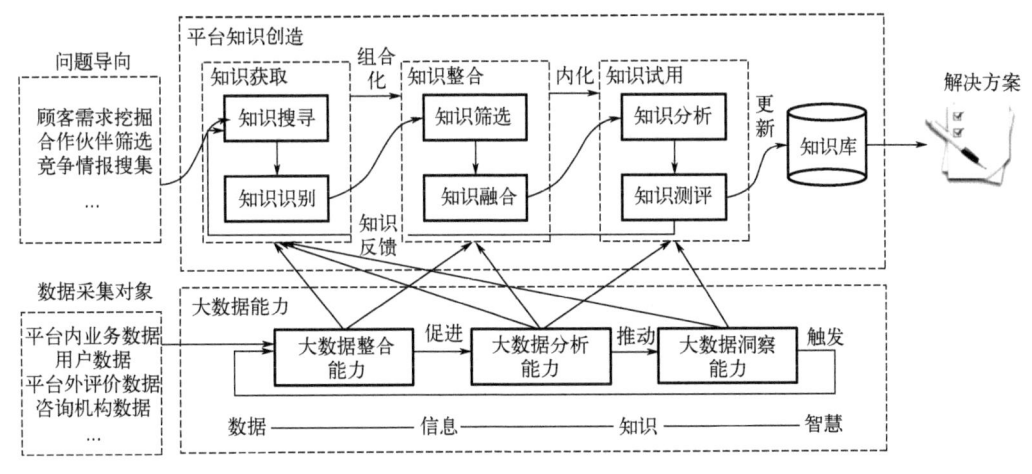

图 3.8　大数据能力下平台企业知识创造模型

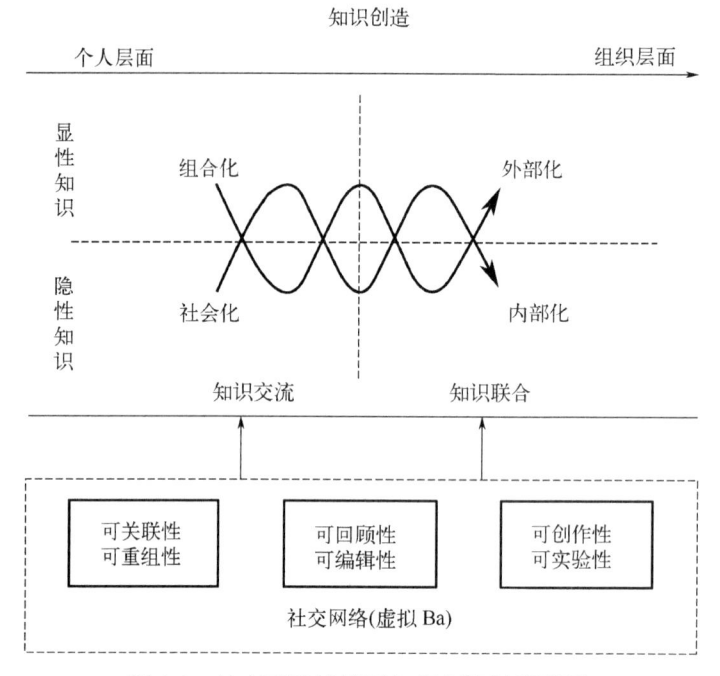

图 3.9 社交网络情境下知识创造过程模型

基于对外部因素的分析探究，吕冲冲等[266]构建了"关系强度-合作模式-知识创造"的逻辑链条（图 3.10），研究发现企业间关系强度对知识创造的正向作用显著，相较契约式合作，企业间关系强度越高越倾向于选择股权式合作模式，由此提出企业应与外部组织构建良好关系，并且选择合适的合作模式以实现企业知识创造的最大化。杨爽、胡轶楠构建了产业集群内企业知识创造模型（图 3.11），提出知识创造需要外部环境的支撑。

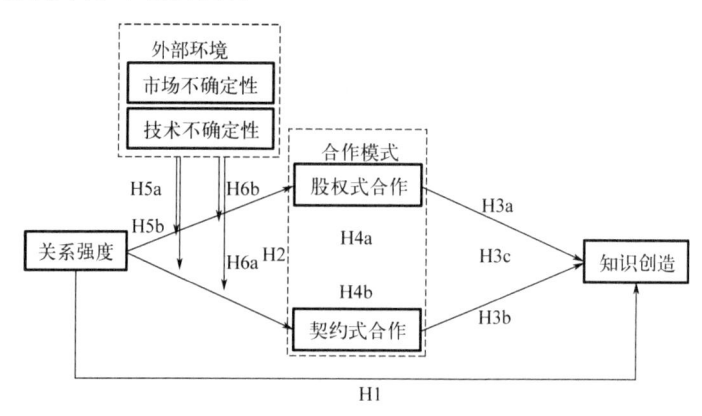

图 3.10 "关系强度-合作模式-知识创造"的逻辑链条

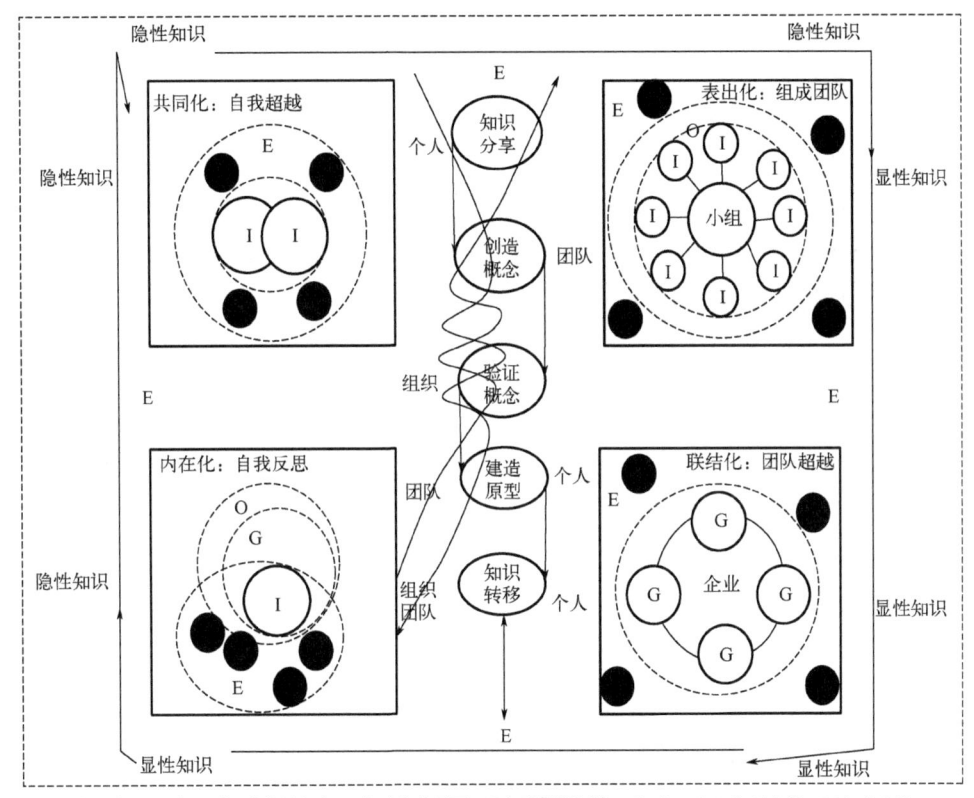

图 3.11 基于产业集群的企业知识创造模型

注：I 表示个人层面，G 表示团队层面，O 表示企业层面，E 表示集群环境 ● 表示产业集群内的不同行为主体

基于产业集群的知识创造模型包括横向螺旋和纵向螺旋两个维度，两种螺旋过程彼此协同，促进不同类型知识之间的相互转换，实现知识创造[267]。刘瑞佳、杨建君研究发现竞合企业间的合作与竞争关系均能积极地促进知识创造，控制类型影响竞合企业间的竞争与合作关系，因此企业应重视各种控制类型，维系企业间关系，促进知识创造[268]。李宇等提出在集群网络环境下网络功能对知识创造具有显著积极影响，能够通过有意识的知识溢出间接地影响知识创造，因此提升集群网络创新能力，促进集群各主体合作交流有利于知识创造[269]。从整体因素考虑，余红剑等提出科学制定发展战略、塑造学习型组织、加强软硬件建设、加强外部网络关系开发与利用，以及合理组建创业团队并科学管理人力资源 5 条策略以促进新创企业的知识创造[270]。

3.3.2.2 知识共享

知识共享是指"组织的员工或内外部团队在组织内部或跨组织之间，彼此通过各种渠道进行知识交换和讨论，其目的在于通过知识的交流，扩大知识的利用价值并产生知识的效应"[253]。作为知识管理的核心环节，知识共享是知识在组织中循环流动和效用升华的驱动系统，能够帮助企业协调、配置、重组内外部现有的知识，探索、创造新的知识，帮助企业在动荡复杂的竞争环境中得以生存和发展。李久平等构建了学习型组织中知识共享的理论框架模型(图 3.12)，从企业内部的知识流动网络、隐性知识编码、团队学习和员工决策权 4 个方面描述知识共享模型。学者围绕知识共享的研究多聚焦于个体、团队和组织层面的影响因素，并探索提升知识共享绩效的路径[271]。

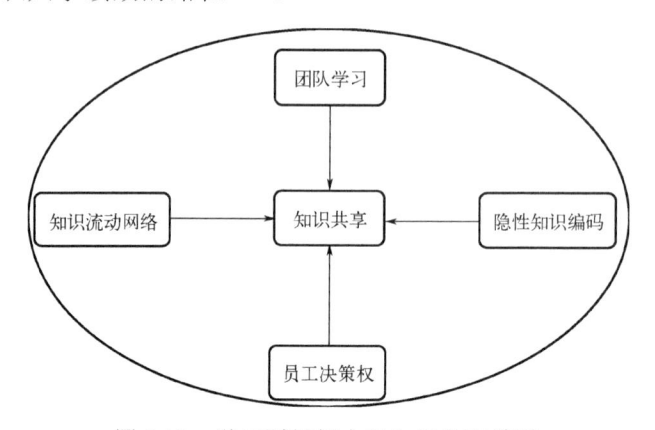

图 3.12　学习型组织中的知识共享模型

个体因素层面，作为代表性的个体类型，领导是影响知识共享行为的重要因素。刘明霞、徐心吾构建了一个有调节的中介模型，发现真实型领导、主管认同和员工知识共享行为之间存在明显的正相关关系，主管认同在其中发挥着部分中介作用[272]。苏伟琳、林新奇研究验证服务型领导对员工知识共享行为具有显著正向影响，由此提出要积极开展领导服务技能培训，培养领导的服务意识[273]。钟熙等利用分层回归分析法探讨了包容性领导对员工知识共享的影响，得出结论包容性领导能够显著提高员工知识共享，进而提出在管理实践中应该大力推动领导者具备包容性领导的能力和素质以促进员工知识共享[274]。李鲜苗、徐振亭通过实证研究发现领导心理资本与员工知识共享具有显著的正相关关系，并提出为主管领导提供专业培训与其他辅助项目以提高其能力的路径[275]。叶龙等研究表明仁慈领导和德行领导对技能人才的知识共享意愿行为有积极的预测作用，威权领导对技能人才知识共享意愿则表现出消极的预测作用(图 3.13)，由此提出领导应对技能人才表现出更多的仁慈和德行领导姿态，谨慎和恰当使用威权领导[276]。张亚军等发现自我牺牲型领导对员工隐性知识共享具有显著正向促进作用，因此提出企业在引进人才时要考察候选人的领导特质和管理风格[277]。杨霞、李雯研究发现伦理型领导对员工知识共享行为有显著正向影响，进而提出在企业管理实践中领导应重视其言行对下属的示范效应，同时应倡导建立共享、集体导向的价值观[278]。

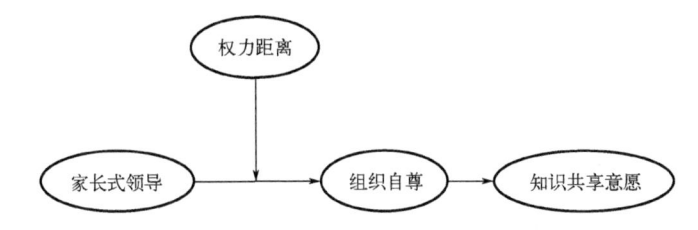

图 3.13 "家长式领导-权力距离-组织自尊-知识共享意愿"关系模型

在团队因素层面，主要包括团队成员关系、团队工作目标和团队文化氛围等内容[279]。张瑞等构建了知识共享行为的演化博弈模型，发现团队中情感信任促进知识获取而认知信任促进知识贡献，因此增进团队内的情感信任和认知信任有利于促进知识共享[280]。Li 等提出团队文化的多样性为成员提供更多不重叠信息，而这些信息则是构成层次知识共享的基础[281]。Burmeister 等指出团队知识目标的产生将集体的注意力和精力引导到知识交流上，有助于制定具体的行动计划；团队知识目标的追求则能够支持知识共享策略的发展和修订，促进层次知识共享[282]。唐于红等研究发现，领导——成员交换差异正向影响团队地位冲突，进而导致团队成员减少知识共享行为，由此启示组织管理者要在团队中构建公平氛围，提高团队知识共享有效性[283]。金辉等研究表明集体主义和面子取向会加剧圈内与圈外知识共享间的差距，长期取向、关系取向和和谐取向则会有助于缩小这一差距，进而提出在组织氛围营造及团队文化建设方面融入对"庇护小群体利益和形象"等私德的抵制，以及强化对"关注长远、注重关系、追求和谐"等价值观的倡导等途径以促进知识共享[284]。

在组织因素层面，主要体现为人力资源管理实践。黄昱方、刘雪洁构建了 HRA、组织认同、任务互依性与知识共享理论模型（图 3.14），从个体心理层面验证了承诺型人力资源管理动机归因对于提升员工知识共享行为的显著积极作用[285]。何俊琳等研究发现，基于承诺的人力资源实践对知识共享行为及意愿具有显著的正向预测效果。由此提出企业需要制定符合科学管理规范的一系列人力资源管理流程并实践，不只在组织中推行一项人力资源活动，而是实施一整套的人力资源实践活动[286]。MaZ 等也认为"激励增强型人力资源管理实践强调公平奖励，基于团队的支付结构，减轻工作压力和增进幸福感，而这种支持、合作、安全和信任的组织氛围对于激励个体的信息交流和知识共享起重要作用[287]。"

3.3.2.3 知识转移

知识转移概念的前置条件是技术转移，美国技术和创新管理学家 Teece 在研

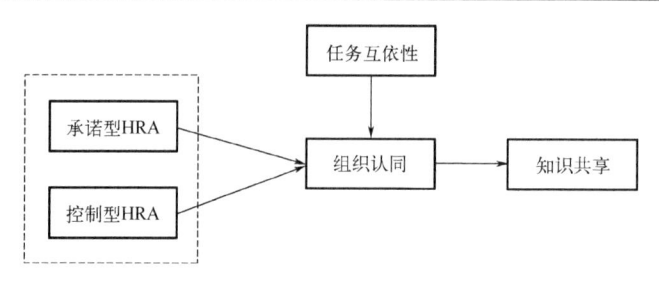

图 3.14 HRA、组织认同、任务互依性与知识共享理论模型

究跨国公司于跨国家间的技术转移时发现，技术的跨国转移能积累大量的跨国跨界的应用型知识[288]。后来才有学者将技术转移这一概念引入知识管理领域，提出了知识转移的概念。知识转移是知识从传授方转移到接收方，"从而使接收方能够获取、累积、内化及运用新知识的过程"[289]。知识转移的作用在于缩小个体或组织之间的知识差距，提升知识接收方的知识水平和能力，提升企业的核心能力和竞争优势，提高企业产品质量，加速企业技术创新的速度，促进企业资产的增值。学者围绕知识转移的研究多聚焦于影响知识转移绩效的因素分析，针对组织/企业内部及组织之间的知识转移问题，进而提出提高知识转移绩效的新路径。

在企业内部的知识转移方面，任旭、刘佳应用理性行为理论，构建了项目经理魅力领导影响项目团队知识转移的模型，提出魅力型领导和提升团队成员心理安全感有利于促进知识转移，环境动态性则对知识转移有负面影响[290]。卢艳秋等用模糊集理论—DEMATEL（Decision-making Trial and Evaluation Laboratory）方法对关键影响因素进行识别，构建代际知识转移作用机理模型，确定影响代际知识转移的6大关键因素，验证了分享方知识转移意愿、表达能力、接收方代际学习意愿、吸收能力、转移双方的知识距离及代际关系是影响代际知识转移的关键[291]。何辉、闫柳媚关注知识密集型组织中研发团队内部的知识转移，发现研究人员的即兴行为能够促进团队内部知识转移[292]。贾铃铃、陈选能探究现代学徒制中师徒间缄默知识，应用因素分析法发现，缄默知识转移过程中企业师傅缄默知识转移的意愿与能力、学徒缄默知识吸收的意愿与能力、师徒关系与师徒间的知识距离、企业的文化环境与外部制度安排都会影响缄默知识的转移。并针对性地提出要构建良好的企业师傅队伍、健全合理的学徒遴选机制、建立完善的师徒结对方式和良好的企业内外环境来促进师徒间缄默知识的转移[293]。

在组织之间的知识转移方面，王嘉杰等聚焦半导体制造领域，基于技术人员在组织间的流动视角，提出技术距离对知识转移具有负向影响，技术多元化对技术距离与知识转移的关系有显著调节作用[294]。邓程等构建了契约治理与知识转移绩效的概念模型，得出结论为契约控制对知识转移效率有正向影响，契约协调对知识转移效率与效果均有正向影响，进而提出通过调整与合作伙伴间不同的契约治理模式能够促进知识转移效率与效果的提升[295]。姜楠等基于专利转让的视角，采用 Probit 回归分析，提出技术宽度与技术深度与知识转移之间均存在倒 U 型关系，技术宽度与技术深度均存在一个最优区间，在一定范围内更有利于提高知识转移的成功率[296]。张梦晓、高良谋从驱动机制和阻碍机制着手，构建了网络位置影响知识转移的系统动力学模型，提出网络位置具有不可分割的两面性，处于合适的网络位置才能够最大程度发挥驱动与规避阻碍的作用，从而促进组织知识转移[297]。鞠晓伟、张晓芝构建了组织间知识转移治理模型，发现组织间知识的有效转移依赖于知识源与接收方双方能力的发挥，其中，吸收能力是决定性因素，进而提出在知识的吸收环节，多考虑利用知识源的编码能力与沟通交流能力，在知识应用环节，多考虑发挥其整合能力作用，通过双方合作提升知识转移效率，最终实现组织之间知识的有效转移[298]。李春发、赵乐生构建了反映激励机制对新创企业知识转移影响的系统动力学模型，利用 Vensim 软件仿真分析发现内在激励和外在激励均能有效促进新创企业的知识转移，且两者存在互补耦合效应，由此提出了设计灵活的利益分配机制，打造交流和信任的人际氛围及构建有效的知识转移反馈机制的路径以提高知识转移效果[299]。阮平南等通过对 OLED（Organic Light-Emitting Diode）产业的实证研究，从地理邻近性、技术邻近性和社会邻近性 3 个维度对创新网络组织间的知识转移进行分析。发现技术邻近性、社会邻近性均正向影响组织间的知识转移，地理邻近性对知识转移没有显著影响，提出组织在选择合作伙伴时考虑多维邻近性间的交互作用有利于实现高效的知识转移[300]。王向阳等研究基于区域创新系统的知识转移模型，从区域知识库层面和企业层面提出保障措施促进知识转移，包括提高区域知识库行为主体的转移意愿和开展知识转移的能力，提高企业对知识的消化吸收能力，创造有利于知识转移的组织文化[301]。

3.3.2.4 知识服务

在知识经济时代潮流与信息技术迅速发展的大背景下，知识服务（knowledge services 或 knowledge-based services）应运而生。在知识分享与知识创新发展如火如荼的当下，知识服务的出现迎合了知识管理领域发展的需求。国内外学者不断尝试着从不同角度对知识服务进行解读与定义，国内对知识服务的研究源于 20 世纪 90 年代[302]，最早出现在医疗健康领域。戴光强在《医学从技术服务扩大到知识服务——医学发展的新纪元》一文中提到了知识服务对于人民自我保健能力的作用[303]。而后知识服务逐渐扩展到企业营销领域[304]，知识服务逐渐成为企业争夺消费者、赢得与同行商业竞争的重要工具与手段，激发了商业界对于知识服务研究与知识服务人才队伍的新需求。在图书情报领域，1999 年任俊为发表的《知识经济与图书馆的知识服务》文章，是知识服务第一次出现在图情领域的视野中[305]。田红梅将知识服务定义为"从各种显性和隐性知识中，针对人们的需要将知识提炼出来，传输出去的过程"[306]；陈英群则认为知识服务应该是向用户提供知识信息、知识挖掘手段及问题解决方案的服务[307]；戚建林从广义和狭义2个角度对知识服务进行诠释，广义上知识服务是为用户提供所需知识的服务；狭义上知识服务则是针对用户的专业特定需求，对相关知识进行搜集、检索、清理、筛选和研究分析，并支持应用的深层次智慧服务[308]。张晓林从观念、服务方式、特征3个角度对知识服务的概念进行了系统剖析[309]。从观念上看，知识服务是以用户目标驱动为服务，是"面向知识内容、面向解决方案、贯穿用户解决问题过程的服务，是面向增值服务的服务"；从服务方式看，知识服务不再是基于信息机构"批发性"、标准化和事务性的工作，而是基于用户决策过程，为用户提供多样集成、专业个性、自主创新的服务；从特征上看，知识服务应建立弹性工作体系与柔性服务体制，发展灵活的、深入的、个性化的知识服务，高效、深入、彻底地满足用户需求。知识服务的内涵随着信息技术的发展不断发展变化，知识服务与现代信息技术的关系也越来越紧密，特别是大数据技术与云计算技术的发展，促使知识服务模式不断创新升级，从而建立起成熟的知识服务体系[310]。

国外对于知识服务的理解，更多是将它看成知识管理发展、延伸的概念，对于"knowledge services"这一概念的相关研究并不多见，且侧重对用户需求在不同行业领域的应用与实践活动的研究，如"knowledge management""knowledge-centered service""knowledge-focused management"等。联合国开发计划署(the United Nations Development Programme，UNPD)将知识服务定义为一种"建立在全球知识技术状态上的建议、专家意见、经验和试验方式"，帮助用户获取问题的最佳解答[311]。

经常与知识服务一起提及的另一个概念是信息服务。知识服务可以看作是信息服务的延伸、发展与升华。知识服务是信息服务发展的更高层次要求与必然要求，而信息服务为知识服务的发展提供了重要基础。两者虽然关系紧密，但也存在差异性。知识服务以知识的搜索、组织、分析、重组能力为基础，信息服务以信息组织、检索与传递为基础；知识服务以用户目标驱动，是一种主动服务，而信息服务的目标是以序化的方式向用户提供所需信息资源的获取与传递，是一种被动服务，知识服务比信息服务更加注重用户体验；知识服务的目标是为用户提供面向知识的解决方案服务，信息服务则是限于序化地提供用户所需信息资源；知识服务与信息服务对于提供服务的人员也有不同的要求，提供知识服务需要提供者经过高度专业化的知识学习，掌握相应专业技能，而信息服务则要求提供者具备信息查找、整理与提供方面的专业知识与相关专业技能。

李霞对知识服务的主要模式进行了分析[312]，提出知识服务过程是服务提供方与需求方进行持续沟通交流的过程,经过不断的交互过程以达到需求满意的结果。知识服务标准化程度决定着交互过程的难易程度,对于需求量大且重复率高的服务可以通过标准化服务,如借助先进的信息技术设备或平台,不仅可以降低服务成本,而且可以提高获取所需知识的效率;而对于需求量小的特殊知识服务,则需要通过交互过程来实现个性化定制服务。该模式按照服务提供过程中双方交互的程度进行分类,可以分为专职顾问服务模式、参考咨询服务模式和自助服务模式(图3.15)。

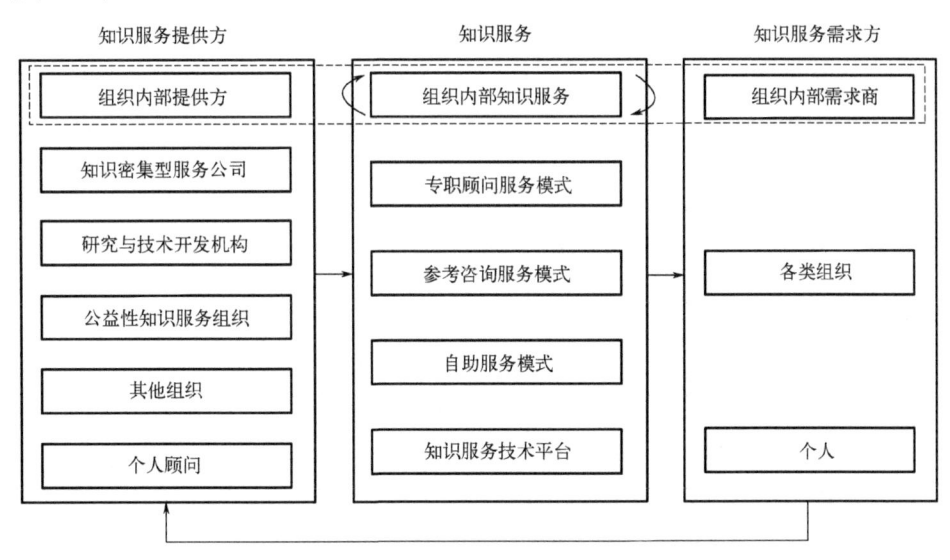

图 3.15 知识服务的过程

在知识服务应用领域,众多学者提出了关于知识服务的运营模式(表3.6)。例如,张晓林对知识服务的运营模式进行了初步描述,认为知识服务的运营模式包括咨询参考服务、专业化信息服务模式、个人化信息服务模式、团队化信息服务模式与知识管理服务模式[309]。李桂华等也对此做出了描述,认为其运营模式包括结构化参考服务模式、专业化咨询团队模式、律师模式与顾问公司模式[313]。靳红则将知识服务运营模式总结为咨询台式服务模式、学科馆员式服务模式、门户网站式服务模式及知识库服务模式[314]。陈红梅界定的知识服务模式则包括用户自我服务模式、专家知识模式与实施在线沟通式服务模式[315]。

目前知识服务研究已经处于成熟发展阶段,研究的理论构建日趋成熟,体系完备,研究方法多样。国内学者对于知识服务的研究主要集中在图书情报与档案管理、企业科技创新、产品设计及医疗健康等领域,特别是在信息技术迅速发展的背景下,基于大数据技术、云计算技术等方面的知识服务相关研究成为学者研究的热点[316]。刘海鸥等基于用户画像视角,构建用户画像模型,通过情景化推荐方法为图书馆用户提供个性化服务,提升图书馆的大数据知识管理水平[317];陈慧等对物联网背景下个性化档案知识服务存在的问题进行研究,并指出个性化档案知识服务的发展趋势[318];王萍等则将目光投向政务领域,挖掘大数据环境下微信公众号政务知识服务的影响因素,帮助提升电子政务知识服务质量[319];宋雪雁等通过问卷调查法,构建电子政务门户知识服务质量影响因素模型,探究提升电子政务知识服务质量的优化方法[320];尹超等提出一种基于用户心理行为的云制造知识服务优化决策方法,通过构建评价指标体系,结合用户心理行为,计算综合感知价值,获取最优云制造知识服务[321];黄炜等从公众、个人、决策3个角度探索基于知识服务的个人健康知识库,加快中医药知识服务研究进展,完善中医药个人健康知识库[322]。国外研究方面,Liu等运用文献分析和网页研究的方法,展示了中国新型知识服务框架如何支持中国灰色文献的研究[323];Li研究指出,图书馆服务已经由文献服务向知识管理与知识服务转变,高校图书馆应以 MOOC(Massive Open Online Courses)为突破口,提升知识服务与管理影响力与价值[324];Wa 等认为通过利用减少灾害风险(Disaster Risk Reduction, DRR)知识服务平台,向公众充分传播防震减灾知识,共享灾害信息和提供专题知识服务,对于减少灾害风险与降低公众损失具有重要意义[325];Ma 认为知识管理在档案管理中具有重要作用,提高档案管理效率,需要高素质的档案管理人员有效运用信息技术并与知识服务充分结合,才能实现提供档案管理质量的目标[326]。

表 3.6 知识服务运营模式

学者	模式
张晓林	参考咨询服务、专业化信息服务模式、个人化信息服务模式、团队化信息服务模式、知识管理服务模式
李桂华	结构化参考服务模式、专业化咨询团队模式、律师模式、顾问公司模式
靳红	咨询台式服务模式、学科馆员式服务模式、门户网站式服务模式、知识库服务模式
陈红梅	用户自我服务模式、专家知识模式、实施在线沟通式服务模式

3.3.3 知识赋能内涵及其解读

知识赋能是知识管理价值显现的必要手段,知识管理是知识赋能的实践基础。本节在梳理知识管理及知识连续体研究的基础上,剖析"赋能"的内涵,并对其进行解读,为其应用研究奠定理论基础。

3.3.3.1 赋能的内涵与解读

1. 国外"赋能"概念的缘起与阐释

"赋能"一词是由授权赋能发展而来的概念,关于授权赋能的研究最早可追溯至 20 世纪 80 年代,国外在企业管理及组织人力资源管理方面提出了授权赋能的概念,多强调组织赋予员工相应权力或鼓励员工参与到企业最终目标的制定中。Blau 等指出授权赋能是授予决策权的管理行为[327]。Mainiero 将授权赋能定义为一系列权力下放和委托的管理行为[328]。Burke 进一步指出赋予权力是官方权力的授予[329]。80 年代中后期,对授权赋能的研究着重点从授权拓展至人力资源管理,注重激活内部力量,推动企业发展。Conger 等从人力资源管理角度指出赋能是通过改变组织条件提高员工预期表现的过程[330]。Thomas 等指出赋能增加内在动机[331]。80 年代后期,授权赋能由组织内人力资源管理拓展到心理层面,Zimmerman 提出授权赋能包括心理赋能和组织赋能两个层面[332]。Spreitzer 将心理赋能定义为由意义感、能力、自我决定和影响力 4 个知觉因素构成的多维结构[333]。在 20 世纪 90 年代之前,对授权赋能的表达多采用的是动词 empower,之后多采用名词 empowerment。20 世纪末,Herrenkohl 在心理赋能层面上关注员工行为,提出员工授权赋能[334]。21 世纪初,Konczak、Arnlod 等开始关注授权赋能中的领导行为,即授权赋能的主体,并各自提出领导授权赋能的维度[335]。Konczak 等提出领导授权赋能的 6 个维度:授权(delegation of authority)、负责(accountability)、自主权(self-directed decision making)、信息分享(information sharing)、技能培养(skill development)、对创新绩效的指导(coaching for innovation performance)[336]。Vechio 提出领导通过赋能可提升员工表现和满意度[337]。Lorinkova 等、Martin 等都对领导赋能和指导两种方式进行了对比,Lorinkova 等得出赋能可使团队在长期上表现更好的结论[338],Martin 等根据员工对领导行为满意与否判断不同方式的效果[339]。Ahearne 等对比了外部领导和团队教练赋能的效应,并得出外部领导赋能效应不显著的结论[340]。Biemann 等提出领导不仅应重视对整体赋能,还应注重与个体的赋能关系以提升员工的职业自我效能和职业满意度[341]。Amundsen 等对领导赋能效果的他人及自我评价进行研究,并得出评价不匹配会带来不良效应,评价一致时,领导赋能和领导有效性的关系呈倒 U 型曲线[342]。随后,国外对赋能的研究领域逐渐扩大,Adams 从社会工作意义角度提出"赋能是通过提高个体的表达、交往和认知能力,增加他们的自信心,激发其内在潜能",以及改善个体、团体、组织与社区相关资源和关系的方式,以促进个体能力、结社能力与合作能力满足最终的目标[343]。

2. 国内"赋能"概念的研究现状

国内围绕"赋能"一词的研究多从国外翻译引入。国内学者张燕等指出我国授权赋能的概念源自英文单词 empowerment，并对该词进行分析，指出该词是由动词 empower 而来，意为某人处于 power 的状态[344]。之后，学者对 power 含义进行分析选择，最终将 empowerment 译为授权赋能，这是国内对授权赋能的较早的研究。除了国外学者对授权赋能/赋能的表达时使用词汇不同，国内不同学者对国外研究中 empowerment 的翻译也存在差异，比如对 Thomas 提出的定义，张燕等将此处的 empowerment 译为授权赋能，王凯等则将其译为授权[345]，陈慧等将其译为赋能[346]。

在国内的研究进程中，20世纪90年代之前，赋能一词多出现于工业领域，在组织管理等方面与国外早期的研究重点相同，都多为对授权的研究。20世纪90年代，赋能工艺出现在自然科学领域，"赋能"一词的含义表现为赋予热力学意义上的能量。20世纪90年代后期被引入企业管理后提出了授权赋能的概念[347]。2006年，"授权赋能"的概念由雷巧玲等学者引入国内组织行为学研究领域，其赋能对象范围也由最初的企业员工扩大至临床护士、项目经理等[348]。随后，企业员工的"心理赋能"[349]、土地制改革的"还权赋能"[350]、高校思政教育的"增权赋能"[351]、金融市场的"法律赋能"[352]等赋能类型相继出现。2019年3月李克强总理在政府工作报告中提出"打造工业互联网平台，拓展'智能+'制造业转型升级赋能"，"技术赋能"如日方升。

从研究内容看，不同领域的学者对"赋能"一词做出了不同定义。周文辉等提出两种视角，一种是员工赋能，即结构赋能、领导赋能和心理赋能；另一种是顾客赋能，强调顾客参与到企业研发和营销活动中，对企业的价值创造产生的影响[353]。罗仲伟等对实例进行分析，提出赋能是凸显组织成员间的"伙伴"关系的围绕自我管理的逆向授权[354]。魏炜等从实践视角指出，赋能是企业直接增强了赋能企业生态系统的竞争优势，从而更好地服务自己的用户[355]。孙新波等关注在赋能主体自身，强调赋能对象的主动性，指出赋能对象能力获得或提升取决于其主动吸收、利用赋能主体提供的赋能内容（平台、机会和资源等）的程度[356]。周海贝等提出"赋能是指通过特定的方式给予特定人群能力，包括生存能力、生活能力和发展能力等"[357]。孙中伟将赋权与赋能进行对比，提出赋能是一种间接干预，强调通过教育或培训提升劳工自主维权与持续发展的能力[358]。张翠娟、柯平等提出知识赋能是"通过激活知识主体内在潜能，使其知识活化，提升其知识认识及转化能力"，进行知识创新和知识价值化[63]。姚伟、柯平等强调知识赋能是知识动员活动参与者所处空间的知识不对称现象所形成的，其基础是知识共享及交流，尤其是在动员活动中知识参与者的去中心化[64]。

从以上国内外学者对"赋能"的定义，可知赋能多属于动词。从赋能的主体和客体来说，主要包含两类：一是利用某主体进行赋能，主体在前（或被忽略），强调要素，客体也被忽略，一般称为"……赋能"，比如知识赋能、技术赋能、政府赋能、市场赋能等；二是接受赋能，即强调客体，一般称为"赋能……"，比如赋能物流、赋能行业等。此外，"赋能"这一概念所涉及的元素主要包括赋能的主体、赋能的能力、赋能所使用的工具、赋能作用的对象，涉及的领域集中于企业经营、组织管理和人力资源管理。赋能的最终目标是构建一个完善的生态体系，赋能主体独立发展的同时，又在整个体系内能够形成整体性协作。

3. "赋能"主题的研究趋势分析

本书以中国知网（CNKI）为数据来源，在该数据库中使用高级检索输入主题词"赋能"，文献来源为 SCI 来源期刊、EI 来源期刊、北大核心、CSSCI、CSCD，检索发文时间为 2012 年到 2021 年[①]间的期刊文献，共检索到 1840 篇文献。研究将使用 Citespace 5.8.R3 软件对"赋能"研究进行计量分析。首先将知网检索出的 1840 篇文献导出，导出格式为 Refwork，导出文献跨度为 10 年，时间切割为 1 年，节点类型选择"Keyword"，获得"赋能"研究关键词聚类图和时间轴视图。

（1）发文趋势。研究以中国知网为例，对上述 2012～2021 年"赋能"主题的 1840 篇期刊进行发文趋势分析，其 10 年间的发文趋势见图 3.16。从 2018 年开始，"赋能"主题的发文量迎来暴发式增长，表明近年来，"赋能"主题的相关研究越来越受到我国学者的重视。

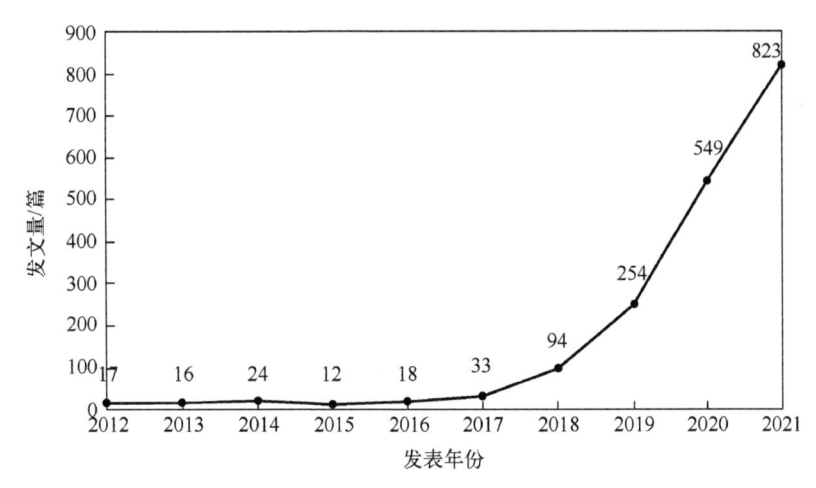

图 3.16 赋能主题研究 2012～2021 年发文数量变化趋势

（2）关键词聚类。出现频率高的关键词可以代表某一领域的热点内容。研究选择 2012～2021 年的"赋能"主题研究的 1837 篇期刊文献为样本。使用 Citespace

---

[①] 注：本研究观察终止时间为 2021 年。

5.8.R3软件，设置时间切片为1，节点类型选择"Keyword"，运行得到"赋能"主题的关键词共现网络知识图谱(图3.17)。

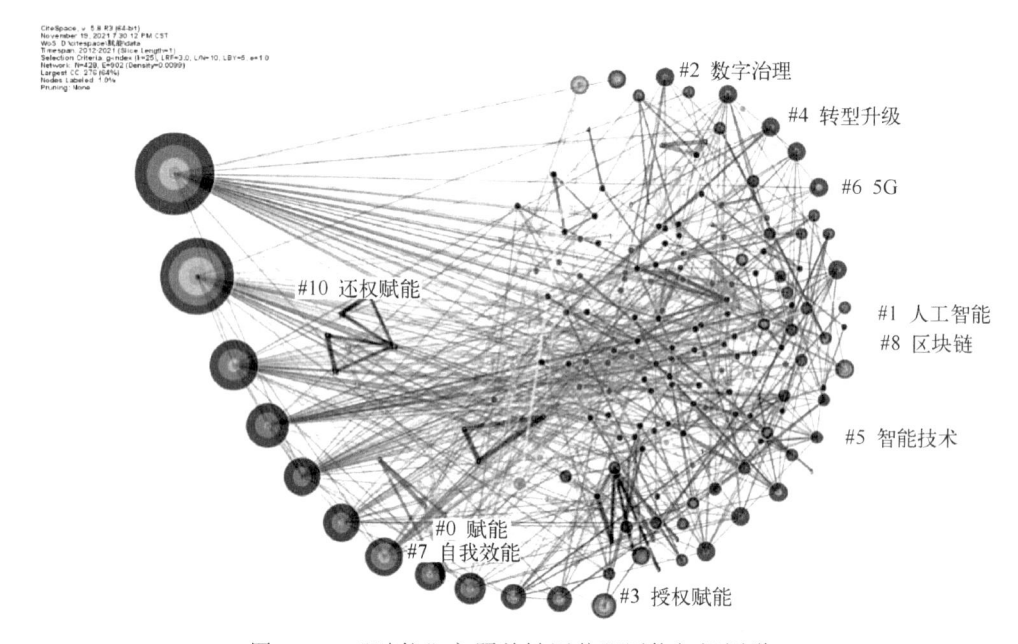

图3.17 "赋能"主题关键词共现网络知识图谱

共现网络知识图谱中有428个节点(N=428)，902条连线(E=902)，10个聚类分别是：赋能、人工智能、数字治理、授权赋能、转型升级、智能技术、5G、自我效能、区块链与还权赋能。聚类结果能够帮助研究从大体上了解"赋能"主题的研究热点。

关键词词频也能反映出目前研究范围内的研究热点，通过Citespace 5.8.R3软件对赋能主题进行关键词分析，导出关键词频率表(表3.7)。由表中信息可知，目前赋能主题研究中，新兴科学技术仍然是研究的热门领域，如人工智能、数字经济、区块链、5G等。社会人文科学领域中与"赋能"有关的相对匮乏，有待相关学者进行挖掘与探索。

表3.7 "赋能"主题研究关键词频率表格

序号	关键词	频次	中心度
1	人工智能	163	0.22
2	赋能	116	0.23
3	技术赋能	97	0.11
4	区块链	67	0.08

续表

序号	关键词	频次	中心度
5	数字经济	61	0.08
6	乡村振兴	48	0.04
7	大数据	32	0.05
8	5G	32	0.04
9	媒体融合	24	0.03
10	数字赋能	24	0.01

其次，根据上述的数据，选择建立"赋能"主题研究的时间轴视图（图3.18）。时间轴从左往右展示了2012~2021年关于"赋能"主题的研究的关键词分布情况，时间轴视图能够十分直观地向我们展示"赋能"主题相关研究的最新成果，反映整体研究趋势。

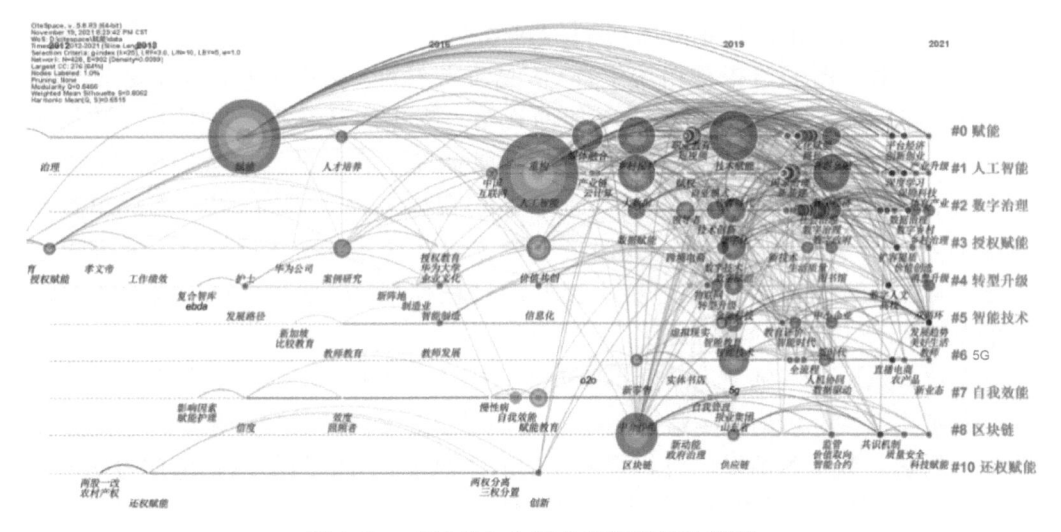

图3.18 "赋能"主题关键词时间轴视图

3.3.3.2 知识赋能的内涵与解读

基于以上论述，本书进一步探究了三者在"赋能"背景下的研究现状。从时间上看，数据赋能根植于授权赋能概念，而赋能概念的发展逐渐取代授权赋能概念。数据赋能、信息赋能和知识赋能都属于赋能的概念范畴，数据、信息和知识是进行赋能的手段和工具。从数据、信息和知识的递进关系可知，数据赋能、信息赋能和知识赋能也具有递进发展的关系。

关于数据赋能的研究多集中于管理学领域，如国土资源管理、城市建设、企业管理等。在信息化赋能智慧国土空间规划的研究中十分注重理念转型的重要性，强调数据融合与集成，以实现数据、技术、制度的综合赋能[359]。此外，数据赋能自2016年后广泛应用于企业商业生态系统演化中，强调企业数据与管理组织的交互作用[360]。数据赋能是资源赋能的核心，基于数据赋能的连接能力、智能能力和分析能力，平台企业能够更好地与顾客进行互动从而实现价值共创[353]。随着创新驱动的发展要求，相关学者将数据赋能与创新管理、场景应用等进行关联。创新数据的运用场景及技能和方法实现数据价值的过程，着重从价值创造和价值共享的角度，强调数据捕获、数据清理、数据分析和运用的场景、技能和方法，为赋能对象提供能力获得或提升、价值创造必备知识（如机会、资源）等[3]。数据赋能的目的是在数据赋能的过程或终点实现赋能价值。数据赋能倾向于关注整体和系统。数据赋能是"特定系统基于整体观视角创新数据的运用场景以及技能和方法的运用以获得或提升整体的能力"，从而实现数据赋能价值体现的过程，数据赋能的主体和对象是作为一个整体被考虑，数据赋能的过程则是"赋能主体和对象以价值创造为导向而协同的过程"，其价值产出也是被双方所共享[356]。近年来，图书情报与档案管理（信息资源管理）领域也十分注重数据赋能的研究与探索。赵彩彩基于数据赋能的视角，提出应从数据关联融合、数据洞察分析与数据激活增值3个方面分析数据赋能助力智慧档案服务的微观机理，进而提出全渠道、全媒体、全链路的智慧档案服务路径[361]；王莉娜提出数据赋能的本质是实现价值共创，强调采用多方面互动，推动协调发展，并提出建设数据赋能促进应急情报服务能力提升的过程模型，以便为提高应急决策与防控的效率和质量而服务[362]。

在数据赋能的基础上，结合当前人工智能、大数据、云计算、物联网等技术发展及数字鸿沟、政府治理等主题，学者们以信息管理理论为基础，提出了数字赋能的概念。数字赋能以政府、组织及团队为赋能主体，以组织、个体为赋能客体，强调主体通过数字化工具及技术对客体进行赋能，实现数字化与智能化发展。从整体研究上看，关于数字赋能的相关研究较少，多聚焦于数字治理等主题。

在知识经济时代，人类社会从以生产物质产品为主导的工业社会转为以智力资源和知识生产、配置、占有使用为主的新时代，知识成为最具价值的资源，知识赋能也成为近两年的新热点主题。近年来，部分学者将知识管理与赋能相结合，提出了"知识赋能"的概念。知识赋能通过赋予个人技能（skill）、诀窍（know-how）和专业知识（expertise），使得个人可以更有效地、高效地处理复杂的情况，尤其是解决现实问题和突发性问题；在应对快速变革的信息社会时，也极大地提高了组织的竞争优势和创新能力。张翠娟等提出的知识赋能强调激活知识主体内在潜能[63]，由于知识动员活动参与者所处空间的知识不对称现象所形成，其基础是知识共享及交流，尤其是在动员活动中知识参与者的去中心化。知识赋能是由内驱力(自我驱动)、外驱力(外部驱动)、融驱力(内外融合)驱动[64]。

综上,随着相关技术的发展和概念体系的不断完善,"赋能"逐渐成为各大研究领域的"网红词",众多学科学者对于赋能的研究热度渐长,包括经济学、管理学、新闻学与传播学、医学、教育学等。以图书情报与档案管理(信息资源管理)学科为例,近年来该领域学者将"赋能"与技术、用户、数据等要素相结合,主题涉及图书馆服务、档案资源整合、数字治理等方面,但现有研究数量不多,未形成理论体系。当前在档案管理领域,多集中于研究开发挖掘档案知识,从而赋能其他领域的发展,即利用档案知识赋能外部,如张薇指出知识信息时代的背景下以知识收集、分析、提供知识服务等为主要任务的档案知识库建立工作应运而生,档案知识库中所囊括的知识面愈加广泛,不仅仅将知识进行了汇总,也在为越来越多的行业提供决策支持[363]。而利用知识赋能档案场景的研究较少,具体内容详见 3.4.2 小节。

3.4 基于创新驱动的工程档案知识赋能研究

党的二十大报告指出,科技是第一生产力、人才是第一资源、创新是第一动力[364]。本节在创新驱动背景下,梳理创新驱动下工程档案的重点与管理困境,并从应用场景的角度,着力构建知识赋能的实施路径,为知识赋能体系的设立奠定基础。

3.4.1 创新驱动下工程档案的重点与困境

工程档案管理具有涉及范围广、收集整理难度大、档案管理责任大等难点,在创新驱动背景下,档案价值释放需要多学科、多部门、多环节的协调配合作为保障,需要科技创新作为推动。本小节旨在梳理创新驱动背景下工程档案管理的重点、难点、机遇、挑战,进而从知识赋能的全覆盖角度,明确新背景下工程档案管理的场景应用,从而为进一步探索新背景下知识赋能理论储备与实践探索相融的应用路径提供助力。

3.4.1.1 创新驱动下工程档案管理重点

1. 工程档案管理制度的研讨与完善

制度是衡量创新驱动发展程度的重要指标之一,对于整个国家、行业和企业的规范化与标准化发展具有至关重要的影响。目前,在工程档案管理中多结合《中华人民共和国档案法》及相关行业标准制定了相关的行业或企业档案管理办法,并由子公司及其他下属单位围绕档案管理规章制度开展具体落实工作,然而在实际工作中多出现落实不当等问题；另一方面，由于大多数子公司在建设过程中需结合自身实际开展，在此过程中由于不同单位的理解和贯彻情况不同，缺乏对工程档案管理制度的集中研讨，因此相关部门的档案人员在档案收集开展中对于应收集与归档文件的题名、文件编号、内容、部门等相关内容的整理标准不统一，在管理过程中存在不同部门之间档案管理不一致及数据标准不兼容等问题，为公司档案的统一管理带来难题。此外，档案工作在实际开展中由于项目特性不同，会产生多种不同类型的档案文件，会产生原有的管理制度和收集范围之外相关文件的管理难点。因此，需要及时结合工程项目建设现状，沟通、研讨和制定符合实际的具有标准性和规范性的工程档案管理制度，并根据档案管理建设的不断发展及时完善相关规章制度与管理办法。

2. 工程档案业务流程的把控与落实

工程档案涉及多方参与单位，如招投标、监理、设计、施工等多个单位，虽然各公司制定出一定的管理和分工方案，但是在具体的落实中仍会出现责任不明、归档不同步等问题，从而对档案收集工作造成隐患。此外，由于施工现场档案人员多为兼职人员，对于档案管理工作的重视程度不足，档案思维较为薄弱，在实际档案工作收集中可能会出现未严格按照文件归档范围及时整理或者整理不当等问题，因而实际工作开展中如何把控档案业务流程，实现档案收集工作与工程建设的同步归档是一大难题。

3. 工程档案管理手段的更新与发展

基础设施建设与知识、技术产出是创新驱动发展中行业进步和发展的重要衡量指标。随着信息化技术的发展，大量电子文件产生，传统的档案管理方式即依赖档案人员进行手工登记已不符合时代发展的潮流，大大降低了管理效率，还可能出现档案整理过程中信息缺失、内容错误、著录不当等问题，为档案管理工作带来了不便，由此很多公司积极推进信息化技术在档案管理过程中的应用，通过搭建信息平台以提高档案管理的效率及质量。然而，在信息化建设的过程中，可能出现标准不统一、信息录入慢、硬件不完善等问题，这形成了档案建设的难点。

3.4.1.2 创新驱动下工程档案的管理困境

1. 管理协调因素多

工程档案参与单位较多，在多单位共同作业的情况下，各单位之间的收集规范容易出现不一致、重复等问题。此外，档案管理人员业务不熟练，除部分管理比较规范、施工单位配有专门档案人员，大部分施工、监理单位都只有兼职资料员，档案员和资料员对公司的工程管理制度了解不足，导致业务不熟练，不能及时获得技术人员产生的项目文件，也不能有效指导技术人员产生符合档案归档要求的文件，文件难以收集齐全。因此，应强化管理制度体系建设，构建详细完备的管理制度，加大协调沟通，强化责任分工，明确归档范围与收集标准。

2. 建设进度管控难

工程项目建设是一个复杂的系统过程，有着专业性强、涉及人员多、资料体量大的特点。工程建设涉及系统、设备、设计、施工安装、调试等诸多方面的关键技术，在实际建设过程中难度较大，因此工程项目建设的进度难以把控，加剧了档案收集和管理的难度，存在档案人员未能及时根据合同要求在竣工三个月内移交档案的问题，档案收集和移交不及时。因此，档案人员需要在项目管控中充分参与，积极与基建部门合作沟通，及时了解项目进度并及时跟进档案收集与管理工作。

3. 职能界定不清晰

公司内部各单位均配备专(兼)职档案员，其中兼职档案员占大多数，且须同时承担建设项目、生产运维、科技创新、往来文书等档案管理工作，容易出现管理人员档案意识淡薄、人员配备不到位及管理过程中互相推诿等问题。同时，外部协作单位档案人员配备不足、流动性较大，这些均为做好新时期建设工程档案管理工作带来艰巨挑战。因此，在工程档案建设中，由于责任参与方较多，因此应强化职能界定划分，明确收集及归档流程，从而有效提高管理效率与质量。

3.4.1.3 创新驱动下工程档案的机遇与挑战

1. 工程档案赋能创新驱动发展

工程档案既是建设项目的历史记录，也是项目投产后运行、维修、管理、改扩建和技改等工作的重要依据。为了及时掌握国家重点建设项目档案工作情况，加强监督和指导，国家档案局从1997年开始就建立了国家重点建设项目档案管理的登记制度。工程档案的高效管理与开发利用，能够推动工程建设中知识的产出及应用，从而实现工程建设中各要素的优化组合，充分发挥工程档案管理的知识赋能价值。

知识产出是创新驱动发展的潜在动力，很多体现在自主知识产权的拥有量上。而项目建设过程中产生了大量的技术文件资料，工程档案是科技档案的重要组成部分，挖掘科技档案蕴含的价值，对于激发知识产出具有重要作用。

产品产出是创新驱动发展的效益标志。以专利为代表的知识产出，强调了新产品、高技术产品为代表的产品产出，才是真正促进科技经济发展的源泉。随着智慧工程建设，智慧工地、智慧社区的发展，工程档案管理也逐渐向智慧化方向发展，创新工程的档案管理模式，研发专利产品，也可以作为创新驱动发展的一项工作内容。

2. 科技创新推动工程档案管理

随着信息技术的不断发展，人工智能技术与工程科技档案管理的结合成为档案管理领域的发展趋势。国外在采用智能技术开展档案管理等方面研究更早且较为丰富。如 Shigo 提出 IEEE(the Institute of Electrical and Electronics Engineers，电气和电子工程师协会)采用在线信息收集的方式，为工程档案的收集提供思路参考[365]。Martin 等学者研究了 HyCon 技术在推动工程档案建设过程中交互式信息环境构建的作用，以克服档案管理过程中的一些问题[366]。

国内也围绕智能技术在档案管理中的应用展开了一系列研究，李子林和熊文景提出人工智能技术有助于推动档案管理理论的发展和创新，实现档案收集、整合、检索与利用工作的一站式处理[367]；陈亮提出人工智能技术中的文本挖掘、自然语言处理等有利于促进档案资源收集、智能分类与安全管理等方面的建设[368]。

此外，还有学者将智能技术与工程档案全过程建设相结合，分析智能技术在推动工程档案中的作用及重要性。如张雪沂以中铁十六局六公司为研究对象，探究其工程档案信息化建设进程中所运用的技术与手段，以扩大公司内部工程档案信息资源利用为核心，以工程档案信息资源建设为目的，以单位的局域网和互联网档案网络建设为平台，开发了档案管理应用系统，实现了档案管理由单机版到交互版的发展[369]。闫秀敏提出借助云存储技术与云服务技术是信息时代下水利工程档案信息化管理的有效举措，强调应加强云存储服务器在工程档案管理中的应用[370]。王丽表示应将大数据技术引入工程档案管理，提升工程档案管理的时效性、系统性与科学性。利用大数据技术对归档后的数据进行系统统筹分析，对各类工程建设数据进行分类比较，深度挖掘，可以更快速地筛选有效数据，降低建设过程中记录据的不规范、不完整，提高档案数据的利用价值[371]。

综上，创新驱动发展与工程档案全过程管理相辅相成，创新驱动发展目标要求工程档案开展全过程管理激发知识产出与产品产出；创新驱动发展的技术水平又为工程档案全过程管理提供了先进的技术手段，推动工程档案管理工作向更高水平、更佳质量发展。

3.4.2 创新驱动下工程档案知识赋能场景应用

工程档案管理存在协调因素多、建设进度管控难、职能界定不清晰等难点。档案业务的把控落实、管理制度的研讨与完善、管理手段的更新与发展，一直以来也是档案管理工作的重点。创新驱动背景下，档案管理工作面临重大挑战，引入知识赋能思维能够有效解决档案管理中的重难点问题(图 3.19)：一方面，大数据、人工智能、云计算等技术要素为知识提供外部赋能支持；另一方面，显性知识、隐性知识通过知识创造、共享、转移、服务等一系列活动又作用于档案场景及其他场景实现赋能外部。同时，由知识、技术、政策和文化等要素驱动的创新活动又为档案管理活动提供指导。创新驱动背景、知识赋能思维与档案场景形成有机联系的统一整体。

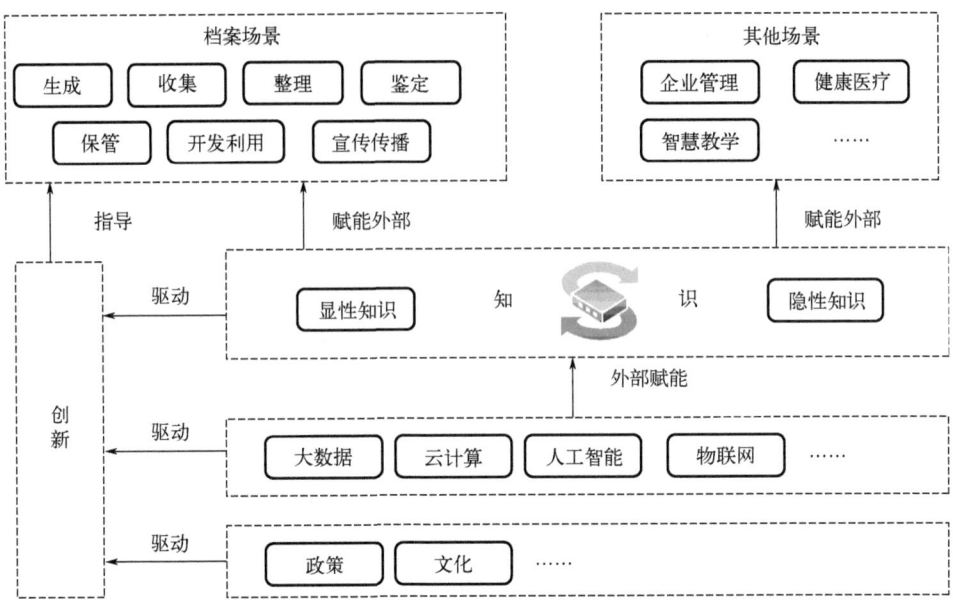

图 3.19 以知识为核心的赋能档案模式图

结合上述 3.2.3 小节中工程档案的管理环节，本书将知识赋能的档案场景主要分为档案生成、收集、整理、鉴定、保管、开发利用和宣传传播等方面。然而，当前知识赋能档案研究还未实现全场景覆盖，尤其是工程档案领域的知识赋能研究还不成熟，相关理论探讨及实践总结有待完善，如档案生成及档案宣传利用方面的探究属于空白阶段，仍有待进一步挖掘与探究。

3.4.2.1 档案收集场景

传统的工程档案收集只注重各个单位自定义的有价值文件资料的收集，更加偏向档案实体的收集。而基于知识经济时代的工程档案资源建设，建议相关部门在注重档案收集的基础上，可以将收集范围扩大到企业内外部的信息资源和隐性知识，在注重实体收集的同时也注重数据、信息和知识的收集。谢辰慧以知识管理为导向，建议员工对自身知识进行积累和管理，既包括对显性知识的管理，如学历证书、专利著作；也包括隐性知识的管理，如工作中积累的经验、技巧[372]，以上知识的积累都可以有效地提升档案收集效率。因此，工程档案人员可以将传统的档案收集工作进行创新，将档案的收集工作的内涵与外延进行扩展而发展为知识积累工作，通过自身知识的增值和累积，助力工程档案收集工作以进一步提升效率。

3.4.2.2 档案整理场景

传统的档案整理是根据一定的档案分类法对收集来的档案进行分类、编号、入库、保存和提供利用。在数字化转型背景下，计算机、互联网等数字技术的飞速发展，让电子文件取代实体文件成为企业档案馆主要管理对象的趋势，势在必行[373]。工程档案作为专业性强、管理难度大的档案门类，其整理工作必须随时更新相关知识技术，同世界先进理念、技术手段等保持一致。为适应现实发展变化的需要，改变工程档案信息资源利用的现状，就需要对工程档案分类体系进行调整、补充和修正，建立完善的工程档案信息内容分类知识体系，赋能档案整理。

3.4.2.3 档案鉴定场景

该场景应用本质是通过鉴别和判定档案的价值来确定其存毁[374]，按文件生命周期来划分档案鉴定工作，包括形成使用阶段的初始鉴定、归档鉴定、复查鉴定、进馆鉴定、档案开放鉴定、档案保管期终鉴定等[375]。按鉴定的内容性质来分有档案的价值鉴定、质量鉴定和使用鉴定。档案鉴定已形成许多理论体系，如档案管理工作中确立的来源原则，以及普鲁士的迈斯奈尔（Meissner）提出的"高龄档案受到保护"的观点，为档案鉴定提供了初步的框架。英国档案学家谢拉里·詹金逊（Sir Charles Hilary Jenkinson）提出档案工作者只是档案的保管者、保护者，不宜对档案进行鉴定，档案鉴定应当是行政人员的职责。美国的谢伦伯格（T.R Schellenberg）将档案的价值分为对其产生机关的第一价值（初始价值）和对其他利用者的第二价值（从属价值，包括证据价值和情报价值），并提出双重价值鉴定原则。其实，档案鉴定的相关知识概念非常丰富，包括档案鉴定理论，档案鉴定工作标准、规范或细则，档案保管期限表等显性知识和档案鉴定人员的实践经验等隐性知识，结合鉴定目标和鉴定活动流程，可以将鉴定实践经验显性化、系统化。葛荷英指出档案鉴定工作具有重要性和复杂性[376]，概括性地介绍了鉴定工作知识体系的主要内容，包括档案鉴定工作的内容、作用和性质[375]；档案鉴定的基础理论、工作对象及工作原理[377]；档案鉴定的原则、标准和方法等。此外，葛荷英还分别针对文书档案[378]、科技档案[379]、专门档案[380]及电子文件[381]的鉴定知识进行阐述。对档案鉴定知识的把握能够极大地提高鉴定工作的科学性。牟凯旋从知识挖掘角度开展研究，尝试将档案鉴定中的知识规范化地表述出来，并在此基础上构建一个档案初级鉴定系统，从而通过系统的规范化操作来提升档案鉴定工作的质量与客观性[382]。陈慧[383]从新能源项目档案管理、知识挖掘的角度，提出工程档案是新能源工程建设全过程的真实记录，具有重要的凭证价值与参考价值，开展新能源项目档案知识挖掘，对于推动改革创新、深入贯彻落实能源安全新战略具有重要意义。在档案鉴定场景中[382]，档案人员通过知识赋能实现鉴定理论及在实践中探索来的鉴定经验的内化，能够达到对档案进行有效鉴定的目的。

3.4.2.4　档案保管场景

吴景周指出维护档案的完整性，保守档案文件内容的机密和保护档案文件的无损，尽可能做到档案文件的永久保存，是档案保管工作的基本任务和基本要求[384]。朱玲玲认为做好档案保管工作，需要一定的知识作为依托。对于档案保管场景，实施知识管理是满足后保管模式下为用户提供用于解决问题的知识服务这一目的的前提[385]。"后保管模式"正是一种以来源为中心、以知识为中心的管理[386]，该模式下能够以知识管理为导向，创新拓展档案管理[387]。

3.4.2.5　档案开发利用场景

朱玲玲明确指出档案管理的对象不仅包括档案实体，还包括档案蕴含的内容信息和隐性知识。档案工作人员需要角色转变为知识的挖掘者和提供者，主动找出档案中隐含的知识，并将其转化为用户所需要的显性知识，这样才能使档案工作者实现从"静寂的档案架前"到"重新坐回到上帝的身边"的转变，从而提高档案工作适应社会发展和时代需求的能力，体现档案工作社会价值[385]。

3.5　创新驱动下工程档案知识连续体构建

早在20世纪50年代，英国哲学家迈克尔·波兰尼(Michael Polanyi)在《个体知识》《人的研究》《知识存在》等著作中提出了知识连续体的概念[96]。他认为人类的知识有两种，一种是言传知识，另一种是意会知识，而这两种知识由察觉连续体、活动连续体、知识连续体3个连续体活动联系产生。波兰尼的研究中涉及的知识连续体是在阐述知识产生的问题,试图揭示人的认知与人类活动的关系。本书探讨的知识连续体是将知识创造、知识共享、知识转移、知识服务看作一个连续体整体，知识赋能活动贯穿其中的知识管理活动连续体。波兰尼提及的知识连续体与本书所认同的概念有所不同。

目前国内外学者关于"知识连续体"或"knowledge continuum"的研究不多，关于"连续体"的研究更多是"文件连续体"及"问题连续体"的研究。国内研究方面，马良灿[98]在科学范式及学术品格相关研究中提出，知识连续体是一个集群知识现象，包括价值观、方法论等内容。安小米在"支持协同创新能力构建的知识管理方案设计"研究提及了知识连续体这一概念。该研究提出的支持协同创新能力构建的知识管理方案——知识创新多维度活动联通即形成知识连续体[73]，借助日本学者野中郁次郎(Ikujiro Nonaka)的知识转化模型(SECI 模型)为知识流转和知识创造提供管理思路，让各创新主体活动嵌入知识积累、共享和转移过程，达到相互扶持、和谐共生，实现可持续发展。国外研究方面，Nitecki 在其研究中也提到了信息-知识连续体这一概念，他所认同的连续体认为信息和知识不是相似或相斥的概念，而是共同构成的一个连续的组成部分，并讨论了该连续体对传统图书馆的影响[388]。Vassallo 在其研究中展示了美国国家标准与技术研究院的信息服务办公室于 1999 年进行的组织转型中，以连续体概念为基础，为学术研究提供了一个连续的支持服务，将现有知识的识别、吸收、利用和处理与组织、创造和传播知识结合起来，提升了组织在学术研究中的贡献与作用[389]。Saba 在研究语言理解的数据驱动和机器学习中也提及"数据-信息-知识连续体"这一概念[390]。本书对知识连续体的认知主要来自于协同创新和协同知识管理等相关理论。

协同创新是"集群创新企业与群外环境之间既相互竞争、制约，又相互协同、受益，通过复杂的非线性相互作用产生企业自身所无法实现的整体协同效应的过程"[70]。张力把协同创新看作一种组织内部思想、专业技能、技术等知识的分享机制[391]。陈劲认为协同创新是通过国家政策的引导和机制支撑，促进产学研发挥优势、整合互补、实现互补，加速技术推广应用产业化的跨度整合创新组织模式[392]。孔祥浩认为，知识管理的本质是一个创新的过程[393]。让创新主体参与到知识管理全过程，各主体要素之间相互关联、相互影响、相互制约，共同构成了基于协同创新的知识网络模型(图 3.20)。

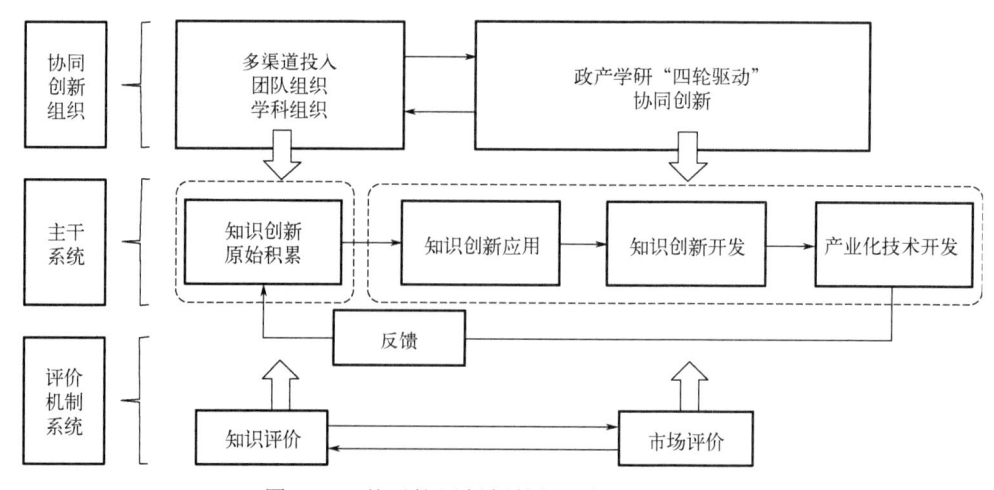

图 3.20 基于协同创新的知识管理网络模型

协同创新研究中，与产学研、区域建设（城市群）相关的研究方向是目前学术人员研究的热点。朱容辉等从授权、被引、续期、权利要求项数、专利族、市场运营6个维度，对协同创新的发明专利质量开展研究[394]。李林等则是运用问卷调查的方式，基于结构方程与回归分析的方法，探究政府介入对于产学研协同创新项目的影响[395]。张曼等构建了两阶段高技术产业产学研协同创新效率评价指标体系[396]。周伟等对京津冀城市产业协同创新的驱动要素开展研究，构建了京津冀产业协同创新测度指标体系，探索出城市群产业协同创新的4大关键要素[397]。赵菁奇等以国内外创新政策及实施效果评价理论为基础，建立技术创新能力比较体系，运用灰色关联理论和方法评价长三角技术创新绩效，从协同创新角度提出了发展建议[398]。刘琦基于区域创新视角，运用协同演化模型对选取的粤港澳大湾区统计数据进行了实证检验，对区域知识流动进行集中性研究和有效性评价，研究发现知识流动的能力、环境、动力要素对区域创新起到显著作用[399]。

协同知识管理以协同论与知识管理为基础。协同论是由德国物理学家赫尔曼·哈肯（Hermann Haken）提出，研究通过子系统的协同作用，达到宏观平衡有序的状态，在物理学、信息科学和社会学领域均得到应用[400]。协同知识管理是连接组织内部人力、资源，协调各类系统使其长期合作，促进知识管理各个环节能以整体效益最大化的方式运行。胡昌平基于协同知识管理的目标要求，结合企业知识流动的特点，构建出协同知识管理模型（图3.21）[401]，通过协调工作环境、技

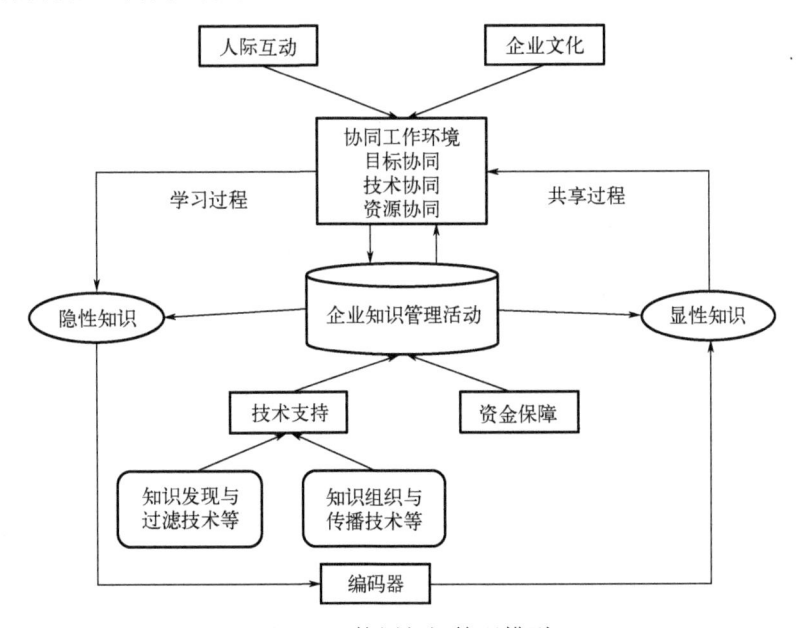

图 3.21 协同知识管理模型

术支持与资金保障、人际互动与企业文化，使得工作环境得到优化，提高组织竞争力，实现效益最大化。刘高勇基于协同论、协同知识管理及客观关系管理的内容，搭建面向 CRM（Customer Relationship Management）的知识协同研究体系[402]。张海涛等通过构建知识协同交互过程模型，详述了用户知识协同交互过程，并衍生出用户知识协同网络[403]。

本书基于协同创新、协同知识管理与知识赋能既有研究，提出了知识赋能视角下的知识连续体模型（图 3.22）。

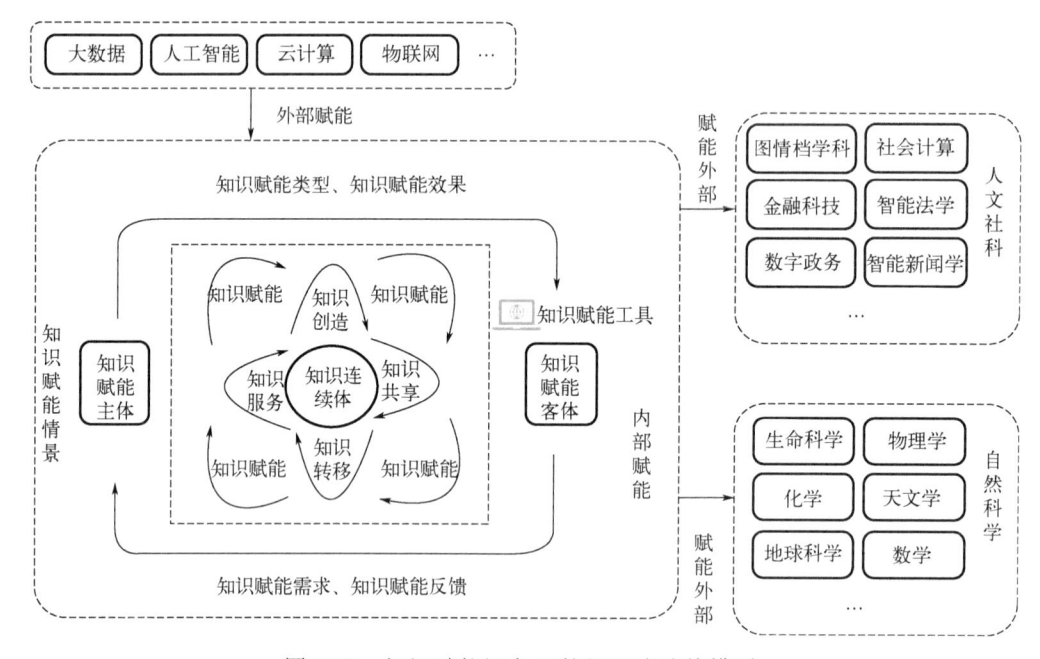

图 3.22 知识赋能视角下的知识连续体模型

知识赋能视角下的知识连续体模型由知识连续体部分与知识赋能组成。在知识连续体模型部分，知识创造、知识共享、知识转移与知识服务是一个循环的连续性整体，知识赋能活动贯穿循环过程始终。通过知识管理活动，各个主体协同创新，构建多维度的、动态的、连续的、创新的知识管理机制，满足不同类型主体的不同层次需求，实现知识管理活动联通的效益与价值。

在知识赋能模型[63]部分，主要有主体、客体、情境、工具、活动 5 个要素。知识赋能主体是知识赋能的实施者，通常包括政府、企业、个体等。知识赋能客体是指被赋能的对象，也包括政府、企业、个体等。知识赋能工具是辅助主体对客体进行赋能过程的设备与设施。知识赋能主体根据知识赋能客体对于赋能的需求提供不同类型的赋能，知识赋能客体接收赋能后，对知识赋能的效果进行反馈，对知识赋能的效果做出评价，并反作用于后续的知识赋能活动，循环往复。知识赋能情景包括统括性情景、离散型情景和主观性情景。统括性情景是指宏观层面或国家层面的情景，如文化、政治和法律政策等；离散性情景是指中观情景，通常是产业、组织文化和行业规范等；主观性情景是指个体的认知方式、沟通方式、精神信仰等主观层面情景。知识赋能主体就是在知识赋能情景下，根据不同知识赋能客体的不同需求进行不同类型的赋能，从而达到激活知识赋能客体内在潜力的效果。

从知识连续体模型与知识赋能模型的整体来看，知识赋能也分为内部赋能和外部赋能。我们认为在知识连续体中，知识创造、知识共享、知识转移和知识服务共处一个知识赋能的连续体中，各个环节环环相扣，通过知识赋能，充分挖掘、激发各知识管理活动环节的内在潜能，促进知识连续体不断循环发展，这属于知识管理活动的内部赋能。与此同时，知识连续体在自身潜能获得充分发挥的同时，也能够通过知识赋能工具赋能外部，如人文社科与自然科学各大学科，在知识连续体的赋能活动下，充分赋能外部的赋能客体。大数据、人工智能、云计算、物联网等科学技术的发展，同样能够助力赋能知识连续体循环。

第4章　工程质量创优驱动下的工程档案知识赋能体系

工程档案体量大、类型多，涉及的管理知识较为丰富。且随着技术的发展，工程档案管理方式不断优化，数字化、智能化成为新的发展趋势，如何利用知识赋能工程档案数据管理、工程档案资源保障等成为新的议题。本章在结合前面工程档案管理现状的基础上，对国家创新示范工程参与人员展开访谈，通过访谈数据的转录和定性数据分析，初步构建工程档案知识赋能的基本体系，形成了本书的场景敏感度。

4.1　研　究　设　计

工程质量创优的标杆项目 A，其工程建设与档案管理齐头并进的风格，令其在创新驱动战略背景下的工程档案管理工作中焕发出崭新光彩。本节聚焦于研究案例中知识赋能档案管理的实现路径，进行案例数据的收集、处理、分析，探析新背景下知识赋能档案工作的关键要素。

4.1.1　案例介绍

本节选取了具有行业创新性示范工程建设经验的质量创优 A 工程作为研究对象，基于工程建设及档案工作的创新性，从首卷制的创新性应用、全过程管理思想的落实、数智技术的引入，对其进行案例介绍。

4.1.1.1　案例选取

根据研究目的，本章以国家电力行业创新型示范工程——质量创优 A 工程作为场景一的典型案例，初步构建工程档案知识概念体系。

首先，质量创优 A 工程是由某大型电网公司下属分公司投资建设的国家创新示范输电工程，它横跨西部、东部地区多个重要换流站，线路全长一千多公里，输送容量八百余万千瓦，静态投资达二百多亿元，是目前该电网公司输送容量最大、技术难度最大、工程投资最大的直流输电工程，也是电力行业重大科技示范工程。该工程覆盖了下属多个生产单位、多家代管子公司，具有空间跨度大、时间协调严格、层次分工复杂等特点，涉及的工程档案人员数量众多，对其进行访谈、分析，能够为研究的开展提供丰富的实证数据，以保证数据分析结果的客观性、全面性。其次，质量创优 A 工程作为国家级示范工程，其项目参与人员的选拔标准更为严苛，参与其中的工程档案人员普遍具有扎实的专业知识和丰富的实践经验，基于此构建的知识框架结构更具典型性与可参考性。最后，作为国家级重大工程，质量创优 A 工程不仅是工程领域的示范项目，也是档案管理领域的模范标杆。自该项目启动以来，创新性引入首卷制，发挥模范作用，以此消除多元管理主体在档案编制方面的差异；将"全过程控制"的思维和模式引入档案管理工作，按照事前介入、事中控制、事后验收的精细化管理要求（详见 4.1.1.2 小节），做到了工程建设与档案归档同步。参与其中的工程档案管理人员熟悉特色工程场景下的档案规范化管理流程，基于此构建的工程档案人员知识概念体系更具针对性和前沿性。

4.1.1.2 案例场景分析

质量创优 A 工程是由某大型电网公司下属分公司投资建设的 800 千伏特高压直流输电工程，也是国家《能源发展"十三五"规划》及《电力发展"十三五"规划》的跨省区输电重点工程，其技术先进、工程复杂，项目总体在当前输变电领域达到较高水平，是该电网公司成立以来建设难度最大、技术挑战最大的工程项目。质量创优 A 工程独特性突出，在输送电技术、线路故障处理、工程规模等方面创造多项世界之最。每一项世界第一的背后，是成套设备要从无到有研制而来，大量前所未有的运行方式逐一破解，不仅带动了产业链技术升级，推动技术和装备全面进步，还解决了"卡脖子"技术难题，在关键设备器件方面实现了国产化。

质量创优 A 工程不仅是工程领域的示范项目，也是档案管理领域的模范标杆，其档案管理场景同样兼具特色性与创新性。首先，创新性应用首卷制预先控制归档案卷质量，提升工程档案编制标准化、规范化水平。该项目由于地理跨度大，建设周期长等原因被划分为 20 个线路施工标包和 15 个换流站施工标包，另外还有若干设计和监理标包，不同类型的标包产生的档案不同，完工时间也不同，归档案卷质量较难把控。针对这一现状，建设单位根据质量创优 A 工程的项目背景归纳出该工程档案的归档范围，每一类目均按照《首卷评审方案》等规范从各标段参建单位提请评审的案卷中选择收集、整理情况较好的作为首卷，以此规范档案收集与整理。其次，将"全过程控制"的思维和模式引入该工程的档案管理工作中，按照事前、事中、事后精细化管理要求做好每个环节的档案管理工作，实现档案管理的最优化。结合水电站建设项目特色，建设单位按照《质量创优 A 工程档案工作规划》要求开展了科学、规范、严格的过程监管。从工程开工起建立卷册，根据工程进度，分别在变电站土建交安、线路基础完成、电缆管沟施工完成和建设完成后运行进场前等重要时间节点组织各参建单位进行不少于 6 次的工程档案中间检查。在进行中间检查时，建设单位对照《项目文件收集计划和进度管控表》，检查对比项目文件材料与项目进度同步收集、齐全完整情况。最后，探索智能化技术在工程档案管理中的应用。依据质量创优 A 工程档案签证办理流程及其现实业务需求，构建集"业务申报模块、签证审批模块与平台管理模块"于一体的签证智能化平台；结合该工程档案收集规范化、高效化的实际需求，构建集"智能收集、智能分类、智能鉴定、智能组卷、智能编目与智能签证"等 6 大功能模块于一体的工程档案智能化收集平台。

4.1.2 数据收集与处理

质量创优 A 工程在项目建设过程中，始终贯彻档案管理与工程建设同步的管理思想，其管理原则、管理策略、管控模式对其他工程项目档案管理、知识赋能的应用路径具有重要借鉴。基于质量创优 A 工程的实践意义，本节主要对案例的调研数据进行处理，从而为体系构建提供参考。

4.1.2.1 访谈样本选取

本书以质量创优 A 工程作为典型性案例，因此访谈对象选取的范围限定在该工程项目各参建单位的项目参与人员。访谈对象依据相应的标准选取。

个人访谈设计的初衷是通过深度访谈的过程挖掘出不同受访者所具备的工程档案知识概念体系，采用一对一的交谈形式深度分析出与本书主题有效的概念和范畴。为确保个人访谈对象具有代表性与典型性，基于以下两个标准进行筛选：①访谈对象需要在工程档案管理方面具有较为深厚的专业积累和较为丰富的工作经验，对于工程档案管理实践具有完整且深入的了解；②访谈对象具有充分的参与意愿，在了解研究目的的基础上，愿意积极配合访谈问答环节，并同意访谈内容全程录音与转录。样本选取 17 位质量创优 A 工程参与人员作为深度访谈的受访者(表 4.1)。访谈对象中，男性占 64.7%，女性占 35.3%；其专业背景主要包括工程管理、档案管理、电力与计算机等；岗位则以档案专责为主，也兼有总工、监理、资料员、质量主管、安全管理及项目经理等档案相关岗位；工作年限普遍较长，基本在 5 年以上。

表 4.1 受访者基本信息描述表

编号	所在单位	岗位描述	性别	专业背景	工作年限
I1	质量创优 A 工程施工单位 A1	安全管理	男	电力系统	8 年
I2	质量创优 A 工程施工单位 A1	施工	男	施工	10 年

续表

编号	所在单位	岗位描述	性别	专业背景	工作年限
I3	质量创优A工程施工单位A1	总工	男	施工	5年
I4	质量创优A工程监理单位	监理	男	送变电	16年
I5	质量创优A工程参建单位A2	质量主管	男	工程管理	6年
I6	质量创优A工程参建单位A3	兼职档案员	男	电气工程	2年
I7	质量创优A工程参建单位A4	档案专责	女	酒店管理	18年
I8	质量创优A工程参建单位A4	资料员	女	计算机	6年
I9	质量创优A工程参建单位A5	总工	男	施工	10余年
I10	质量创优A工程参建单位A5	安全管理	男	工程管理	6年
I11	质量创优A工程设计单位	档案专责	女	文书档案	30余年
I12	质量创优A工程参建单位A5	档案专责	女	电力	20年
I13	质量创优A工程参建单位A5	档案专责	女	档案管理	26年
I14	质量创优A工程建设单位	档案专责	男	档案管理	3年
I15	质量创优A工程建设单位	档案专责	男	档案学	5年
I16	质量创优A工程数字档案系统实施单位	项目经理	女	计算机	8年
I17	质量创优A工程数字档案系统设计单位	销售总监	男	计算机	17年

注：本书中的工作年限指从事档案相关工作的年限。

4.1.2.2 访谈数据收集

本场景的实地调研自2020年6月底对案例对象展开持续追踪与调研，并依据访谈纪实形成相应记录，这些记录从不同角度描述了工程档案人员的知识结构，为后续分析提供了充足的数据基础。为确保访谈数据收集方式的适用性、访谈提纲的合理性，研究初期以质量创优A工程项目部兴义分部作为预调查对象，开展了该分部的3位实践人员的个人访谈(I1-I3)。主体调研的田野调查于2020年11月至12月底进行，通过线下与线上相结合的方式(由于新型冠状病毒感染疫情的影响，原定线下访谈更换为线上访谈)，对质量创优A工程的各参建单位与档案软件系统供应商等进行调研。线下访谈的受访者分别来自不同的参建单位，共10组个人访谈(I4-I13)。受新型冠状病毒感染疫情影响，后续访谈更换为线上形式，借助腾讯会议平台展开，受访对象(I14-I15)均为建设单位档案专责，档案软件系统的受访对象(I16-I17)则主要是质量创优A工程档案信息系统的相关技术研发人员。

访谈均遵循以下步骤：①在访谈正式开始前，向访谈对象说明此次访谈的主要目的和保密原则(对其陈述内容严格保密，对姓名等隐私性信息进行匿名操作)，征得访谈者同意后，用录音笔对访谈内容进行记录；②在访谈进行过程中，以一对一深度访谈的方式与访谈对象进行对话，借助访谈提纲采取灵活提问的方式，通过追问、解释说明引导访谈对象自由表达自己的观点和看法，并做访谈笔记，每个访谈的持续时间大概在 30～60 分钟，同时根据实际情况与访谈效果适当缩短或延长访谈时间；③访谈结束后，研究人员将访谈录音转录为文本的形式，并与受访者核实访谈内容的准确性。

本章节所涉及工程质量创优的调研访谈录音累计时长 684 分钟，生成个人访谈正式转录文本 17 份，共计 25 万余字。

4.1.2.3 访谈数据处理

为提供多样化的观点和想法，由研究组成员共同对原始资料中选取的样本进行编码，并对初步形成的概念和范畴进行讨论，统一意见后再进行其余原始资料的编码，以确保研究组成员后续编码的一致性。调研期间，对访谈对象一边进行访谈的数据定性一边同步进行编码分析，访谈至第 15 位受访者时发现已无新的概念和范畴出现，为进一步保证本次调研的完整性和严谨性，研究组成员继续对另外 2 位被访人员进行访谈，结果仍显示未产生新的概念和范畴，据此判断，本次调研已基本达到理论饱和，故终止访谈数据收集。为便于识别与统计，将上述数据收集阶段形成的转录文字文档，并将概念的编号规则按"数据类型(I-individual interview/G-focus group)+受访顺序+原始记录所在页数+原始记录在当页转录文本的行数"进行整理，不同受访者分类记录，笔记和录音按照编号排序妥善保存，以便研究过程中的核实验证。

4.1.3 数据分析与编码

借助 NVivo12.0 质性研究分析软件，遵循扎根理论的系统化编码程序，归纳出概念与范畴。本书按照"创建项目——处理定性数据文件——处理节点——定性数据编码——进一步探讨概念、整合范畴"的软件操作流程，有效地简化质性数据分析。

1. 数据编码的第一步——开放式编码

开放式编码以文本中的句子或段落为单位，挖掘其表达的主要概念。研究组将访谈文本中与知识赋能相关的内容分解，针对其所反映出的知识概念，逐字逐句进行编码、标签化，即用 1 个或几个词语标注出访谈文本中的重要观点和概念，以便从数据中挖掘出属性及其不同面向。这一阶段形成的每一个节点(初始概念)都有对应的内容作为支撑，但尚未经过进一步归纳，彼此之间不具有明显的关联性，称为"自由节点"。通过对访谈文本进行概念分解与提炼，从中产生初始概念共 32 个(表 4.2)。

表 4.2 开放式编码样例

编号	访谈原始记录	初始概念
I2-P2-L17	施工单位最难移交的就是青赔资料。因为我们经历过的每个市、县、乡等,每个地方档案的移交标准都不一样。	工程档案术语
I14-P8-L11	会有档案交底,分为一级交底、二级交底、三级交底。	电力工程术语
I1-P4-L12	这个职务本来是安全部门的,但是我们(部门)有时候也协助他们的对接工作,它主要不是我们的(职务),因为我们也不是专业的。	人物要素
I15-P13-L26	我是14年来的,我们局是99年成立,99年到05年左右的这些材料……	时间要素
I4-P15-L23	比如说他们来我们南宁局检,我们去柳州局检,双方互检。	地点要素
I4-P22-L20	我们来这就是参加××(公司名称)的工程项目,必须要执行××(公司名称)的企业标准规范。	标准规范
I4-P10-L23	根据××(公司名称)的规范要求,我们也编制了档案工作的实施细则。	制度规范
I4-P6-L11	监理会根据提交的报审策划文件,对照国家的相关法律法规和行业标准规范。	法律法规
I15-P23-L19	之后要加紧学习档案信息化、大数据、云数据这些知识。	跨学科专业知识
I1-P7-L10	我觉得电力行业对档案都不是很重视,我们单位的×××(人名)没多久就被调去公司了,他真正是档案专业的。	领域专业知识
I14-P4-L12	我们这边遵循的规则是,谁生成、谁收集、谁负责。比如有些档案文件是我们办公室生成的,就由我们收集、负责。	档案收集
I7-P4-L8	他们也是把省公司或者××(公司名称)下发的标准直接下发给我们,我们再按照这个标准整理档案。	档案整理
I14-P10-L9	平时检查的时候,会根据形成的质量通病之类的文件,对容易出现问题的(地方)着重标记,或者进行重点分析。	档案检查与验收
I15-P10-L24	基本上就是最简单的库房十防。	档案保管
I5-P18-L10	××(公司名称)现在也要求竣工半年之后给他们移交材料了。	档案移交归档
I13-P16-L1	我们的工程档案利用率还是蛮高的,档案利用的用户主要是变电管理所和输电管理所等生产一线人员。	档案利用
I14-P16-L4	在档案宣传方面,我们具体的工作就是提供相关的档案素材。	档案宣传
I13-P19-L4	还有一些是我们局里面做的,比如说"匠心筑安"活动,搞了一个手指口诵的活动,也算是编研工作的一部分。	档案编研
I8-P18-L20	现在负责档案的大部分都是年轻人,平辈之间比较好沟通交流。比如说这个文件应该是你形成的,我可以帮你归档,但是如果形成过程中间出了错误,这个责任肯定不是我来承担。	人际管理
I13-P41-L11	那些最初起草的招投标采购文件,要组织专家来评审,并且每周日都要列出××(公司名称)领导班子的会议计划,规划每天安排什么会议,然后一步一步地实施,工作就很流程化了。	日常事务管理
I5-P19-L1	定好开工时间以后,往前倒排计划就行,很少再发生开工以后补之前开工资料的事了。	时间管理
I15-P6-L5	我会在工程完工以后跟他们(各方单位)开个档案的总结会,大家总结一下经验,让他们知道我们××(公司名称)档案工作的大概流程,下次配合起来就更顺畅,不用再做重复的工作了。	项目管理

续表

编号	访谈原始记录	初始概念
I4-P9-L23	交完原件之后，数字化再挂上系统就行。你把纸质版拉过去(移交)之后，对方对照电子版(档案)检查，没什么问题的话就接收了，如果有问题，要再打回去重做。	传统技术应用
I4-P31-L6	智能检索的问题一般都解决了，检索功能就和平常的 APP 一样，检索什么都行。	
I17-P5-L20	我们目前在研究的几个(技术创新)点，其中一些已经在项目上应用了，例如智能识别、智能录入技术，未来会在此基础上再发展成智能签证技术应用。	新兴技术应用
I1-P9-L2	他们(劳务派遣人员)就觉得，拿多少钱干多少活。	自我效能
I11-P4-L11	我那时候有机会(升职)，但我不是当头的料，我还是愿意干点实事。	价值观念
I8-P9-L17	我们档案人员其实也希望在个人发展上有所提升。我们付出了多少，也希望有同等的回报。现在的情况就是我们付出了很多，但回报并不是很高。	个人发展
I7-P8-L23	我一个人肯定跑不了那么多项目，有时候分不开身，但现在我们分公司有个流程，一旦资料员工作年限长了，我也会分配他们去公司的其他工程项目做档案员。	任务调节
I7-P9-L1	比如工程开工前期，我会先把以往的工程档案管理流程作为示例给他们分享，介绍从工程开工起要收集资料的大概范围。	共享策略
I4-P20-L26	我们要根据工程的特点，业主的要求，来组织进场人员培训、考试。	学习策略
I15-P5-L11	让他们知道该做哪些工作，有哪些职责是该承担的，需要配合我们做什么。	目标建立

2. 编码的第二步——主轴编码

主轴编码是发现与建立概念间的联系，以形成可以将这些概念聚拢的更高层次的类目。本书基于开放式编码形成的初始概念，探索上述 32 个初始概念逻辑上的关联关系与层级关系。通过概念的聚类分析，将相关联的自由节点归为一个类属，对单个类属进行深度分析，以此归纳出 9 个初始范畴，即术语知识、要素知识、业务规范知识、基础理论知识、业务操作技能、基础管理技能、技术应用技能、自我认知和策略认知。对于上述 9 个初始范畴进行梳理，将具有联系的概念类属聚拢，提取整合更高抽象层次的范畴，以此归纳出 4 个主范畴，即事实知识、概念知识、经验知识和元认知知识，编码过程见表 4.3。

表 4.3 主轴编码样例

编号	访谈原始记录	初始概念	初始范畴	主范畴
I2-P2-L17	施工单位最难移交的就是青赔资料。因为我们经历过的每个市、县、乡等，每个地方档案的移交标准都不一样。	工程档案术语	术语知识	事实知识
I14-P8-L11	会有档案交底，分为一级交底、二级交底、三级交底。	电力工程术语		

第4章　工程质量创优驱动下的工程档案知识赋能体系

续表

编号	访谈原始记录	初始概念	初始范畴	主范畴
I1-P4-L12	这个职务本来是安全部门的，但是我们（部门）有时候也协助他们的对接工作，它主要不是我们的（职务），因为我们也不是专业的。	人物要素	要素知识	事实知识
I15-P13-L26	我是14年来的，我们局是99年成立的，99年到05年左右的这些材料……	时间要素		
I4-P15-L23	比如说他们来我们南宁局检，我们去柳州局检，双方互检。	地点要素		
I4-P22-L20	我们来这就是参加××（公司名称）的工程项目，必须要执行××（公司名称）的企业标准规范。	标准规范	业务规范知识	概念知识
I4-P10-L23	根据××（公司名称）的规范要求，我们也编制了档案工作的实施细则。	制度规范		
I4-P6-L11	监理会根据提交的报审策划文件，对照国家的相关法律法规和行业标准规范。	法律法规		
I15-P23-L19	之后要加紧学习档案信息化、大数据、云数据这些知识。	跨学科专业知识	基础理论知识	
I1-P7-L10	我觉得电力行业对档案都不是很重视，我们单位的×××（人名）没多久就被调去公司了，他真正是档案专业的。	领域专业知识		
I14-P4-L12	我们这边遵循的规则是，谁生成、谁收集、谁负责。比如有些档案文件是我们办公室生成的，就由我们收集、负责。	档案收集	业务操作技能	经验知识
I7-P4-L8	他们也是把省公司或者××（公司名称）下发的标准直接下给我们，我们再按照这个标准整理档案。	档案整理		
I14-P10-L9	平时检查的时候，会根据形成的质量通病之类的文件，对容易出现问题的（地方）着重标记，或者进行重点分析。	档案检查与验收		
I15-P10-L24	基本上就是最简单的库房十防。	档案保管		
I5-P18-L10	××（公司名称）现在也要求竣工半年之后给他们移交材料了。	档案移交归档		
I13-P16-L1	我们的工程档案利用率还是蛮高的，档案利用的用户主要是变电管理所和输电管理所等生产一线人员。	档案利用		
I14-P16-L4	在档案宣传方面，我们具体的工作就是提供相关的档案素材。	档案宣传		
I13-P19-L4	还有一些是我们局里面做的，比如说"匠心筑安"活动，搞了一个手指口诵的活动，也算是编研工作的一部分。	档案编研		
I8-P18-L20	现在负责档案的大部分都是年轻人，平辈之间比较好沟通交流。比如说这个文件应该是你形成的，我可以帮你归档，但是如果形成过程中间出了错误，这个责任肯定不是我来承担。	人际管理	基础管理技能	
I13-P41-L11	那些最初起草的招投标采购文件，要组织专家来评审，并且每周日都要列出××（公司名称）领导班子的会议计划，规划每天安排什么会议，然后一步一步地实施，工作就很流程化了。	日常事务管理		

续表

编号	访谈原始记录	初始概念	初始范畴	主范畴
I5-P19-L1	定好开工时间以后,往前倒排计划就行,很少再发生开工以后补之前开工资料的事了。	时间管理		
I15-P6-L5	我会在工程完工以后跟他们(各方单位)开个档案的总结会,大家总结一下经验,让他们知道我们××(公司名称)档案工作的大概流程,下次配合起来就更顺畅,不用再做重复的工作了。	项目管理		
I4-P9-L23	交完原件之后,数字化再挂上系统就行。你把纸质版拉过去(移交)之后,对方对照电子版(档案)检查,没什么问题的话就接收了,如果有问题,要再打回去重做。	传统技术应用		技术应用技能
I4-P31-L6	智能检索的问题一般都解决了,检索功能就和平常的APP一样,检索什么都行。	新兴技术应用		
I17-P5-L20	我们目前在研究的几个(技术创新)点,其中一些已经在项目上应用了,例如智能识别、智能录入技术,未来会在此基础上再发展成智能签证技术应用。	新兴技术应用		
I1-P9-L2	他们(劳务派遣人员)就觉得,拿多少钱干多少活。	自我效能		
I11-P4-L11	我那时候有机会(升职),但我不是当头的料,我还是愿意干点实事。	价值观念	自我认知	
I8-P9-L17	我们档案人员其实也希望在个人发展上有所提升。我们付出了多少,也希望有同等的回报。现在的情况就是我们付出了很多,但回报并不是很高。	个人发展		元认知知识
I7-P8-L23	我一个人肯定跑不了那么多项目,有时候分不开身,但现在我们分公司有个流程,一旦资料员工作年限长了,我也会分配他们去公司的其他工程项目做档案员。	任务调节		
I7-P9-L1	比如工程开工前期,我会先把以往的工程档案管理流程作为示例给他们分享,介绍从工程开工起要收集资料的大概范围。	共享策略	策略认知	
I4-P20-L26	我们要根据工程的特点、业主的要求,来组织进场人员培训、考试。	学习策略		
I15-P5-L11	让他们知道该做哪些工作,有哪些职责是该承担的,需要配合我们做什么。	目标建立		

3. 编码的第三步——选择性编码

选择性编码则是从已有的概念范畴中归纳出囊括所有概念的核心范畴,它具有统领性,能够将概念范畴置于更广泛的理论背景之下。在开放式编码和主轴编码工作的基础上,本书对多个范畴及其各自连接的概念进一步比较分析,挖掘出能够将所有范畴连接在一起从而形成一条能贯穿数据始终的"故事线"的核心范畴,即工程档案人员知识概念体系。这是一个理论形成和理论升华的过程,需要分析工程档案人员知识概念体系中的关键要素(图4.1)。

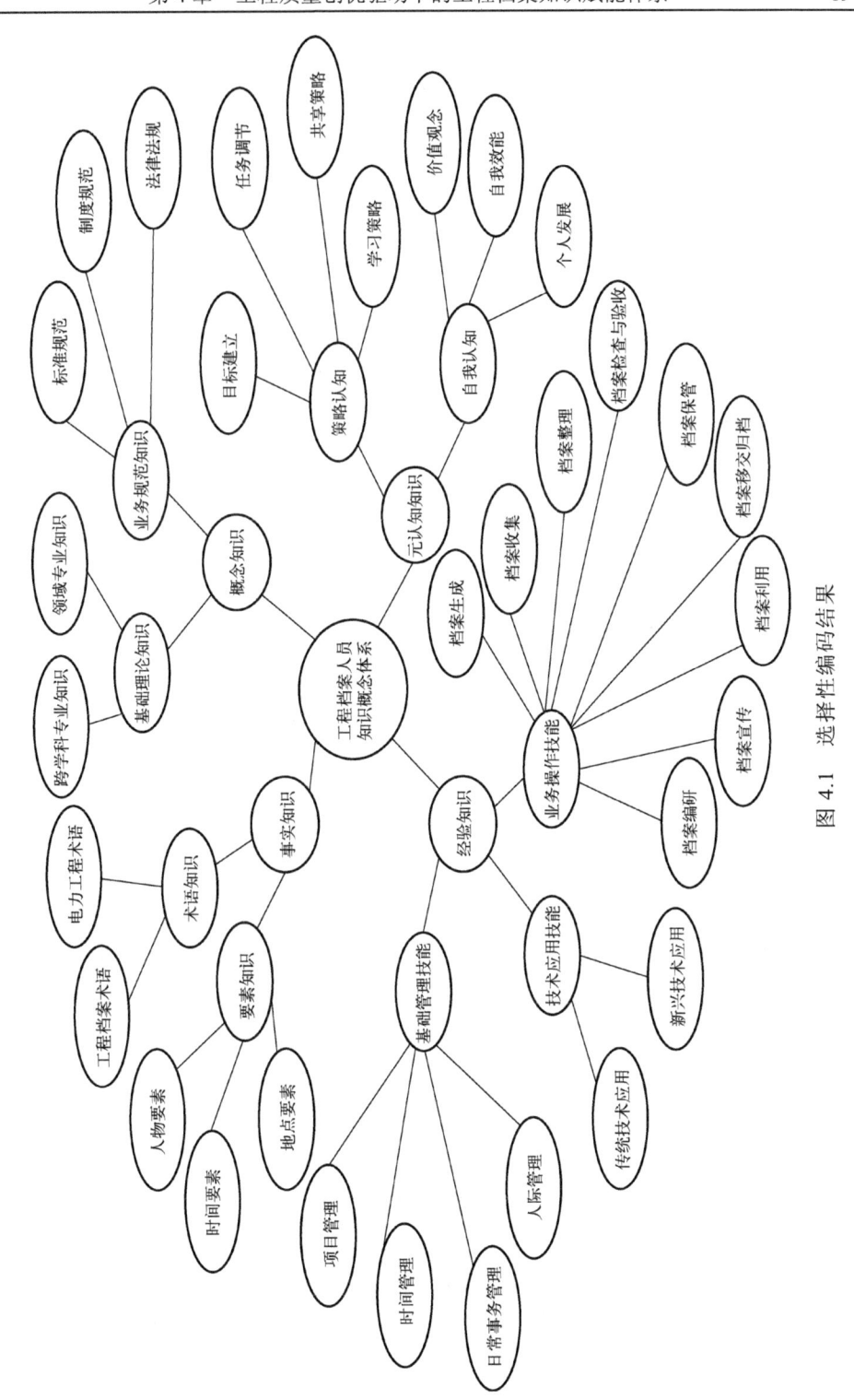

第 4 章 工程质量创优驱动下的工程档案知识赋能体系

图 4.1 选择性编码结果

4.2 案例数据分析

通过实证数据收集、处理与分析，按照从具体到抽象的思辨方法，本书将工程档案人员知识概念体系划分为事实知识、概念知识、经验知识和元认知知识 4 个维度。其中，事实知识与概念知识属于显性知识，通常能够以书面文字、图表加以表述。事实知识通常是分离的、孤立的片段形式的知识，概念性知识是更为复杂的、具有结构化的知识系统。经验知识与元认知知识则属于隐性知识，是一种在行动中所蕴含的未被表述的知识。经验知识是技能、技术、方法的统称，元认知知识顾名思义是关于认知的知识。

4.2.1 事实知识

事实知识是指在工程档案人员交流、理解及系统地组织工程档案知识的基本要素，可分为术语知识和要素知识两大范畴。

4.2.1.1 术语知识

术语知识即某一领域使用的专门用语，在电力工程档案中具体包括工程档案术语和电力工程术语两个类别。

(1) 工程档案术语主要指工程档案专业领域内的一些术语定义，工程档案术语可进一步划分为人员组织和档案门类两个层次。人员组织指工程档案管理活动中涉及的工作人员角色及称谓。例如，专职档案员与兼职档案员就是一组在工程档案管理活动中为完成有关工作而形成的组织范畴概念。专兼职档案员的工作内容存在一定差别，从访谈结果来看，专职档案员的从业时间较长，而兼职档案员的流动性较强。施工图、竣工图、设计变更等则是工程活动中所特有的档案术语，代表了不同的档案分类。此外，通过访谈发现工程档案中青赔档案(I1-P4-L2)是较为特殊的一种档案类型，大型工程建设往往涉及房屋拆迁、树木砍伐等。在开展青赔工作时，除了与被赔偿的单位和人员协商外，还会受到当地政策的限制。各地区的标准不尽相同，在无形中增加了赔偿工作的难度和赔偿档案收集的困难性(I2-P2-L17)。

(2) 电力工程术语也可以进一步划分为人员组织、工程类型、工艺流程 3 个层次。其中，人员组织类常见的术语包括"建设单位""参建单位"等，各单位归档范围不同，所承担的工程档案归档职责也存在差异。根据电力工程的特点，其工程类型可以划分为基础工程(I7-P8-L8)和线路工程(I3-P2-L21)两大部分，或将线路工程拆分为"杆塔"与"架线"。工艺流程指施工过程中的步骤、阶段，其中"交底"是具有代表性的工艺流程术语，交底与培训、宣贯的含义相近，内容主要包括工程背景、进程、要求等。电力工程根据交底方与被交底方的不同，可以划分为一次交底、二次交底、三次交底(I14-P8-L11)，分别为建设单位对本单位各部门交底，建设单位项目部对施工、监理、设计等单位交底，建设单位项目分部对分部工程内施工、监理、设计等单位的交底。

4.2.1.2 要素知识

要素知识主要包括时间、地点、人物 3 大类别，通常情况下能够从活动或情境中分离出来。时间要素在访谈中多有体现，如"随着时间推移，电力工程所遵循的标准规范等发生变化"(I17-P8-L4)、"应遵循档案形成的时间逻辑"(I4-P13-L17)。地点要素主要涉及工程的施工地，大型的电力工程项目跨越的地域较广，因此在工程建设过程中涉及不同地区之间的管理(I2-P5-L14)，以质量创优 A 工程项目为例，工程横跨多个省区。人员要素则涉及与工程档案管理活动相关的人员，除专兼职档案员这类直接从事档案工作的人员外，还包括与施工、监理、设计等工程活动相关的人员。例如，安全、质量、进度、造价，分别代表工程活动中负责不同业务的人员(I1-P10-L2)，人员不同其要求也不尽相同，以安全人员为代表，"安全人员不能兼职，只能是一个人的专职"(I1-P5-L21)。

4.2.2 概念知识

概念知识是指在实践活动中发挥指导作用的理论性知识，是通过系统的学习所获得的知识，具体包括业务规范知识和基础理论知识两大范畴。

4.2.2.1 业务规范知识

业务规范知识是指人们普遍遵循的、具有权威性的知识，可以划分为标准、制度和法律法规 3 方面。业务规范知识是指导档案工作的一项重要依据，其中标准、规范适用于行业、地方、团体等，是统一的技术要求，既包括国家、地方行政主管部门制定的，如《电网建设项目档案整理规范》；也包括各单位及个人根据实际需要而形成的，如某大型电网公司制定的《××电网公司基建项目档案管理业务指导书》，以及工程档案人员根据自身多年工作经验而形成的《归档模版》，例如，其中一名访谈人员提到"特高压工程管理结束以后，我就被调到××(公司名称)管档案，从工程管理到档案接收全部都由我负责，因此我对这个流程非常熟悉，所以就制定了一个(适于本单位工程档案管理的)归档目录"(I13-P25-L28)。法律法规通常是由国家有关部门制定的，如《中华人民共和国档案法》，具有普遍约束力。

对于业务规范知识，工程档案人员认为"档案相关的国家的标准规范是挺多的"(I12-P18-L11)，这就要求档案人员"必须要十分清楚地了解档案制度。档案系统着重注重档案的利用,而档案检查则是要清楚参建单位(移)交的是什么档案,(档案管理人员)要知道哪些(档案)是合格的，然后才可以查(用)档案，如果连判断档案是否合格的条件都不清楚，肯定也无法查询"(I14-P6-L18)。但近年来档案相关业务规范更新换代较为频繁，工程档案人员的实际工作则是相对越来越复杂了。以归档模板为例，其在项目实施过程中是属于不断完善修整(I11-P12-L20)的，这就会导致工程档案人员的档案整理工作需要多次返工。

4.2.2.2 基础理论知识

基础理论知识指工程档案人员所掌握的概括性强、抽象度高的基础性知识，调研中发现主要涉及领域专业知识和跨学科专业知识两种类型。跨学科专业知识也称多学科交叉知识，与领域专业知识相比，前者代表广博，后者则代表精深。根据访谈数据分析发现，工程档案人员普遍认为档案、电气、工程、计算机相关专业是当前电力工程档案领域所必需的专业知识。以发配电为例，主要学习发电厂及电力系统(I1-P4-L19)，属于电气专业知识。而跨学科专业知识，如情报学(I14-P3-L2)，与档案学同属图书情报与档案管理(信息资源管理)一级学科，其主要覆盖领域包括了数据检索、大数据分析和数据挖掘等，也对从事工程档案检索工作有所帮助。

4.2.3 经验知识

工程档案管理从其知识本体来看是以隐性知识为主体，其中经验知识是隐性知识的重要组成部分。根据编码结果，可以将经验知识划分为业务操作技能、基础管理技能和技术应用技能3种类型。

4.2.3.1 业务操作技能

业务操作技能是指工程档案管理活动中可用于具体操作的经验、方法。工程档案管理活动涵盖生成、收集、整理、检查与验收、保管、移交、利用、宣传和编研等阶段，不同单位的工程档案人员涉及档案管理活动中的不同阶段和环节。例如，生成阶段需要注意档案数据是否清晰、内容是否合理，"有些档案内容还需要注意打印不清楚、文字错误等问题"(I6-P9-L11)；在收集阶段，遵循"谁生成、谁收集、谁负责"的规则(I14-P4-L12)；在整理阶段，按照"省公司下发的标准来整理"(I7-P4-L8)，需要特别注意"光盘号，以及一些编页码的扫描"(I6-P7-L10)；在检查与验收过程中，工程档案人员要关注工程档案的形式和内容(I13-P33-L26)，尤其是在日常的检查过程中,将"容易出现问题的(地方)着重标记,或者进行重点分析"(I14-P10-L9);在保管过程中,"按照档案馆对纸质文件和特殊载体文件的保管要求以及环境要求,进行规范化保管"(I14-P13-L1);在利用阶段,需要档案人员熟悉档案利用的主要类型和用户群体,"档案利用的用户主要是变电管理所和输电管理所等生产一线人员"(I13-P16-L1),"借阅比较多的就是图纸,如我们变电站运行设备的图纸"(I13-P6-L16),"现阶段他们来查阅的,大多数是电子的和纸质的 2 种载体形式的档案"(I14-P14-L11)。特别强调的是,工程档案的利用率主要取决于查档者的语言组织表达能力和对档案内容的熟悉程度,例如,有些用户"直接就能说出(档案的)题名或者使用正确的关键词(检索出所需的档案)"(I14-P14-L19),但是也会经常出现"(档案借阅人员)对档案不是很熟悉、也不太清楚的情况,可能会让档案员做一些无用功,因为他们要查一个我们局里面没有的文件,最后肯定是查不出来的"(I14-P15-L4)。档案宣传工作需要档案人员"提供相关的档案素材"(I-14-P16-L17),这就要求档案人员在日常工作中"把一些有针对性的内容,以及对工作有指导性的、宣传导向性的资料,提前存储下来"(I13-P14-L8)。档案编研以提供利用为目的,"哪些(档案)用得多,要做档案汇编和统计,便于以后的方便利用"(I13-P18-L19),例如,访谈中提到了工程档案中常见的编研形式为输变电工程核准文件的汇编。

4.2.3.2 基础管理技能

基础管理技能主要体现在人际管理、日常事务管理、时间管理和项目管理 4 个方面。人际管理需要不同人员之间的沟通协调,以达成共同目的。在工程档案管理的过程中,表达自己的观点和想法,处理好与其他业务人员之间的协同互助是重要的基础保障。访谈中,就有工程档案人员提到,会将档案评估的绩效分配给其他参与部门或贡献人员(新闻宣传部、安全生产部等),获得日后其他事务的支持(I13-P19-L12)。同时,在工程项目部提出将全部项目分部档案人员集中起来,进行档案归档验收工作时,积极表示其项目分部具有档案专家,有能力指导本分部的各单位按照计划完成档案工作,避免集中归档带来的不必要问题(I13-P37-L8)。日常事务管理指除档案业务工作外需要档案人员处理的其他事务,由于部分档案室归属于综合办公室管理,有时需要兼任部分办公室业务,如上级检查、会议招待等,这就要求档案人员具有一定的计划性和应急处理的能力,例如,"每周日都要列出××(公司名称)领导班子的会议计划,规划每天安排什么会议,然后一步一步地实施,工作就很流程化了"(I13-P41-L11)。同时"要处理的应急事情比较多,也需要(自己)随机应变"(I7-P10-L15),能够很好地平衡各项工作。时间管理主要是针对工程档案管理各环节时间节点的把控，安排好各项关键节点(I10-P16-L9)，严格跟踪工程档案的移交进度(I13-P36-L17)，杜绝后期补档案的情况(I5-P19-L1)。项目管理包括项目人员、进度和质量等多方面的综合管理。人员管理指协调档案人员的关系，促使档案人员之间信息共享和互相协作，进而提高工作效率(I13-P36-L11)。进度管理要求工程档案人员及时收集和反馈相关情况，对工作做出相应调整等(I7-P25-L12)，使人员之间的配合更流畅，避免重复性工作(I15-P6-L5)。质量管理是确保档案质量的根本保障，包括档案中期检查(I15-P5-L15)、不定期抽查档案的整理情况(I7-P26-L1)，以达到工程档案人员的绩效管控。

4.2.3.3 技术应用技能

技术应用技能可以划分为传统技术和新兴技术两个层面。传统技术主要指与数字化档案管理系统相关的技术。工程档案数字化管理系统主要涉及单机版系统(I4-P28-L13)和数字档案馆系统(I11-P19-L23)，前者适用于工程施工、监理、设计等异地单位，便于其将需要归档的档案转化为规范格式，后者是工程项目建设单位内部档案管理系统。传统技术应用技能主要指"档案系统的操作和使用，以及归档、档案整理、档案移交……所涉及的档案系统的操作使用和技术要求"(I14-P6-L7)。此外，传统技术应用技能也包括与现代工程项目管理相关的系统使用技能，如基建系统(I7-P10-L27)、资产管理系统(I10-P17-L2)。新兴技术应用技能与智能技术有关，智能技术体现在工程档案中包括了智能检索、智能签证、智能库房等技术。智能检索功能本身已经十分成熟，可以实现字段检索、关键词检索等(I4-P31-L6)。智能签证应用则是基于数学建模和OCR识别技术的基础上，实现了工程档案的智能识别、智能录入，通过人工智能审核判断档案质量并签发工程验收的档案签证，为工程档案人员审核档案节省了大量的时间与精力，同时也提高了审核效率，简化了归档单位的办事流程(I17-P5-L20)。智能库房则基于物联网和传感器技术，实现库房及档案的动态监控和管理。

4.2.4 元认知知识

元认知知识即关于知识的知识，包括自我认知和策略认知两大部分。

4.2.4.1 自我认知

自我认知可以划分为对于价值观念、自我效能和个人发展的认知知识，其主观性较强并且较易随环境变化而变化。价值观念是一个复杂的概念，涉及个人的职业认同感、档案意识、工作态度、意见与观点等内容。职业认同感是档案职业存在的必要性与重要性的认识与感受，调研数据表明从事档案工作的时间越长，档案人员对该工作的热爱程度也随之加深(I8-P9-L29)。档案意识是指对档案专业性的认识程度与重视程度，非档案人员由于没有接触过档案工作往往并不能体会档案工作的复杂性(I8-P12-L27)。工作态度是个人职业素养的现实体现，档案工作的特殊性要求档案人员必须格外认真、负责，从性别来看，女士相较男士更加细心、耐心(I8-P4-L25)。意见与观点是价值观念中最为核心的部分，每位工程档案人员的思维不同，看待事物的观点和看法也不尽相同，主要体现在对待档案工作的观点看法和对提升档案工作的意见两方面。工程档案相较于其他类型的档案，要求档案人员长期处于工地一线，条件艰苦，并且对于女性而言局限性更强(I7-P34-L4)。对于提升改进档案工作方面，多数工程档案人员表示现阶段的档案收集、整理缺乏固定的标准，在反复整改的过程中增加了许多工作量(I7-P19-L4)。此外，数字化档案管理系统的功能也并不完善(I11-P29-L25)。

自我效能是个人对工作效率和工作能力的认定，主要指影响工作能力的因素和如何做好工程档案工作两个方面的内容。影响因素涉及是否为专业出身(I1-P4-L22)、是否享受正式员工待遇(I1-P9-L2)等。做好档案工作的要求相对更高，要求档案人员具有主观能动性(I15-P6-L14)，能够快速、积极地反馈；其次是要有计划性(I14-P10-L27)，合理安排进度及任务；最后，要善于总结(I13-P26-L19)，通过制定具有指导性的指南材料(I13-P55-L16)等形式提高工作成效。

个人发展即个人未来的发展方向与规划，涵盖新事物的接受与适应，个人知识、技能的提升及职业晋升等。新事物主要指档案领域的数字化趋势而引发的相应技术与管理变革，档案人员要善于改变自身以适应新发展环境(I11-P14-L10)，个人知识、技能的提升同样与数字技术相对应，在接受、认同的基础上，积极学习新知识、提高应用技能。职业晋升包括对晋升渠道、需要满足条件的认识，目前工程档案人员申报职称需要满足相应的期刊论文、发表类型与级别(I13-P9-L12)，参与重大工程建设数量(I12-P22-L27)等条件，并通过省档案局的网站进行线上填报(I13-P6-L22)。

4.2.4.2 策略认知

策略认知以完成任务为目标，根据完成任务的阶段可以划分目标建立、学习策略与共享策略、任务调节等。档案人员的目标建立需要档案人员知道"该做哪些工作，有哪些职责是该承担的，需要配合我们做什么"(I15-P5-L11)，在此基础上通过培训(I7-P19-L21)、沟通交流(I6-P5-L25)及自学(I14-P9-L3)等形式进行提升学习，知识共享也可以通过沟通交流(I16-P5-L6)的形式进行，此外，他人指导或指导他人(I13-P15-L11)、隐性知识显性化形成的文件材料(I15-P20-L12)也可以作为知识共享的途径。任务调节是为了有效完成任务而进行的对人员的适当分配、管理，例如，施工单位档案人员在日常工作中并不会优先完成档案工作，也不会主动与业主单位档案人员进行交流，"一切都要靠业主的项目部或者是办公室的档案专责来积极推动"(I15-P7-L12)。

4.3 知识概念体系关系分析

通过数据分析，本书将工程质量创优驱动下工程人员的工程档案知识体系划分为事实知识、概念知识、经验知识和元认知知识。体系内要素之间存在着层级关系、关联关系，本节旨在剖析要素间的多元关系，促使知识概念具有完整性、关联性，为实现知识转移和共享提供要素依据。

4.3.1 层级关系分析

工程档案人员的知识概念体系是一个由多维要素构成的整体，具有明显的层次性，即按照体现知识概念的范畴可以划分为不同层次结构，上下层级之间具有包含与被包含的关系。就概念体系的构建而言，厘清层级关系有利于把握工程档案人员知识概念的内部组成部分，并进一步认识不同层级间的关联，以明确体系整体的系统性、合理性。

研究采用 NVivo12.0 软件进行三级编码，梳理出的概念、范畴、主范畴在 NVivo12.0 软件中以"节点"的形式进行管理，形成了特有的树状结构(图4.2)。本书基于该树状结构对知识概念框架的层级关系进行分析，分析得出工程档案人员的知识概念框架具有三级结构，第一级为"知识维度"，第二级为"核心知识类型"，第三级为"知识类型要素"，其中"知识类型要素"是"核心知识类型"的子节点，而"核心知识类型"是"知识维度"的子节点。

如图4.2所示，一级知识维度共4个，包含事实知识、概念知识、经验知识和元认知知识；二级核心知识类型9个，包括术语知识、要素知识、业务规范知识、基础理论知识、业务操作技能、基础管理技能、技术应用技能、自我认知知识和策略认知知识；三级知识类型要素32个，即工程档案术语、电力工程术语、人物要素、时间要素、地点要素、标准规范、制度规范、法律法规、领域专业知识、跨学科专业知识、档案生成、档案收集、档案整理、档案检查与验收、档案保管、档案移交归档、档案利用、档案宣传、档案编研、人际管理、时间管理、项目管理、日常事务管理、传统技术应用、新兴技术应用、自我效能、价值观念、个人发展、目标建立、任务调节、共享策略与学习策略。

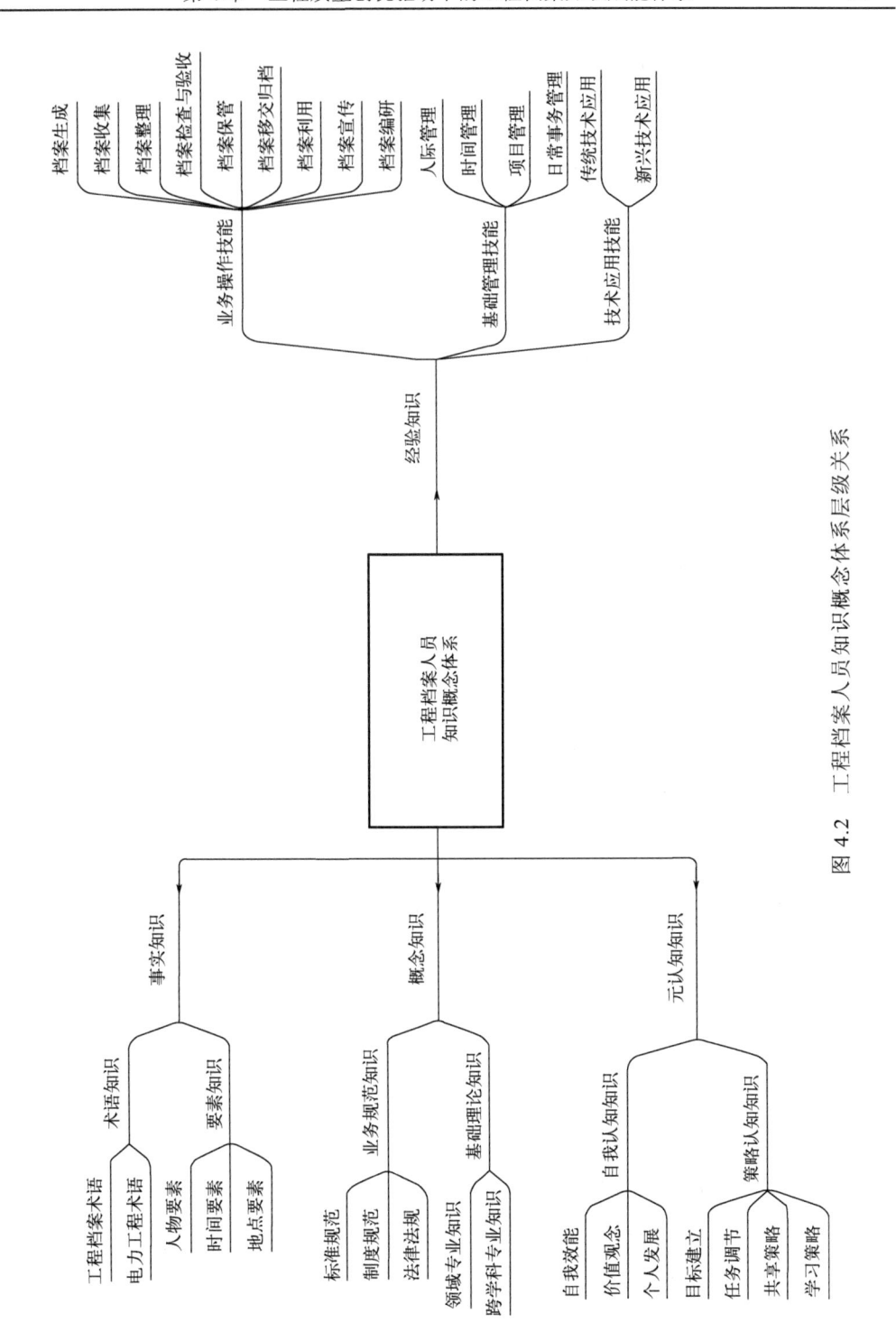

第4章 工程质量创优驱动下的工程档案知识赋能体系 ·97·

图 4.2 工程档案人员知识概念体系层级关系

4.3.2 关联关系分析

在要素提取与分析的过程中发现，工程档案人员知识概念体系除具有层次性，各要素维度间还具有显著的内在关联性。从关联性的角度对该体系进行分析，有利于把握核心要素，实现各要素间的整体协同。研究根据各维度间相互关联、相互影响的关系形成了以事实知识为基础，以概念知识和元认知知识为支柱，以经验知识为目的的工程档案人员知识概念体系关系图（图4.3）。

"以事实知识为基础"缘于事实知识是客观存在的，每个工程档案人员都处在事实环境中不能与其割裂、剥离。事实知识为概念知识提供支持，概念知识往往是对一系列事实知识进行整理、学习、组织而形成新的知识。例如，工程档案术语和电力工程术语是学习、理解工程档案基础理论知识和业务规范知识的根本。以"领域专业知识"为例，在档案、电气、工程专业学习过程中，需要结合特定的场景使得概念知识具象化。事实知识也是元认知知识的根基，在同一业务领域下的工作人员，所接触到的事实知识也具有相似性。由于事实性知识不需要检验证明，也不像概念知识那样需要深刻理解，因此其客观性是支撑工作人员们进行沟通、交流的基础。

"以概念知识和元认知知识为支柱"指两者是完成从显、隐性知识转化的关键环节。相较于事实知识，概念知识具有抽象化、结构化的特点。因此，基于事实知识之上的概念知识，是输送显性知识的主渠道，不仅能够满足个人更新知识结构的需求，还能通过内化的方式，实现隐性知识与显性知识的转化。例如，不具有工程或档案等专业背景的人员，即使在国家标准规范的指引下，仍然对档案管理感到无从下手、身心俱疲。而在熟悉工程流程及文档形成要点的基础上，则能够根据工作经验构建各部门文件归档目录（I13-P25-L28）。元认知知识主要涵盖个人的理解、思考、行为方式等，这部分隐性知识通常根深蒂固地隐植于个人之中，因此被认为是知识转化的联结点。元认知知识能够将一些新的认知、观念反馈给知识利用者，从而促使知识利用者更新显性知识的获取需求。例如，档案领域的数字化转型使得工程档案人员所处大环境发生变化，工程档案人员的情感认知、价值观念等最先受到影响，其后工程档案人员获取相应数字知识与技能的需求才会被激发。此外，元认知知识也影响经验知识，元认知知识中的价值、观点等能够激发人的主观能动性，促进经验知识发生改变，例如，工程档案人员持有"团队合作能够更好地完成任务"这一观点，其在人际管理中将会更加注重团队的管理。

"以经验知识为目的"是指工程档案人员习得知识的最终目的是指导实践。经验知识主要包含不可或难以表述的技能、诀窍、专长等，这些特定的经验、技

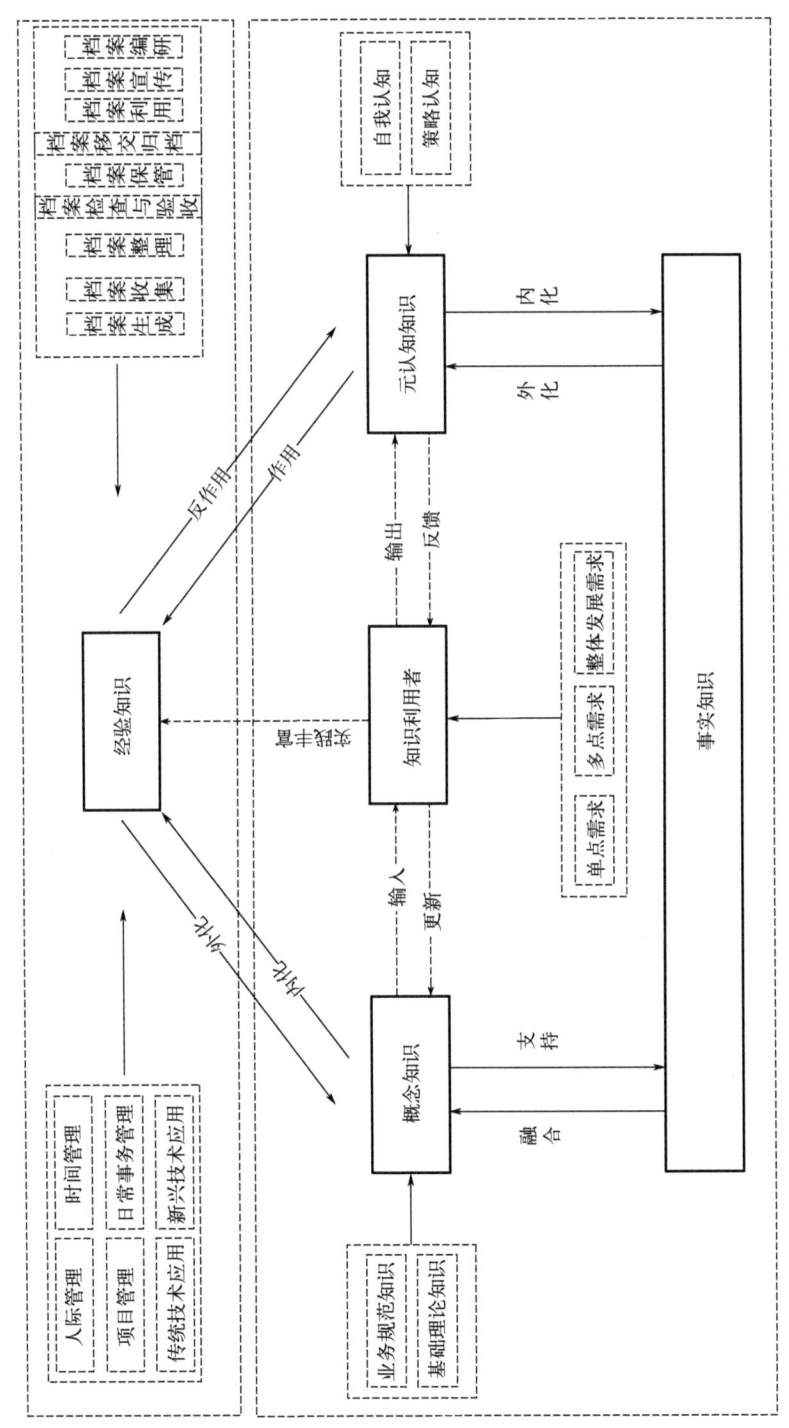

图 4.3 工程档案人员知识概念体系关联关系

能往往决定了工程档案人员工作的效率和水平。对于工程档案人员而言，经验知识多源自亲身经历和体会，具有高度主观性的特点，但其与概念知识和元认知知识也是密不可分的。一方面，经验知识可以外化为概念知识，即通过总结与思考将经验知识付诸文字。例如，将业务活动中获得的心得、体会转化为文本进行传递、共享便是外化的体现。另一方面，元认知知识一旦形成，具有一定的稳定性，但在工程档案人员后天持续地体验、学习和实践的影响下，也会受到经验知识的反作用。例如，在实行新的项目管理方式前，工程档案的归档周期较长，但在团队通力合作下，会逐渐提高自我效能。

在事实知识、概念知识、经验知识与元认知知识交互过程中，知识利用者是推动个人知识循环的中心。知识利用者基于各种现实需求，有选择性地获取各类知识，而在知识获取过程中，各类知识会相互作用、相互转化，知识转化的过程实际上就是知识创造的过程。

实现知识赋能的首要任务是构建知识的概念框架，明晰其组成要素。由于隐性知识与个人能力和专业实践密不可分，因此，在理论敏感度构建的基础上，需要借助场景敏感度以探索某一行业领域工作人员知识构成和要素。本书选择工程质量创优的电力工程档案为背景，一方面，创优工程建设是创新驱动发展的一项重要内容，且创优工程对全过程管控相对更加严格；另一方面，电力工程的档案管理活动的复杂性与多样性使得其极具代表性，在一定程度上反映了工程档案工作的内容和特点，能够为实现工程档案隐性知识赋能提供直接依据。通过 NVivo12.0 软件，本书采用扎根理论的方法对访谈数据进行三级编码，根据工程档案人员的认知过程，将知识划分为 4 个知识维度、9 个核心知识类型和 32 个知识类型要素，构建了工程质量创优的工程档案人员的知识概念框架，并对知识框架的层级关系和要素关系进行分析，为实现知识转移和共享提供要素依据。

第5章 产业发展创新驱动下的工程档案知识赋能体系

坚持创新驱动战略,就要发挥科技创新的动力引擎作用,持续赋能产业创新与升级[404]。本章在产业创新发展背景下,选取新能源工程建设和清洁能源行业领域的典型案例,并以该行业具有代表性的3个公司B1、B2、B3作为调研对象,通过访谈调研对工程档案知识概念体系框架进行梳理,为工程档案知识赋能框架提供场景二的实证创新支撑。

5.1 研究设计

具有代表性的产业创新B1、B2、B3公司(以下分别简称"产业创新B1公司"、"产业创新B2公司"、"产业创新B3公司")是新能源行业及清洁煤炭行业的行业标杆,其工程档案管理策略的实施对于工程档案管理实现知识赋能具有借鉴与启示意义。本节聚焦案例中知识赋能产业发展的实现路径,进行案例数据的收集、处理、分析,总结出创新驱动背景下知识赋能产业发展的关键要素。

5.1.1 案例介绍

本节选取了能源产业具有风电、光伏、氢能、煤炭等项目建设及工程档案管理经验、成果的产业创新B1、B2、B3公司作为研究对象,从各公司的所承担能源产业项目、工程建设过程中产业发展创新措施等角度进行案例介绍。

5.1.1.1 案例选取

根据研究目标,本章以产业创新公司B1、B2、B3为典型案例,作为场景二的选取案例,通过实地调研,继续访谈数据的收集和分析,对工程档案人员知识概念体系框架进行主体研究构建。

1. 产业创新B1公司

产业创新B1公司的上级单位是某大型能源公司旗下集风电、光伏、氢能、综合智慧能源等新型能源为一体的综合型清洁能源企业,是该大型能源公司新能源发展的主力军之一,也是国内第一梯队的新能源发电企业。作为其上级单位的分公司,产业创新B1公司于21世纪初进入新能源领域从事新能源发电项目的开发、建设和运营,目前,产业创新B1公司在其业务范围所涵盖的多个地市建成风电项目，装机规模位居其公司所在地风电开发企业首位，年发电量约三十五亿度。产业创新 B1 公司下辖十多家风电公司，拥有员工四百四十余人，其在新能源发电产业经验丰富，成就斐然，能够在产业创新领域提供丰富的数据支撑。涉及新能源工程档案数量众多，对其工程档案人员进行访谈，能够获得真实可靠的实证数据，为后续的框架构建奠定坚实的数据基础。其次，产业创新 B1 公司高度重视档案管理工作，通过人员、制度及设备的 3 方结合将档案工作落到实处，并积极开展档案室智能馆库一体化管理展示系统建设。参与其中的工程档案人员既熟练掌握工程档案管理知识，也对新能源产业政策和发展较为熟悉，因此基于此构建的工程档案人员知识概念体系更具产业专业性。

2. 产业创新 B2 公司

产业创新 B2 公司成立于 2009 年，负责全面统筹其上级公司在其主营业务范围内的市场（含核电项目）开发，包括核电产业链发展，风电、太阳能、水电等清洁能源项目开发。产业创新 B2 公司在新能源领域耕耘多年，业务范围广泛，项目遍及各地，风电投运容量居全省第一，是综合实力雄厚、全国排名前列的公司。自产业创新 B2 公司入驻其公司所在地的某市起，已陆续建成投运多个大型风电项目，在该市累计容量逐年上升，累计完成投资金额也逐步递增，年发电量达 3 亿千瓦时。产业创新 B2 公司具有业务范围广、工程项目多等特点，尤其是在风电等新能源项目上具有独到经验，对其工程档案人员进行访谈调研，能够为开展研究丰富特色数据，以保障研究的独到性与典型性。

3. 产业创新 B3 公司

产业创新 B3 公司是目前我国大型绿色运输港口之一，于 20 世纪末开工建设，21 世纪初投入运营。开港以来，公司充分发挥自身在新能源行业及绿色运输方面的特点与矿、路、港、电、油、运一体化优势，吞吐量呈现年度千万吨增长跨越。产业创新 B3 公司主要负责其上级集团清洁煤炭的水上运输工作，是集团一体化产业链上的重要一环，以清洁、绿色、环保为导向，着力缩短各省间的运输距离，同时也是国家西煤东运、北煤南运的主通道之一，为我国沿海地区的能源供应及中西部地区的经济发展积极贡献了企业力量。产业创新 B3 公司作为清洁煤炭领域的"绿色、高效、国际一流能源大港"，其中的工程档案人员既熟练了解新能源工程档案管理知识，也对新型煤炭清洁技术有所涉猎，基于此构建的工程档案人员知识概念体系更具产业创新性的特质。

5.1.1.2 案例场景分析

1. 产业创新 B1 公司

在产业发展创新上，产业创新 B1 公司自 21 世纪初进入新能源领域从事新能源发电项目，在陆上风电和海上风电领域均有涉及，努力打造"风光氢储融一体化"的发展模式。其上级公司是国内领先的风电开发商，现有新能源场站百余座，总装机规模已达近两千万千瓦，年发电能力约三百亿度，位列国内新能源行业第一梯队。目前正在全力推进新能源产业跨越式发展，力争到"十四五"末实现新能源装机超三千万千瓦。该上级公司在资金、管理、技术等方面给予产业创新 B1 公司有力的指导与支持，山东区域目前在公司整体风电事业版图中占据重要地位。其次，在产业管理方面积极创新，根据上级公司的"1357"战略与新能源数字化转型要求，顺应未来的新能源发展与生产运营管理形势，产业创新 B1 公司近年来着力推进新能源智慧管理、智能生产两个方面的业务模式变革与数字化能力建设。2021 年初，公司启动集控系统建设工作，系统首期接入已建成投运的数十座风电场且已成功并网，风机包括金风、西门子、Repwer、华锐、远景、华仪、苏斯兰共 7 个品牌 17 种机型。产业创新 B1 公司集控中心成为其所在省内正式通过电网验收的新能源集控中心之一，中心装机规模也排在省内前列。产业创新 B1 公司集控系统将对所有场站进行远程集中监控、综合数据分析与诊断、统一运维管理、合理优化资源配置，以实现"无人值班、少人值守、集中监控、智慧运维"的基本集控建设目标，切实提高生产运营管理效率及水平，改善员工工作环境。生产运营数据数字化也为档案数据的治理提供了环境。

2. 产业创新 B2 公司

产业创新 B2 公司成立于 2009 年，经过十多年规模化快速发展，其核心能力不断增强，已成为我国新能源行业发展的主力军和排头兵。其所属集团是我国乃至全球少数完全以非化石能源发电为主业的大型清洁能源企业，成立多年来始终关注清洁能源发展，以造福人类社会为使命，拥有核电、新能源、核燃料、环保等业务。然而，日本福岛核事故后，国内已有多个核电项目、核燃料产业园、后处理项目因公众舆情问题被搁置，甚至取消。由于地方政府态度的转变，开发的核电厂址落地还存在不确定性。因此，邻避效应对核电发展影响越来越显著，产业创新 B2 公司则抓住国家鼓励发展风电的机遇，将发展风电作为突出公司清洁能源定位、开拓可再生能源领域的重要战略部署，予以大力发展。截至目前，产业创新 B2 公司已在主营业务范围内累计建成投运多个带电风电场及光伏电站投运容量居全省第一，年发电量可达 20 亿千瓦时，可以满足 11 万普通家庭的日常用电需求。产业创新 B2 公司还以打造环保绿色风电场为目标，投资建设了环水保恢复治理工程——"风车花海"项目，在区域能源结构优化和绿色发展转型中发挥了重要作用，在全省风电开发建设中树立了优秀典范，对开创湖北省风电项目可持续发展与生态环保理念和谐共融新局面起到了积极作用。

3. 产业创新 B3 公司

产业创新 B3 公司以打造"绿色、高效、国际一流能源大港"为目标，高度重视环境保护工作，加大环境保护投入，针对港口现状制定煤尘治理项目实施方案，对煤尘污染严重的区域进行重点治理，强化绿色港区管理，整体优化港区生态发展环境。产业创新 B3 公司在清洁煤炭产业上追求创新发展，投入了大量经费用于新技术研发，同时也与科研机构合作，对煤炭港口起尘机理、粉尘排放量测算等方面进行深入研究，努力探索一个好的煤港污染解决方案，并逐步形成煤港环保技术标准。强化煤尘防治，有效控制和防止了煤尘污染。加强煤污水和生活污水处理设施的维护和管理，实现工业污水零排放。全面实施清洁生产管理。在公司发展的早期阶段，就始终坚持以属地管理为主的原则，对港区进行了兼具全面系统性与针对性的界面划分工作，重视清洁生产工作，将其纳入部门绩效考核的重点范畴内并设立专人负责，并定期组织抽查与检查，对结果进行统筹计分，力争将整改落到实处；其后，公司又针对煤炭运输过程中可能出现的皮带机撒漏煤等重难点问题集中力量开展技术攻关工作，主导组织并实施了皮带跑偏治理等多项技术改造和上百项专项维修，使煤尘洒落问题得到明显改观；与此同时，公司为改善整个港区面貌，大力实施了绿化及环境整治工作，使港区整体焕然一新。

5.1.2 数据收集与处理

产业创新 B1、B2、B3 公司在工程建设过程中，综合智慧管理、智能生产、数字化能力建设、绿色发展、技术攻关等方面的实践经验，对其他工程项目档案管理、知识赋能产业发展具有重要借鉴意义。基于 3 个公司产业发展所实施措施的重要意义，本节主要对选取案例进行访谈设计及调研数据的处理，从而为体系构建提供参考。

5.1.2.1 访谈样本选取

研究选取产业创新 B1 公司及其上级公司，以及产业创新 B2、B3 公司为访谈对象。个人访谈对象依据场景相应的标准选取（详见 4.1.2.1 小节）。

在符合上述标准的基础上，最终有 15 位工程参与人作为个人深度访谈的受访者（表 5.1）。在选取的访谈对象中，其专业背景主要包括工程管理、档案管理、电力与计算机等；其个人职位包括了工程总工、监理、资料员、质量主管、安全管理及项目经理等档案相关岗位，且工作年限普遍较长。

5.1.2.2 访谈数据收集

本场景的实地调研自 2021 年 4 月底开始对案例对象展开持续跟踪与调研，并依据访谈录音形成相应记录，记录内容从不同角度描述了工程档案人员的知识结构，为后续分析提供了充足的数据基础。为确保访谈数据收集方式的实用性与访谈提纲的合理性、科学性，研究初期以产业创新 B1 公司作为调查对象，通过焦点小组访谈与个人访谈了解该公司的背景知识。主体实地调查开始于 2021 年 12 月，持续至 2022 年 8 月，依据当时疫情防控实况，分别采用了线上与线下相结合的方式，对产业创新 B1 公司及其北京总部公司、产业创新 B2 公司与产业创新 B3 公司进行调研。产业创新 B1 公司的受访者包括企业综合办公室的经理和行政文秘、生产运营部中的数字化规划人员、基建档案管理人员、数字化扫描人员、项目规划部的档案人员和立项规划人员、项目总工及项目部的档案人员，共进行了 8 组个人访谈(I18-I25)。受到新型冠状病毒感染疫情的影响，针对产业创新 B1 公司的北京总部公司、产业创新 B2 公司的访谈转换为线上形式，借助腾讯会议平台展开，前者的访谈中受访对象为董事长助理(I26)，负责监管企业的档案管理规划工作；后者的受访对象包括集控大数据运营中心主管、质量监控人员、现场施工人员及项目生产人员(I27-I29)。为达到理论饱和，2022 年 8 月后续增补产业创新 B3 公司的实地调研，受访者包括科技档案管理人员、文档管理人员及档案科科长，共生成访谈文本 3 份(I30-I32)。

表 5.1 受访者基本信息描述表

编号	所在单位	岗位描述	性别
I18	产业创新 B1 公司	综合办公室：经理	女
I19	产业创新 B1 公司	综合办公室：行政文秘监管档案	女
I20	产业创新 B1 公司	生产运营部：数字化规划人员	男
I21	产业创新 B1 公司	综合办公室：经理、行政文秘监管档案	女
I22	产业创新 B1 公司	综合办公室：行政文秘监管档案	女
I23	产业创新 B1 公司	基建档案兼职	女
I24	产业创新 B1 公司	规划部：档案人员、项目立项规划人员	女
I25	产业创新 B1 公司	建设部+项目部：基建总工(负责过基建档案)、档案人员	男
I26	产业创新 B1 公司上级公司	董事长助理(兼管档案规划)	女
I27	产业创新 B2 公司	施工人员	女
I28	产业创新 B2 公司	质量监控(副场长) 运营中心主管(集控大数据)施工人员	男
I29	产业创新 B2 公司	项目生产	女
I30	产业创新 B3 公司	科技档案管理人员	女
I31	产业创新 B3 公司	文档管理人员	女
I32	产业创新 B3 公司	档案科科长	女

上述访谈均遵循以下步骤：①在访谈正式开始前，向访谈对象说明此次访谈的主要目的和保密原则(对其陈述内容严格保密,对姓名等隐私性信息进行匿名操作)，征得访谈者同意后，用录音笔对访谈内容进行记录。②在访谈进行过程中，以一对一深度访谈的方式与访谈对象进行对话，借助访谈提纲采取灵活提问的方式，通过追问、解释说明引导访谈对象自由表达自己的观点和看法，并做访谈笔记。每次访谈的持续时间大概在 30~120 分钟，同时根据实际情况与访谈效果适当缩短或延长访谈时间。③访谈结束后，研究人员将访谈录音转录为文本的形式，并与受访者核实访谈内容的准确性。

经过上述步骤，此次调研的访谈录音累计时长 688 分钟，生成个人访谈正式转录文本 15 份，共计 20 万余字。

5.1.2.3 访谈数据处理

为了确保研究观点与想法的多样性，由研究组成员对原始资料中选取的样本进行编码，形成初步的概念与范畴并进行讨论，统一意见后再进行对原始资料的编码，以确保研究组成员后续编码的一致性。对所有记录进行三级编码，访谈至第 29 位受访者时发现已无新的概念和范畴出现，为进一步保证研究的完整性和严谨性，研究组继续对新增案例的 3 位人员进行了访谈，结果仍显示未产生新的概念和范畴，据此判断已基本达到理论饱和状态，故终止访谈数据收集。为便于识别与统计，将上述数据收集阶段形成的转录文本数据依据"数据类型(I-individual interview)+受访顺序+所在页数+所在行数"的编号规则进行整理，不同受访者分页记录，笔记和录音按照编号排序妥善保存，以便研究中核实验证(详见 4.1.2.3 小节)

5.1.3 数据分析与编码

开放性编码是程序化扎根理论的第一步。该过程以详细的原始资料为基础，打散资料，赋予概念，并通过不断比较和归类将相似或相关的概念发展为范畴。需要注意的是，在开放式概念化和范畴化的过程中要保持开放客观心态，避免先入为主等因素的影响。

研究使用 NVivo12.0 软件，在数据选择中导入材料，并分别用不同颜色进行标记。对访谈数据进行概念化、范畴化处理，提取 13 个初始范畴和 36 个初始概念。开放式编码过程见表 5.2，表中内容为原始访谈资料提取、概念化、形成范畴的示例。

第二步开展主轴编码。基于开放式编码形成的 36 个初始概念，分析其逻辑关系与关联关系，进行进一步聚类与归纳，将相关联的自由节点归为一个类属，对单个类属进行深度分析，以此归纳出 13 个初始范畴，即术语知识、业务规范知识、基础理论知识、安全管理知识、基础管理技能、技术应用技能、业务操作技能、策略认知、自我认知、知识生成、知识分享、知识应用、知识创新。对上述 13 个初始范畴进行梳理，聚拢类属概念，提取整合更高抽象层次的范畴，以此归纳出 5 个主范畴，即事实知识、概念知识、经验知识、元认知知识和知识全过程，编码过程见表 5.3。

表 5.2 开放式编码样例

编号	访谈原始记录	初始概念
I29-P6-L15	其实我们公司要求配备专职的档案员。	工程档案术语
I28-P46-L21	现在提倡生态(惠民)，叫渔光互补。	新能源工程术语
I27-P39-L5	数字化有国标，比如文书、基建的国标，我们国家都有。	国家层面规范
I23-P5-L7	制定氢能行业的规范。	行业层面规范
I27-P26-L8	简单来说，我们公司现在的模式，就是工程管控是由5+3人员实现的。	组织层面规范
I28-P19-L18	首先我觉得，在归档那块，从技术角度考量，国外的一些技术都是英文的，工程档案人员要看懂归档文件的英文表述，否则就需要配翻译了。	档案人员语言知识
I27-P4-L6	开展档案工作的过程中，由于(术语)多偏向于技术方面，例如电力设备等，(档案人员)就需要懂相关的技术术语。	档案人员技术知识
I29-P5-L11	我觉得从事工程档案管理工作，参与一些工程建设项目是很重要的，要清楚工程建设涉及了哪些环节、每个环节会产生哪些资料。	档案人员行业知识
I27-P35-L29	我们这边也有地震安全性评价，地震灾害评价意见。	生产安全知识
I18-P7-L13	事实上我们这块数据很多……但我们直接(在)过程中整丢了。比如一线设备的好多历史数据没有得到很好的管理，一旦硬盘坏了，这些数据很多就失了，没办法重新收集起来了。	档案安全知识
I26-P11-L13	这些都是最容易解决的事。这些数据的打通是两个层级的，一个是××(公司名称)内部的，我觉得这个好办，另一个是跟××(公司名称)统建系统的打通，这个是做信息化建设的时候需要协调解决的问题。	人际管理
I28-P17-L13	这个 5+3 机制，其实就是监督手段。	监督管理
I27-P26-L16	工程管控是由5+3人员实现的，即工程管理有 5 个人，项目经理、安全专工、电气专工、土建专工等。那么'+3'人则是指风电场那里，有场长、专工，还有 1 个专门的档案员。	工程项目管理
I18-P8-L24	21 年的时候，上海在做这项工作，把不同业务系统产生的数据归集到统建的大数据中心。	新兴技术应用
I18-P4-L24	目前的档案信息化就是整理纸质档案，然后扫描、录入(系统)。	传统技术应用
I27-P14-L8	当时保管了 1 份电子档案和 2 份纸质版(档案)。	档案保管
I27-P30-L2	工程建设前期每天都会开会，特别是在隐蔽工程施工的时候，当天安全部门会收集齐全所有的开会资料，然后直接进行归档。	档案收集

续表

编号	访谈原始记录	初始概念
I27-P10-L10	每周检查可以知道它的档案进度，包括每周的档案发生什么问题，检查出来什么问题，都会列出整改清单。然后下一周再把上周有问题的(整改意见)拿过来，改好了，才相当于一个闭环。	档案质量控制
I29-P8-L7	因为它总共有5个阶段，所以我们分公司档案员必须要到现场去，然后进行检查。	档案检查与验收
I29-P6-L29	可以提供给大家借阅，办理借阅手续即可借出去。	档案利用
I31-P5-L3	有专门的同事来负责，主要是新闻宣传。	档案宣传
I29-P6-L5	例如工程建设档案是按卷整理，文书档案则是按件整理的。	档案整理
I27-P21-L10	这个平台是新能源总部开发的，每个区域分公司都在使用，总部对接集控部门，集控部门再对接各个区域下辖的场站。我们有个(工作)群，如果有问题，可以在群里沟通，群里有共享的表格，如果是关于系统的问题，或者是建议、意见，都可以填写在表格上，总部那边会定期开会商讨这些问题，再决定是否优化它们，普通的使用问题平时在群里就能解决。	共享策略
I28-P36-L16	是光伏的，他们对这个培训学习好像比较看重，首先列的是培训学习。	学习策略
I29-P7-L25	我觉得还有一点比较重要，就是有耐心，因为档案……特别是工程档案的工作复杂且流程烦琐。因为它形成于各个工程阶段，且类型不同，例如生产、运营等。档案的保管期限、分类要求等都不一样，所以需要极大的耐心来完成。	工作态度
I19-P8-L2	首先心里要有认同感，虽然客观因素很重要，但是主观意愿决定了是否可以克服薄弱的客观环境。	职业认同
I32-P7-L17	我们今年特别想让大家提升档案意识，因为原来大家的档案意识较为薄弱。	档案意识
I23-P12-L11	例如在接触工程档案的时候，每个人都会习惯性地形成某一种记录方法或者某一种归类方法。	工作习惯
I29-P5-L11	我觉得从事工程档案管理工作，参与一些工程建设项目是很重要的，要清楚工程建设涉及了哪些环节、每个环节会产生哪些资料。这样的话(对工作流程)可能更清楚。一般情况下，档案员来了以后比较懵，不清楚施工(过程中)到底会产生哪些文件，对它的归档范围也不太清楚。	知识积累
I29-P10-L15	以前不知道工程会产生哪些资料、该怎么去查。当时我是项目部的档案员，也经常去问(项目的)各个工程师，土建工程师、电气工程师……跟他们交流，向他们学习经验，比如要怎么查档案。	知识学习
I29-P4-L4	比如1个工程有5个阶段，我这边(每阶段)都会组织档案员进行培训、交流。	经验交流
I29-P5-L26	我们公司档案员变动得比较频繁，很多都是新上岗的，我会给他传授工作经验，有些实在不确定的(工作流程)，就问我们总部的档案人员。	经验共享
I29-P12-L9	我们公司有文宣口，由他们负责，相当于我们提供资料，他们来核对，这也是一种比较有特色的合作过程。	知识传播

续表

编号	访谈原始记录	初始概念
I30-P9-L20	我觉得档案的收集整理工作不是未来的重点，以后的重点在于开发利用。	开发利用
I29-P6-L28	我们公司也建立了数字化的管理库，把文件、档案定时上传到里面，就可以提供给大家借阅，办理借阅手续即可借出去。	档案数字化
I18-P5-L4	系统里面引入了知识图谱技术，还构建了知识库。	知识图谱

表 5.3 主轴编码样例

编号	访谈原始记录	初始概念	初始范畴	主范畴
I29-P6-L15	其实我们公司要求配备专职的档案员。	工程档案术语	术语知识	事实知识
I28-P46-L21	现在提倡生态(惠民)，叫渔光互补。	新能源工程术语		
I27-P39-L5	数字化有国标，比如文书、基建的国标，我们国家都有。	国家层面规范	业务规范知识	
I23-P5-L7	制定氢能行业的规范。	行业层面规范		
I27-P26-L8	简单来说，我们公司现在的模式，就是工程管控是由5+3人员实现的。	组织层面规范		
I28-P19-L18	首先我觉得，在归档那块，从技术角度考量，国外的一些技术都是英文的，工程档案人员要看懂归档文件的英文表述，否则就需要配翻译了。	档案人员语言知识	基础理论知识	概念知识
I27-P4-L6	开展档案工作的过程中，由于(术语)多偏向于技术方面，例如电力设备等，(档案人员)就需要懂相关的技术术语。	档案人员技术知识		
I29-P5-L11	我觉得从事工程档案管理工作，参与一些工程建设项目是很重要的，要清楚工程建设涉及了哪些环节、每个环节会产生哪些资料。	档案人员行业知识		
I27-P35-L29	我们这边也有地震安全性评价、地震灾害评价意见。	生产安全知识	安全管理知识	经验知识
I18-P7-L13	事实上我们这块数据很多……但我们直接(在)过程中整丢了。比如一线设备的好多历史数据没有得到很好的管理，一旦硬盘坏了，这些数据很多就丢失了，没办法重新收集起来了。	档案安全知识		
I26-P11-L13	这些都是最容易解决的事。这些数据的打通是两个层级的，一个是××(公司名称)内部的，我觉得这个好办，另一个是跟××(公司名称)统建系统的打通，这个是做信息化建设的时候需要协调解决的问题。	人际管理	基础管理技能	
I28-P17-L13	这个5+3机制，其实就是监督手段。	监督管理		
I27-P26-L16	工程管控是由5+3人员实现的，即工程管理有5个人，项目经理、安全专工、电气专工、土建专工等。那么'+3'人则是指风电场那里，有场长、专工，还有1个专门的档案员。	项目管理		

续表

编号	访谈原始记录	初始概念	初始范畴	主范畴
I18-P8-L24	2021年的时候，上海在做这项工作，把不同业务系统产生的数据归集到统建的大数据中心。	新兴技术应用	技术应用技能	
I18-P4-L24	目前的档案信息化就是整理纸质档案，然后扫描、录入（系统）。	传统技术应用		
I27-P14-L8	当时保管了1份电子档案和2份纸质版（档案）。	档案保管		经验知识
I27-P30-L2	工程建设前期每天都会开会，特别是在隐蔽工程施工的时候，当天安全部门会收集齐全所有的开会资料，然后直接进行归档。	档案收集		
I27-P10-L10	每周检查可以知道它的档案进度，包括每周的档案发生什么问题，检查出来什么问题，都会列出整改清单。然后下一周再把上周有问题的（整改意见）拿过来，改好了，才相当于一个闭环。	档案质量控制	业务操作技能	
I29-P8-L7	因为它总共有5个阶段，所以我们分公司档案员必须要到现场去，然后进行检查。	档案检查与验收		
I29-P6-L29	可以提供给大家借阅，办理借阅手续即可借出去。	档案利用		
I31-P5-L3	有专门的同事来负责，主要是新闻宣传。	档案宣传		
I29-P6-L5	例如工程建设档案是按卷整理，文书档案则是按件整理的。	档案整理		
I27-P21-L10	这个平台是新能源总部开发的，每个区域分公司都在使用，总部对接集控部门，集控部门再对接各个区域下辖的场站。我们有个（工作）群，如果有问题，可以在群里沟通，群里有共享的表格，如果是关于系统的问题，或者是建议、意见，都可以填写在表格上，总部那边会定期开会商讨这些问题，再决定是否优化它们，普通的使用问题平时在群里就能解决。	共享策略	策略认知	元认知知识
I28-P36-L16	是光伏的，他们对这个培训学习好像比较看重，首先列的是培训学习。	学习策略		
I29-P7-L25	我觉得还有一点比较重要，就是有耐心，因为档案……特别是工程档案的工作复杂且流程烦琐。因为它形成于各个工程阶段，且类型不同，例如生产、运营等。档案的保管期限、分类要求等都不一样，所以需要极大的耐心来完成。	工作态度	自我认知	
I19-P8-L2	首先心里要有认同感，虽然客观因素很重要，但是主观意愿决定了是否可以克服薄弱的客观环境。	职业认同		

第5章 产业发展创新驱动下的工程档案知识赋能体系

续表

编号	访谈原始记录	初始概念	初始范畴	主范畴
I32-P7-L17	我们今年特别想让大家提升档案意识,因为原来大家的档案意识较为薄弱。	档案意识	自我认知	元认知知识
I23-P12-L11	例如在接触工程档案的时候,每个人都会习惯性地形成某一种记录方法或者某一种归类方法。	工作习惯		
I29-P5-L11	我觉得从事工程档案管理工作,参与一些工程建设项目是很重要的,要清楚工程建设涉及了哪些环节、每个环节会产生哪些资料。这样的话(对工作流程)可能更清楚。一般情况下,档案员来了以后比较懵,不清楚施工(过程中)到底会产生哪些文件,对它的归档范围也不太清楚。	知识积累	知识生产	
I29-P10-L15	以前不知道工程会产生哪些资料、该怎么去查。当时我是项目部的档案员,也经常去问(项目的)各个工程师,土建工程师、电气工程师……跟他们交流,向他们学习经验,比如要怎么查档案。	知识学习		
I29-P4-L4	比如1个工程有5个阶段,我这边(每阶段)都会组织档案员进行培训、交流。	经验交流	知识分享	知识全过程
I29-P5-L26	我们公司档案员变动得比较频繁,很多都是新上岗的,我会给他传授工作经验,有些实在不确定的(工作流程),就问我们总部的档案人员。	经验共享		
I29-P12-L9	我们公司有文宣口,由他们负责,相当于我们提供资料,他们来核对,这也是一种比较有特色的合作过程。	知识传播	知识应用	
I30-P9-L20	我觉得档案的收集整理工作不是未来的重点,以后的重点在于开发利用。	开发利用		
I29-P6-L28	我们公司也建立了数字化的管理库,把文件、档案定时上传到里面,就可以提供给大家借阅,办理借阅手续即可借出去。	档案数字化	知识创新	
I18-P5-L4	系统里面引入了知识图谱技术,还构建了知识库。	知识图谱		

第三步为选择性编码。选择性编码是从已有的概念范畴中归纳出囊括所有概念的核心范畴,提炼出具有代表性与概括性的核心范畴,即新能源工程档案人员知识概念体系(图5.1)。

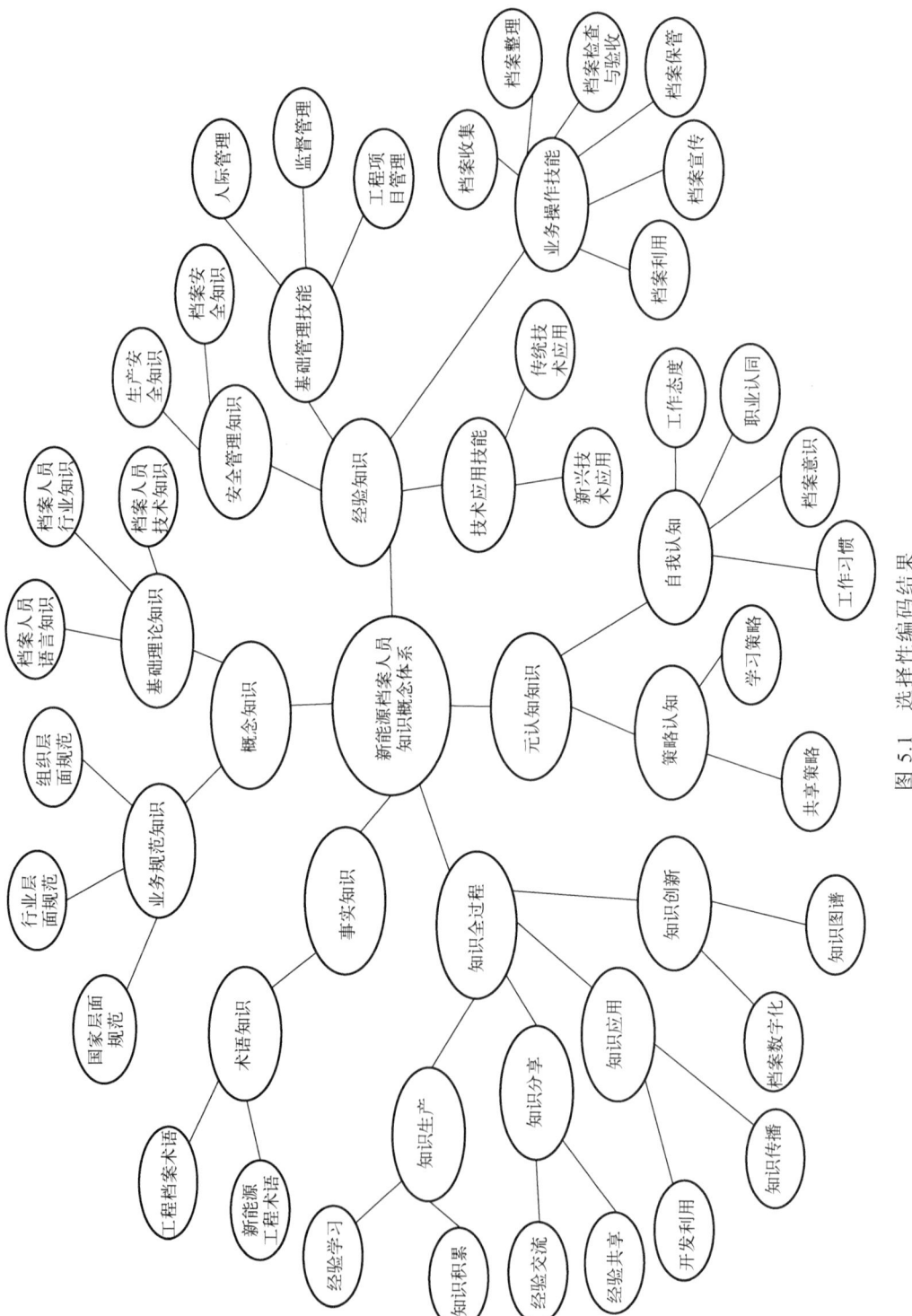

图 5.1 选择性编码结果

5.2 案例数据分析

通过实证数据收集、处理与分析，按照从具体到抽象的思辨方法，本节将工程档案人员知识概念体系划分为事实知识、概念知识、经验知识和元认知知识 4 个维度。其中，事实知识与概念知识属于显性知识，通常能够以书面文字、图表加以表述。事实知识通常是分离的、孤立的片段形式的知识；概念性知识是更为复杂的，具有结构化的知识系统。经验知识与元认知知识则属于隐性知识，是一种在行动中所蕴含的未被表述的知识。经验知识是技能、技术、方法的统称，元认知知识顾名思义是关于认知的知识。

5.2.1 事实知识

事实知识是指在工程档案人员交流、理解及系统地组织工程档案知识的基本要素，包括术语知识。

术语知识即在特定领域用来表示概念的称谓的集合，在新能源工程档案中具体包括工程档案术语和新能源工程术语两个类别。工程档案术语主要指工程档案专业领域内的术语定义，工程档案术语可进一步划分为人员组织和档案门类两个层次。人员组织指工程档案管理活动中涉及的工作人员角色及称谓，例如，在新能源工程档案管理活动中，常见的档案人员包括专职档案员(I29-P6-L15)和兼职档案员(I29-P6-L16)，其工作内容存在一定差异。从访谈结果来看，专职档案员是指专门任职或专门从事档案管理的工作人员，其工作具有稳定性、长期性，又不失灵活性，往往具有较长的从业时间，而兼职档案员往往同时从事 1 个以上的职务，流动性较强。纸质档案、电子档案、检测报告、会议记录、评估文件等是工程活动中常见的档案术语，代表了不同的档案分类。通过场景二的调研结果发现，新能源工程往往会涉及各种能源发电设施的检测报告，例如，防雷检测报告(I28-P33-L11)、风能评估报告(I28-P7-L16)和海上风电文件(I24-P5-L20)等档案文件是新能源工程档案管理过程中关于设备检测、评估和维护的相关记录。新能源工程术语也可进一步划分为人员组织、工程类型、工艺流程 3 个层次，其中人员组织常见的术语包括"建设单位""参建单位"和"基建人员"等，各单位对工程档案的归档范围不同，所承担的工程档案归档职责也存在差异；工程类型根据新能源类别的不同，也可以划分为不同的类别，如"风电饱和"(I27-P38-L10)、"渔光互补"(I28-P46-L21)等；工艺流程是指工程施工过程中的步骤、阶段，其中"验收"(I28-P36-L10)是比较具有代表性的工程工艺术语，除此之外，还有"报审"(I28-P7-L8)、"评估"(I28-P24-L12)、"审核"(I27-P25-L22)和"批复"(I28-P7-L8)等工艺流程。

5.2.2 概念知识

概念知识是指在实践活动中发挥指导作用的理论性知识,是通过系统的学习所获得的知识,具体包括业务规范知识和基础理论知识两大范畴。

5.2.2.1 业务规范知识

业务规范知识指针对业务过程中大量存在、反复出现且能够摸索出科学处理方法的事物所制定的作业处理规定。在新能源工程档案中具体包括国家层面规范、行业层面规范和组织层面规范 3 个类别。国家层面规范包括国家政策(I27-P39-L5)、国家法规(I27-P42-L26)和国家标准(I23-P7-L29);行业层面规范包括各种能源标准,如氢能标准(I23-P5-L7)、新能源标准(I27-P24-L11)等;组织层面规范包括组织内部规范(I19-P5-L20)、企业标准(I26-P6-L15)等。此外,访谈结果表明,企业管理模式(I27-P26-L8)、制约机制(I28-P16-L17)和归档要求(I29-P3-L10)等因素也会对新能源工程档案的管理工作产生不同程度的影响。国家、行业、组织 3 个层面的业务规范知识对工程档案管理工作具有不同程度的约束力。

5.2.2.2 基础理论知识

基础理论知识指工程档案人员所掌握的从事新能源行业所需要掌握的基础性知识,主要涵盖档案人员语言知识、技术知识和行业知识 3 种类型。新能源工程档案管理中涉及许多国外引入的先进技术与管理规范等,工程档案人员需要掌握一定的语言知识以"看懂归档文件的英文表述,否则就需要配翻译了"(I28-P19-L18)。新能源工程技术性强,其工程档案管理"(术语)多偏向于技术方面,例如电力设备等,(档案人员)就需要懂相关的技术术语"(I27-P4-L6)。行业知识是指工程档案人员对工程建设行业的整体把握,至少应该"清楚工程建设涉及了哪些环节、每个环节会产生哪些资料"(I29-P5-L11)。

5.2.3 经验知识

经验知识是工程档案人员在生产、管理活动时所积累的知识。根据访谈编码结果,可以将经验知识划分为安全管理知识、基础管理技能、技术应用技能、业务操作技能 4 种类型。

5.2.3.1 安全管理知识

安全管理知识主要体现在生产安全知识与档案安全知识两个方面。生产安全知识是指在工程建设过程中为了避免造成人员伤害和财产损失而采取相应的预防和控制措施，包括安全管理文件、安全检测报告、安全技术考核及安全性评价等，比如在工程建设开展之前，需要进行"地震安全性评价，地震灾害评价意见"（I27-P35-L29）。档案安全知识则涉及档案实体安全与档案数据安全，在档案实体安全中需要注意日常保管，避免档案丢失（I27-P14-L28），档案数据安全则需要完善档案备份工作（I20-P12-L3），设置系统访问权限（I21-P7-L18）等，部分工程档案人员表示许多档案历史数据没有得到很好的管理，比如硬盘损坏，从而造成数据的丢失（I18-P7-L13）。

5.2.3.2 基础管理技能

基础管理技能主要包含人际管理、项目管理与监督管理。人际管理技能是与他人一起工作和作为一名小组成员而有效工作的能力，其中包括激励、协调、沟通和解决冲突等能力。在档案工作过程中涉及分公司与集团的对接，需要通过协调解决（I26-P11-L13），此外在工程建设前期需要与当地居民进行宣贯（I27-P44-L1），需要沟通协调能力。项目管理涉及业务流程管理与业务对接等。业务流程管理中要求闭环管理，在每个项目进行过程中进行5个阶段的现场检查（I29-P8-L22）。业务对接是指在工程档案管理过程中工程档案人员需要与各方生产人员、技术人员等进行工作上的交流与合作，"现在生产部门主管风场档案，各个风场的档案管理人员需要直接跟本部来对接"（I20-P10-L12）。监督管理是新能源工程档案管理中的创新管理，例如，产业创新B2公司就提到了"工程管控是由5+3人员实现的，即工程管理有5个人，项目经理、安全专工、电气专工、土建专工等。那么'+3'人则是指风电场那里，有场长、专工，还有1个专门的档案员"（I27-P26-L16），"这个5+3机制，其实就是（产业创新B2公司特色的）监督手段"（I28-P17-L13）。

5.2.3.3 技术应用技能

技术应用技能主要涉及为传统技术和新兴技术两个方面。传统技术主要指与档案数字化管理系统相关的技术，包含RFID设备（I21-P5-L18）、OA系统对接（I21-P8-L1）等，工程档案人员主要需要进行的工作是档案数字化，"目前的档案信息化就是整理纸质档案，然后扫描、录入（系统）"（I18-P4-L24），同时做好原生电子数据的采集，"不同类型的数据，包括人的、设备的、管理的、交易的，都要做到全面的采集"（I18-P7-L6）。新兴技术则是与大数据密切相关，利用档案数据进行治理，例如，建立大数据中心，"把不同业务系统产生的数据归集到统建的大数据中心"（I18-P8-L24），实现数据集成（I21-P7-L15），通过知识图谱实现数据的可视化,可以"展示出各个区域下辖风电厂的档案信息"(I20-P7-L10)。

5.2.3.4 业务操作技能

业务操作技能是指工程档案管理活动中具体操作的经验、方法。工程档案涵盖收集、整理、验收、保管、利用与宣传等阶段,同时档案质量控制贯穿全程。在收集阶段,需要保证档案的完整性与归档的及时性。"工程建设前期每天都会开会,特别是在隐蔽工程施工的时候,当天安全部门会收集齐全所有的开会资料,然后直接进行归档"(I27-P30-L2);在整理阶段,需要注意工程档案的整理规则,"例如工程建设档案是按卷整理,文书档案则是按件整理的"(I29-P6-L5);在检查与验收过程中,工程档案人员要依据工程节点进行分阶段的检查(I29-P8-L7),在验收时参照国家标准与集团要求进行评标验收(I20-P12-L28);在保管过程中,部分地区实行双套制管理,即"保管了1份电子档案和2份纸质版(档案)"(I27-P14-L8);在利用阶段,需要档案人员把握档案利用的程序,利用形式上主要是以借阅为主,"可以提供给大家借阅,办理借阅手续即可借出去"(I29-P6-L29)。档案宣传工作虽然"有专门的同事来负责,主要是新闻宣传"(I31-P5-L3),但也需要档案人员进行配合。档案质量控制贯穿工程档案管理全过程,需要进行每周检查(I27-P10-L10)、节点检查(I29-P8-L6)及中期检查(I29-P3-L19)等。

5.2.4 元认知知识

元认知知识即有关认知的知识,包括自我认知和策略认知两大部分。

5.2.4.1 自我认知

自我认知包含档案意识、职业认同、工作态度及工作习惯等4方面。档案意识主要是指对档案工作的重视程度,大部分时候项目经理更加重视项目建设,档案管理就放在次要地位(I27-P3-L13),"档案意识较为薄弱"(I32-P7-L17)。职业认同上,有工程档案人员表示"首先心里要有认同感,虽然客观因素很重要,但是主观意愿决定了是否可以克服薄弱的客观环境"(I19-P8-L2)。工作态度是指在档案工作过程中对待烦琐工作的心理状态,"特别是工程档案的工作复杂且流程烦琐。因为它形成于各个工程阶段,且类型不同,例如生产、运营等。档案的保管期限、分类要求等都不一样,所以需要极大的耐心来完成"(I29-P7-L25)。工作习惯是指档案人员在长期工作中形成的行为特性,"例如在接触工程档案的时候,每个人都会习惯性地形成某一种记录方法或者某一种归类方法"(I23-P12-L11),其中工作经验也对习惯的养成有影响,例如,有工程档案人员就提到"由于在风场工作过,所以较为了解风电场的运营流程,对于风场项目会产生哪些档案,怎么整理、组卷(都比较熟悉)"(I29-P9-L16)。

5.2.4.2 策略认知

策略认知在访谈数据中主要体现在学习策略与共享策略两方面。学习策略与共享策略依托档案人员的经验积累,"在档案整理过程中,发现原来的归档范围有缺失,而在实际工程建设中,有些材料必须收集归档,就需要对归档范围进行补充与完善"(I23-P4-L6)。在此基础上,工程档案人员可以通过会议分享(I24-P8-L7)、沟通交流(I27-P21-L10)、培训学习(I28-P36-L16)及主动请教(I19-P5-L21)等渠道进行学习与共享知识。还有部分经验丰富的工程档案人员强调个人领会与经验传达的重要性,认为"作为一个合格的档案员,要把自己从政策文本上领会、学习和解读出的要点精准地去传达给基层档案员,才能让他们真正地贯彻和执行下去"(I29-P7-L19)。

5.2.5 知识全过程

知识全过程是指知识管理的过程中涉及的相关知识,包括知识生产、知识分享、知识应用和知识创新过程。

知识生产过程指对现有知识进行收集、分类和存储的过程。工程档案中的知识生产来源于两个途径,一个是工程档案管理过程中的知识积累(I29-P5-L11),另一个是来自于外部或他人的知识学习(I29-P10-L15);知识分享过程指知识交流而扩展企业整体知识储备的过程,工程档案管理过程中的知识分享包括经验交流(I29-P4-L4)与经验共享(I29-P5-L26)。知识应用过程指利用知识去解决问题的过程,工程档案管理中的知识应用包括知识传播(I29-P12-L9)、工程档案资源的开发利用(I29-P7-L14),如工程档案的借阅服务;知识创新过程指产生新知识的过程,如工程档案数字化(I29-P6-L28)、工程档案的知识图谱(I18-P5-L4)等都是新知识产生的渠道。知识过程的管理和工程档案管理都是对知识的加工过程,知识管理包含了档案管理并最终为组织的发展服务。

5.3 知识概念体系关系分析

通过数据分析,本书将产业发展创新驱动下工程人员的工程档案知识体系划分为事实知识、概念知识、经验知识和元认知知识,体系内要素之间存在着层级关系、关联关系，本节旨在剖析要素间的多元关系，构建知识概念间完整的联系，以便于更好地开展知识管理。

5.3.1　层级关系分析

新能源档案人员的知识概念体系是一个由多要素互相关联、影响的整体，具有层次性结构，其层次秩序是按照创新要素的范畴大小划分为不同的层次结构，实现上下层之间包含与被包含的关系。就要素体系构建而言，从层次性角度进行考量，有利于把握新能源档案人员知识概念体系的内部组成部分，并进一步认识不同层级间的不协调，以实现体系整体的一致性。

采用 Nvivo12.0 软件进行三级编码，主轴编码和选择性编码将原先的"自由节点"转变成具有层级关系的"树状节点"（即"初始概念—初始范畴—主范畴"）。因此，本章节基于"树状节点"的梳理分析，对应形成了新能源档案人员知识概念要素体系间的层级关系（图 5.2），详见 4.3.1 小节的框架构建。本要素体系具有三级结构，第一级为"知识维度"，第二级为"核心知识类型"，第三级为"知识类型要素"，其中"知识类型要素"是"核心知识类型"的子节点，而"核心知识类型"是"知识维度"的子节点。

如图 5.2 所示，一级知识维度共 5 个，包含事实知识、概念知识、经验知识、元认知知识和知识全过程；二级核心知识类型 13 个，包括术语知识、业务规范知识、基础理论知识、安全管理知识、基础管理技能、技术应用技能、业务操作技能、策略认知、自我认知、知识生产、知识分享、知识应用和知识创新；三级知识类型要素 34 个，即工程档案术语、新能源工程术语、国家层面规范、行业层面规范、组织层面规范、档案人员理论知识、档案人员技术知识、档案人员行业知识、安全生产知识、档案安全知识、人际管理、监督管理、项目管理、传统技术应用、新兴技术应用、档案收集、档案保管、档案整理、档案检查与验收、档案质量控制、共享策略、学习策略、工作态度、职业认同、档案意识、工作习惯、知识积累、知识学习、经验共享、经验交流、知识传播、开发利用、档案数字化和知识图谱。

5.3.2　关联关系分析

新能源档案人员知识概念体系如图 5.3 所示。一级知识维度主要包括事实知识、概念知识、元认知知识、经验知识，且以知识生产、知识分享、知识创新、知识应用的知识全活动贯穿于整个知识概念体系中。除层次性结构，各要素维度间还具有整体性和内在关联性。该要素体系的整体性表明，该体系是由多个要素维度和多种子要素作用并具有特定功能的统一体，体系内的任一要素都无法完全

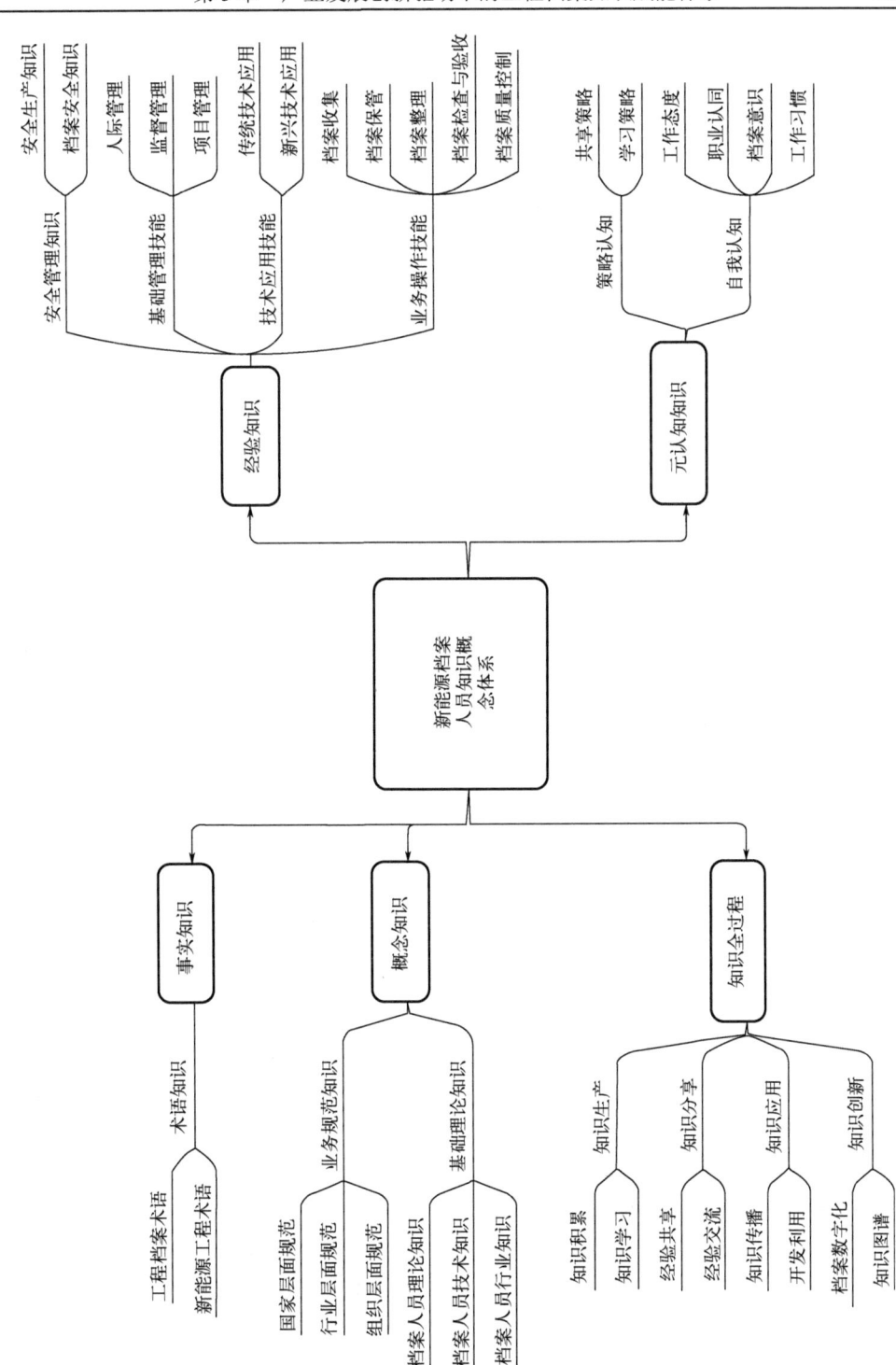

第 5 章 产业发展创新驱动下的工程档案知识赋能体系

图 5.2 新能源档案人员知识概念体系层级关系

脱离整体发挥最大功能，因此，各要素需要相互协调合作，共同促进体系整体功能的实现。工程档案要素体系作为一个整体，其呈现出整体大于部分之和的特征，任何构成要素或者要素维度都不是简单的叠加，而是互相联系并共同作用的整体。从整体性的角度对体系结构要素进行分析，有利于把握体系不同维度间展现的整体结构特征，实现有效的横向整合。

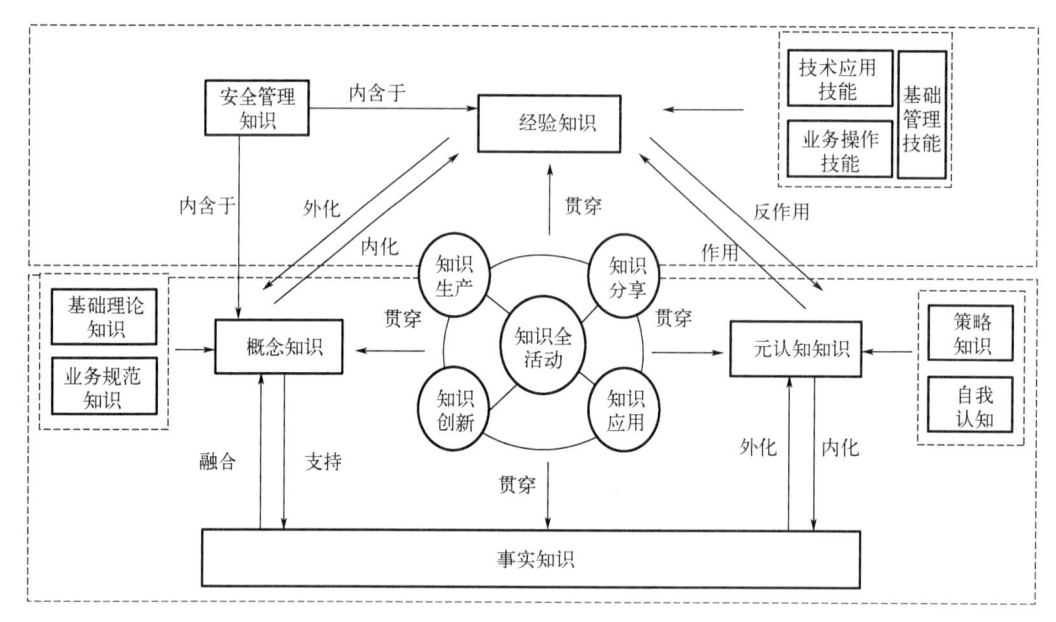

图 5.3　新能源档案人员知识概念体系关联关系

新能源档案人员知识概念体系同 4.3 节的关联关系存在一定的异同，该概念体系保留了"以事实知识为基础""以概念知识和元认知知识为支柱""以经验知识为目的"的基础理论思想，并在此基础上增添了"以知识全过程为核心"。依据本章节的探讨，知识以全过程为核心思想，并在此基础上进行"事实知识""概念知识""经验知识""元认知知识"一系列活动。

"以事实知识为基础"主要强调事实知识是新能源档案人员知识概念体系的根基，新能源业务人员与档案人员需要学习新能源领域相关的专业术语，并将其在实践中加以运用。事实知识也是元认知知识的根基，为档案人员、技术人员与业务人员开展自我认知与策略认知提供一定的理论基础。

"以概念知识和元认知知识为支柱"在此章节中仍然指知识间的隐性与显性转化。基于事实知识之上的概念知识是输送显性知识的主渠道，不仅能够满足个人更新知识结构的需求，还能通过内化的方式，实现隐性知识与显性知识的转化。其中，档案与工程业务人员需要通过国家、行业与组织内部等一系列宏观与微观性的规划,为实际工作的开展提供基本的知识支撑。如通过了解工程流程等,构建新能源工程档案归档范围等。与此同时,事实知识和概念知识也会作用于元认知知识,增强个人的理解、思考与行为方式,促进档案人员、技术人员和业务人员等提升个人认知,拓宽知识面,并提升个人的知识能动性。

"以经验知识为目的"是指新能源档案工作者以知识应用为最终目标。在一个创造知识的组织中,档案工作者既是知识工作者,也是知识生产者与知识管理者。一方面,档案工作者所获取的经验知识可以外化为概念知识,即通过总结与思考将经验知识付诸文字,如将业务活动中获得的心得、体会转化为文本进行传递、共享;另一方面,档案人员通过不断进行经验学习,进一步提升自己的元认知知识,并进一步强化概念知识与事实知识的学习,从而形成良性循环,推动生产管理的创新。

在事实知识、概念知识、经验知识与元认知知识交互过程中,贯穿与体现着知识的全过程,该过程是一切知识进行开展的基本模式,通过知识的形成、利用、共享,推动知识创新,以便于更好地开展知识管理。

第6章 数智技术创先驱动下的工程档案知识赋能体系

本章持续构建工程档案人员知识赋能体系，着重考察在数智技术环境下，工程档案管理的智能化发展趋势对工程档案人员的知识体系要求。通过数据处理与分析编码，最终梳理出数智技术环境下工程档案人员的知识概念体系，为科技创新下的工程档案管理提供参考。

6.1 研究设计

数智创先 C 公司是国家重点高新技术企业，在信息技术的应用领域持续深耕，其数智赋能思维及融合数据、技术与知识的产品设计思路和应用设计，对于工程档案知识赋能实施策略中数智技术驱动的实现具有重要意义。本节聚焦于以案例中数智赋能档案管理的实现路径，进行案例数据的收集、处理、分析，探析创新驱动背景下知识赋能产业发展的关键要素。

6.1.1 案例介绍

本节选取了国家重点高新企业——数智创先 C 公司，其在科技研发、智能技术应用等领域具有丰硕成果。本节从案例的业务类型、科技创新成果及档案信息系统等案例场景，进行案例介绍。

6.1.1.1 案例选取

为从数智技术角度探索工程档案管理流程中的知识挖掘，本书以档案数字化技术研发公司（简称"数智创先 C 公司"）作为典型案例，对工程档案人员知识概念体系框架进行梳理。

数智创先 C 公司是中国领先的行业解决方案和 IT 服务提供商，成立于 2001年，业务涵盖软件与技术开发、数字化战略咨询与顶层设计、数字化平台集成与运营，致力于为行业数字化转型提供可持续发展的动力。该技术公司背靠国内排名前列的大学，是中国高校产业的代表之一，依托大学雄厚的科研力量、丰富的人才资源和多学科综合优势，在人才力量、科技创新、品牌渠道方面建立了自身的独特优势。作为国家重点高新技术企业、国家 863 计划成果产业化基地、历年入选中国电子信息"百强"的企业，该技术公司注重科技研发、智能技术应用，开发出多项数智产品。近年来，其战略聚焦于 IT 服务领域，致力于打造一条完整而强大的"云—网—端"产业链，向云计算、移动互联网和大数据处理等信息技术的行业应用领域全面深入，并成为集现代信息系统研发、建设、运营、维护于一体的全产业链服务提供商。当前，该技术公司的核心业务基本覆盖 IT 服务的各个领域，在软件方面提供从桌面端到移动端的各重点行业的应用软件解决方案。技术服务方面涵盖技术咨询、基础设施解决方案和支持服务。该技术公司同时注重顶层设计，将软硬件产品和服务进行了有效整合，最大限度地针对信息化系统采取了完整一体的优化手段，效果显著。

在科技创新领域，数智创先 C 公司形成了完整且具有自主知识产权的整体解决方案，基于数字档案馆、云档案管理平台、党建云平台、干部管理平台、数字影像系列产品等几十项自有软件产品和技术，可以为用户提供安全环境下的 IT 咨询规划、顶层设计、项目实施与交付、运维外包及平台运营服务。作为最早一批进入数字档案业务的厂商之一，数智创先 C 公司旗下产品通过了 863 高技术项目鉴定，多次获得国家档案局科技进步奖，是目前国内拥有非常大规模的企业用户量和数据保有量的档案信息化厂商。数智创先 C 公司以应用新兴信息技术（如云计算、大数据和人工智能等）在档案智慧管理与服务方面实现新突破为主要目的，组建了云档案研发中心。数智创先 C 公司承担业务范围广，参与多个大型国有企业的工程档案系统开发与建设，其相关数智技术人员经验丰富、技术水平高，熟悉档案业务管理流程，基于此构建的工程档案人员知识赋能概念体系保证了其全面性和完整性。

6.1.1.2 案例场景分析

数智创先 C 公司推广实施的数字大脑计划以"智能数字平台"为基础，为百行百业提供定制化方案，其产品种类全面，服务能力广泛，提供端到端的产品和服务。该公司深耕行业，云实践助力数字化转型升级，提供有公有云、政务云和行业云解决方案，秉持"人才第一"的人才策略，倡导国际化的经营、管理和人文理念，为员工发展提供了突破、共赢的工作环境。

数智创先 C 公司不仅是软件研发领域的领军企业，也是档案管理系统领域的模范标杆。数智创先 C 公司的档案管理系统，适用场景广泛，覆盖电力工程档案从生成到永久保存或销毁的全流程，将技术优势较好地融入工程档案的特色之中。随着云大物智移等技术在档案管理中的深入应用，尤其是在探索工程档案管理智能技术应用方面，数智创先 C 公司取得了突破性进展，开发出工程档案智能鉴定、智能检索等应用模块。依据工程档案办理流程及其现实业务需求，数智创先 C 公司整合管理人员、业务人员、技术人员根据各个项目的具体需要，从工程档案管理系统设计需求、架构设计到开发实施,以及专项工程档案的收集管理系统,实施了档案管理全业务流程的数字智能设计。从数字技术角度展开研究,能够挖掘数智技术背景下工程档案知识赋能应用场景和实现机理,为档案知识赋能研究开拓新的研究场域。

6.1.2 数据收集与处理

数智创先 C 公司在档案智能管理系统建设过程中,从系统设计到开发实施、系统运行中前端控制思想、全过程管理思想等方面的实践经验,对其他工程项目档案管理、数智赋能档案事业发展具有重要借鉴。基于 C 公司产业发展的实践经验,本节主要对选取案例进行访谈设计及调研数据的处理,从而为体系构建提供参考。

6.1.2.1 访谈样本选取

本章节以数智创先 C 公司档案智能管理系统建设为典型性案例,访谈对象选取的范围限定在智能档案管理系统建设的相关人员,采用个人访谈的方式进行。受访人员均为档案信息化和智能化领域的相关信息技术人员,访谈对象涉及技术项目总监、技术项目经理、技术研发人员、技术实施人员及技术咨询顾问。

个人访谈设计的初衷是通过深度访谈的过程挖掘出不同受访者所具备的技术知识概念体系,通过一对一的交谈形式发现对于本书主题有效的概念和范畴。与前两个案例场景不同,为确保数智技术创先的代表性与典型性,访谈对象根据以下 3 个标准进行筛选:第一,访谈对象需要在技术实践方面具有较为深厚的专业积累和较为丰富的工作经验,对档案系统建设具有完整且深入的了解;第二,受访者的日常工作至少要涉及档案资源接收、整理、服务及档案信息化等环节之一,且需要具备一定的信息技术知识背景;第三,访谈对象具有充分的参与意愿,在了解研究目的的基础上,愿意积极配合访谈问答环节,并同意访谈内容全程录音与转录。

在符合上述标准的基础上,经过沟通与确认,首先选取了 1 位较为成熟的数智技术人员,即第 33 位访谈对象。在其推荐与介绍下,"滚雪球"式地对随后的第 34 位和第 35 位访谈对象展开访谈。为验证现有体系的完整性和科学性,持续对第 36 位和第 37 位对象展开访谈,至此并未出现新增初始范畴和主范畴,为检验当前理论构建是否趋于饱和,再次选取两位档案信息技术对象进行访谈,始终未出现新增概念和新增范畴,至此理论饱和,研究整个阶段访谈结束。综上,本次场景三数智技术创先应用共有 7 位工程档案智能管理项目参与人作为个人深度访谈的受访者(表6.1)。访谈对象的专业背景主要包括计算机、信息技术、档案管理、电力与计算机等；岗位涉及技术规划、技术研发、技术实施、技术项目经理等相关岗位；工作年限普遍较长，基本在9年及以上。

表 6.1 受访者基本信息描述表

编号	所在单位	岗位描述	性别	工作年限
I33	数智创先C公司	项目总监	男	19年
I34	数智创先C公司	项目经理	男	28年
I35	数智创先C公司	技术顾问	男	16年
I36	数智创先C公司	技术研发	男	15年
I37	数智创先C公司产品代理公司	技术实施	女	9年
I38	数智创先C公司产品应用公司	技术规划	男	15年
I39	数智创先C公司产品应用公司	技术实施	男	5年

6.1.2.2 访谈数据收集

本书作者自2022年1月底开始对案例对象展开持续跟踪与调研，并依据访谈纪实形成相应记录，记录内容从不同角度描述了工程档案人员的知识结构，为后续分析提供了充足的数据基础。依据当时实际的访谈实现条件，通过线上与线下相结合的方式，对数智创先C公司产品代理公司、数智创先C公司及数智创先C公司产品应用公司进行调研。受访者包括技术项目总监、技术项目经理、技术研发人员、技术实施人员及技术咨询顾问。受到新型冠状病毒感染疫情的影响，针对数智创先C公司的访谈转换为线上形式(表6.1)，借助腾讯会议平台展开。

上述访谈均遵循以下步骤：①在访谈正式开始前，向访谈对象说明此次访谈的主要目的和保密原则(对其陈述内容严格保密,对姓名等隐私性信息进行匿名操作)，征得访谈者同意后，用录音笔对访谈内容进行记录。②在访谈进行过程中，以小组或一对一深度访谈的方式与访谈对象进行对话，借助访谈提纲采取灵活提问的方式，通过追问、解释说明引导访谈对象自由表达自己的观点和看法，并做访谈笔记。每次访谈的持续时间大概在30~80分钟，同时根据实际情况与访谈效果适当缩短或延长访谈时间。③访谈结束后，研究人员将访谈录音转录为文本的形式，并与受访者核实访谈内容的准确性。

经过上述步骤，本部分的访谈录音累计时长约460分钟，生成正式转录个人访谈文本7份，共14万余字。

6.1.2.3 访谈数据处理

研究组成员对原始资料中选取的样本进行编码,并对初步形成的概念和范畴进行讨论,统一意见后再进行其余原始资料的编码,以确保研究组成员后续编码的一致性。对所有记录进行三级编码,访谈至第 35 位受访者时发现已无新的范畴出现,为进一步保证研究的完整性和严谨性,研究组继续对剩余两位人员进行访谈,直至最后一位受访者始终未产生新的概念和范畴,据此判断已达到理论饱和,故终止访谈数据收集。为便于识别与统计,将上述数据收集阶段形成的转录文本数据依据"数据类型(I-individual interview)+受访顺序+所在页数+所在行数"的编号规则进行整理,不同受访者分页记录,笔记和录音按照编号排序妥善保存,以便研究中核实验证(同 4.1.2.3 小节)。

6.1.3 数据分析与编码

遵循扎根理论的系统化编码程序,归纳出概念与范畴。本书按照"创建项目——处理定性数据文件——处理节点——定性数据编码——进一步探讨概念、整合范畴"的操作流程,有效地简化质性数据分析。

数据编码的第一步——开放式编码。开放式编码以文本中的句子或段落为单位,挖掘其表达的主要概念。本书将访谈文本中与知识赋能相关的内容分解,针对其所反映出的知识概念,逐字逐句进行编码、标签化,即用 1 个或几个词语标注出访谈文本中的重要观点和概念,以便从数据中挖掘出属性及其不同面向。这一阶段形成的每一个节点(初始概念)都对具有对应的内容作为支撑,但尚未经过进一步归纳,彼此之间不具有明显的关联性,称为"自由节点"。通过对近 14 万字的定性资料进行分解与提炼,从中产生初始概念共 46 个(表 6.2)。

表 6.2 开放式编码样例

编号	访谈原始记录	初始概念
I35-P40-L3	电力工程包括了非结构化数据文本和结构化数据文本。	电力工程术语
I34-P7-L7	文书档案采取智能分类方法,就是自动地根据文件的内容判断保管期限并进行分类。	工程档案术语
I34-P9-L12	借助(文本)前后语义中的关联关系,可以保证它的识别正确率更高,这样可以抽取出更符合要求的内容。	科学技术术语
I34-P11-L21	××(公司名称)的情况比较特殊,他们的档案人员信息水平较高,原本是技术人员出身的。	人物要素
I34-P7-L18	人工智能技术刚开始应用的时候,效果可能不明显,但是随着使用的时间越来越长,它会越来越准确。	时间要素

续表

编号	访谈原始记录	初始概念
I34-P4-L6	提到数据管理，现在各个单位中都设置了信息中心或者数字化部门来主管数据或大数据管理的工作。	组织机构要素
I34-P2-L24	我觉得现阶段档案的发展趋势是跟计算机相结合，例如刚出现的新名词——计算档案学。	跨学科专业知识
I35-P37-L19	如果想实现档案的四性检测功能，在我看来，应用区块链技术实现它是比较适合的。	领域专业知识
I34-P24-L18	"十四五"期间是档案的大发展阶段，无论从国家的政策、新档案法的实施，包括数字档案馆的推广还是中国面临的数字化转型等方面看，都在大力推动档案信息化的发展。	国家政策
I35-P7-L8	档案系统集中部署之后，总部提出数据标准尽量统一的要求，上下级单位都用相同的标准。如果每家标准都不同，各家单位分别定义自己的数据属性，未来数据的规范性或者质量会较低。	标准规范
I39-P3-L8	系统在实践层面实现的前提是具备了制度、规范、标准、业务等条件，这样系统才能落地。但是我们当时没梳理制度，并且业务也没整合，所以这项工作就停顿了。	标准规范
I33-P17-L12	如果没有完善的体系规划，再智能的技术也用不起来，所以还是制度规则优先(考虑)。	制度规范
I34-P25-L18	档案法里，重要的一条就是党管档案。管好档案是党委的工作，即档案是一项政治性工作，每个部门都必须重视档案，这就把档案的工作放到了重要的位置上。	法律法规
I37-P9-L8	例如××(公司名称)这种情况，由于参建单位在外网，所以这个系统只能通过连接 VPN(虚拟专用网络)的方式对参建单位行使开放使用的权利。	技术安全知识
I35-P29-L25	不同门类的档案，保密程度不同。例如照片档案对保密程度和安全性要求没有那么高，但是合同、财务一类的档案，安全性要求就比较高。	档案安全知识
I34-P8-L25	这个技术很好，但是要付出巨大的代价，要花大量资金采购人工智能的组件。	财务管理
I35-P13-L5	有的公司下辖几百家单位，它们之间业务板块的差别很大。例如(某单位)有煤、电、路、港、航等业务，即煤炭、发电、铁路、港口、航运等，而这些是完全不同的业务。	项目管理
I35-P21-L15	需要专门的专业人士——档案业务人员来筛选数据样本，这样才具备可行性。	人际管理
I35-P13-L26	××(公司名称)的业务板块比较复杂，做信息化咨询的时候，就首先需要把业务板块梳理清楚，板块的数量、每个板块有多少门类，以及这些门类中哪些是可通用的……前期需要花很大精力来熟悉档案数据。	日常事务管理

续表

编号	访谈原始记录	初始概念
I37-P11-L23	如果这个(功能)要让对方等两三分钟才出结果的话,那其他的功能也可能会让对方觉得有点不靠谱。	时间管理
I35-P18-L6	那个时候两个分公司合并了,机构设置发生了变化,其中一个分公司的领导占比更大,话语权比较强。	组织架构
I39-P4-L29	两家公司合并之后,其中一个分公司就不存在了,隶属于集团了,同时又要求这个分公司必须拆出来,所以不能沿用原来的那个一套人马两块牌子的管理体系了。	组织架构
I34-P21-L6	有很多种管理电子文件的方式,利用内容管理平台或者电子文件管理系统来统一管理,这是一种方式。	传统技术应用
I34-P9-L11	现在有了人工智能等新的技术手段,首先能实现的就是对内容的自动抽取,比如OCR识别技术。	新兴技术应用
I34-P5-L20	区块链联通着一个生命周期……区块链技术不但能在档案系统中使用,还能在生成文件的业务系统中使用,而且二者应该使用相同的区块链,这样它才有使用价值、有所作为。	技术效能
I34-P8-L20	标注的数量越多、内容越详细,对后续的数据管理、数据分析环节就越有利,也能在后期更方便地应用人工智能技术。	数据处理
I36-P4-L1	××(公司名称)的网络安全部署工作,就是(档案)移动终端的应用需要跟外网做集成链接。	网络架构
I35-P8-L22	(系统的)功能之一是负责管理整个集团信息化的档案。再后来,除了档案系统外,××(公司名称)又集成了很多系统,比如OA、ERP等。	系统建设
I33-P16-L19	电力电网的纸质档案管理工作相对于全国(其他行业)都是做得比较好的。	档案管理
I35-P3-L9	有专家参与验收工作的情况,也有人工操作的情况。专家参与就相当于抽检移交的纸质档案,有时要用系统(验收)。	档案检查与验收
I35-P8-L14	要把各个省的数据迁移到总部系统里,现在在总部已经部署了一个集成的系统。	档案移交归档
I35-P3-L1	单从工程项目档案的角度,我们已经开发了一些收集工具,比如项目档案模板管理。	档案收集
I33-P5-L17	智能检索功能可以自动地为文件形成摘要。	档案整理
I35-P29-L25	不同门类的档案,保密程度不同。例如照片档案对保密程度和安全性要求没有那么高,但是合同、财务一类的档案,安全性要求就比较高。	档案分类鉴定
I34-P24-L11	把不能删掉的档案,按照长期保存的要求进行永久保存。	档案保管
I34-P2-L19	编研工作涉及的信息化手段比较少,大多由人工完成。	档案编研
I34-P6-L26	××(公司名称)就购买了百度智搜的产品模块当中目录检索的那一部分。	档案检索

续表

编号	访谈原始记录	初始概念
I35-P29-L21	许多档案中的数据量都很大,但却没有提供给客户利用,这是由于它用起来比较烦琐,如果全部开放,可能出现很多没有权限的用户读取了数据的情况,所以这样做不太合适。	档案开放
I35-P9-L12	如果××(公司名称)这类下级单位要承担科研项目,就要先向集团申请,通过审批后,才能复制一份属于××(公司名称)的那份数据(做研究)。	档案利用
I34-P8-L14	如果要有大量数据作为支撑,就需要档案业务人员把现在存储的纸质和电子的档案全部进行数据化。	档案数据管理
I38-P7-L5	现在国家的档案业务步伐需要加快。对于这个问题,假如我在信息(部门),我只有一个想法,就是可以借助信息完全把它打通。	档案数据管理
I34-P19-L24	即使它(档案)原始是纸质的,也需要参建单位或者项目甲方进行数字化处理之后上传到网络上,再让专家来验收。	档案数字化
I34-P9-L3	档案信息化建设的步伐一定是跟本单位信息化建设同步的,很难超前。	档案信息化
I37-P3-L28	档案(行业)也一直在发展。一开始是最基本的档案管理、利用,这几年逐渐减少了纸质档案的数量,开始向电子化发展了。	档案电子化
I34-P6-L3	目前在做一些技术方面的探索,可能还需要很多年来达成实用化的目标。	任务调节
I34-P25-L1	前几年,国家开展了数字档案馆(室)建设试点工作,到了"十四五"期间,开展了企业集团数字档案馆(室)建设试点工作,需要有30%以上的单位满足数字档案馆(室)建设的要求,这样企业才能参与新的试点工作。	外部环境
I37-P15-L6	根据部门要求,会组织培训。	学习策略
I34-P11-L26	档案馆需要、但企业也需要。××(公司名称)目前负责档案信息化的人理念比较超前,他认为档案将来一定是数据管理的一部分。	价值观念
I38-P8-L2	因为你们用ERP系统,而且领导认为它比较先进,所以在两家公司合并了之后,领导不认同我们使用的系统模式,要把我们原××(公司名称)所有的系统全部推倒。	价值观念
I35-P15-L8	不一定非得是集团的员工,需要的是对业务板块特别熟的员工过来。	自我效能

编码的第二步——主轴编码。主轴编码是发现与建立概念间的联系,以形成可以将这些概念聚拢的更高层次的类目。本书基于开放式编码形成的初始概念,探索上述46个初始概念逻辑上的关联关系与层级关系。通过概念的聚类分析,将

相关联的自由节点归为一个类属，对单个类属进行深度分析，以此归纳出11个初始范畴，即术语知识、要素知识、基础理论知识、业务规范知识、安全管理知识、基础管理技能、技术应用技能、技术知识、业务操作技能、策略认知和自我认知。对于上述11个初始范畴进行梳理，将具有联系的概念类属聚合，提取整合更高抽象层次的范畴，以此归纳出4个主范畴，即事实知识、概念知识、经验知识和元认知知识，编码过程见表6.3。

表6.3 主轴编码样例

编号	访谈原始记录	初始概念	初始范畴	主范畴
I35-P40-L3	电力工程包括了非结构化数据文本和结构化数据文本。	电力工程术语	术语知识	事实知识
I34-P7-L7	文书档案采取智能分类方法，就是自动地根据文件的内容判断保管期限并进行分类。	工程档案术语		
I34-P9-L12	借助(文本)前后语义中的关联关系，可以保证它的识别正确率更高，这样可以抽取出更符合要求的内容。	科学技术术语	术语知识	
I34-P11-L21	××(公司名称)的情况比较特殊，他们的档案人员信息水平较高，原本是技术人员出身。	人物要素		事实知识
I34-P7-L18	人工智能技术刚开始应用的时候，效果可能不明显，但是随着使用的时间越来越长，它会越来越准确。	时间要素	要素知识	
I34-P4-L6	提到数据管理，现在各个单位中都设置了信息中心或者数字化部门来主管数据或大数据管理的工作。	组织机构要素		
I34-P2-L24	我觉得现阶段档案的发展趋势是跟计算机相结合，例如刚出现的新名词——计算档案学。	跨学科专业知识	基础理论知识	
I35-P37-L19	如果想实现档案的四性检测功能，在我看来，应用区块链技术实现它是比较适合的。	领域专业知识		
I34-P24-L18	"十四五"期间是档案的大发展阶段，无论从国家的政策、新档案法的实施，包括数字档案馆的推广还是中国面临的数字化转型等方面看，都在大力推动档案信息化的发展。	国家政策		概念知识
I35-P7-L8	档案系统集中部署之后，总部提出数据标准尽量统一的要求，上下级单位都用相同的标准。如果每家标准都不同，各家单位分别定义自己的数据属性，未来数据的规范性或者质量会较低。	标准规范	业务规范知识	
I39-P3-L8	系统在实践层面实现的前提是具备了制度、规范、标准、业务等条件，这样系统才能落地。但是我们当时没梳理制度，并且业务也没整合，所以这项工作就停顿了。	标准规范		

续表

编号	访谈原始记录	初始概念	初始范畴	主范畴
I33-P17-L12	如果没有完善的体系规划，再智能的技术也用不起来，所以还是制度规则优先(考虑)。	制度规范	业务规范知识	概念知识
I34-P25-L18	档案法里，重要的一条就是党管档案。管好档案是党委的工作，即档案是一项政治性工作，每个部门都必须重视档案，这就把档案的工作放到了重要的位置上。	法律法规		
I37-P9-L8	例如××(公司名称)这种情况，由于参建单位在外网，所以这个系统只能通过连接VPN(虚拟专用网络)的方式对参建单位行使开放使用的权利。	技术安全知识	安全管理知识	经验知识
I35-P29-L25	不同门类的档案，保密程度不同。例如照片档案对保密程度和安全性要求没有那么高，但是合同、财务一类的档案，安全性要求就比较高。	档案安全知识		
I34-P8-L25	这个技术很好，但是要付出巨大的代价，要花大量资金采购人工智能的组件。	财务管理	基础管理技能	
I35-P13-L5	有的公司下辖几百家单位，它们之间业务板块的差别很大。例如(某单位)有煤、电、路、港、航等业务，即煤炭、发电、铁路、港口、航运等，而这些是完全不同的业务。	项目管理		
I35-P21-L15	需要专门的专业人士——档案业务人员来筛选数据样本，这样才具备可行性。	人际管理		
I35-P13-L26	××(公司名称)的业务板块比较复杂，做信息化咨询的时候，就首先需要把业务板块梳理清楚，板块的数量、每个板块有多少门类，以及这些门类中哪些是可通用的……前期需要花很大精力来熟悉档案数据。	日常事务管理		
I37-P11-L23	如果这个(功能)要让对方等两三分钟才出结果的话，那其他的功能也可能会让对方觉得有点不靠谱。	时间管理		
I35-P18-L6	那个时候两个分公司合并了，机构设置发生了变化，其中一个分公司的领导占比更大，话语权比较强。	组织架构		
I39-P4-L29	两家公司合并之后，其中一个分公司就不存在了，隶属于集团了，同时又要求这个分公司必须拆出来，所以不能沿用原来的那个一套人马两块牌子的管理体系了。	组织架构		
I34-P21-L6	有很多种管理电子文件的方式，利用内容管理平台或者电子文件管理系统来统一管理，这是一种方式。	传统技术应用	技术应用技能	
I34-P9-L11	现在有了人工智能等新的技术手段，首先能实现的就是对内容的自动抽取，比如OCR识别技术。	新兴技术应用		

续表

编号	访谈原始记录	初始概念	初始范畴	主范畴
I34-P5-L20	区块链联通着一个生命周期……区块链技术不但能在档案系统中使用，还能在生成文件的业务系统中使用，而且二者应该使用相同的区块链，这样它才有使用价值、有所作为。	技术效能	技术知识	
I34-P8-L20	标注的数量越多、内容越详细，对后续的数据管理、数据分析环节就越有利，也能在后期更方便地应用人工智能技术。	数据处理		
I36-P4-L1	××(公司名称)的网络安全部署工作，就是(档案)移动终端的应用需要跟外网做集成链接。	网络架构		
I35-P8-L22	(系统的)功能之一是负责管理整个集团信息化的档案。再后来，除了档案系统外，××(公司名称)又集成了很多系统，比如OA、ERP等。	系统建设		
I33-P16-L19	电力电网的纸质档案管理工作相对于全国(其他行业)都是做得比较好的。	档案管理	经验知识	
I35-P3-L9	有专家参与验收工作的情况，也有人工操作的情况。专家参与就相当于抽检移交的纸质档案，有时要用系统(验收)。	档案检查与验收		
I35-P8-L14	要把各个省的数据迁移到总部系统里，现在在总部已经部署了一个集成的系统。	档案移交归档		
I35-P3-L1	单从工程项目档案的角度，我们已经开发了一些收集工具，比如项目档案模板管理。	档案收集		
I33-P5-L17	智能检索功能可以自动地为文件形成摘要。	档案整理		
I35-P29-L25	不同门类的档案，保密程度不同。例如照片档案对保密程度和安全性要求没有那么高，但是合同、财务一类的档案，安全性要求就比较高。	档案分类鉴定	业务操作技能	
I34-P24-L11	把不能删掉的档案，按照长期保存的要求进行永久保存。	档案保管		
I34-P2-L19	编研工作涉及的信息化手段比较少，大多由人工完成。	档案编研		
I34-P6-L26	××(公司名称)就购买了百度智搜的产品模块当中目录检索的那一部分。	档案检索		
I35-P29-L21	许多档案中的数据量都很大，但却没有提供给客户利用，这是由于它用起来比较烦琐，如果全部开放，可能出现很多没有权限的用户读取了数据的情况，所以这样做不太合适。	档案开放		

续表

编号	访谈原始记录	初始概念	初始范畴	主范畴
I35-P9-L12	如果××(公司名称)这类下级单位要承担科研项目，就要先向集团申请，通过审批后，才能复制一份属于××(公司名称)的那份数据(做研究)。	档案利用	业务操作技能	经验知识
I34-P8-L14	如果要有大量数据作为支撑，就需要档案业务人员把现在存储的纸质和电子的档案全部进行数据化。	档案数据管理		
I38-P7-L5	现在国家的档案业务步伐需要加快。对于这个问题，假如我在信息(部门)，我只有一个想法，就是可以借助信息完全把它打通。	档案数据管理		
I34-P19-L24	即使它(档案)原始是纸质的，也需要参建单位或者项目甲方进行数字化处理之后上传到网络上，再让专家来验收。	档案数字化		
I34-P9-L3	档案信息化建设的步伐一定是跟本单位信息化建设同步的，很难超前。	档案信息化		
I37-P3-L28	档案(行业)也一直在发展。一开始是最基本的档案管理、利用，这几年逐渐减少了纸质档案的数量，开始向电子化发展了。	档案电子化		
I34-P6-L3	目前在做一些技术方面的探索，可能还需要很多年来达成实用化的目标。	任务调节	策略认知	元认知知识
I34-P25-L1	前几年，国家开展了数字档案馆(室)建设试点工作，到了"十四五"期间，开展了企业集团数字档案馆(室)建设试点工作，需要有30%以上的单位满足数字档案馆(室)建设的要求，这样企业才能参与新的试点工作。	外部环境		
I37-P15-L6	根据部门要求，会组织培训。	学习策略		
I34-P11-L26	档案馆需要、但企业也需要。××(公司名称)目前负责档案信息化的人理念比较超前，他认为档案将来一定是数据管理的一部分。	价值观念	自我认知	
I38-P8-L2	因为你们用 ERP 系统，而且领导认为它比较先进，所以在两家公司合并了之后，领导不认同我们使用的系统模式，要把我们原××(公司名称)所有的系统全部推倒。	价值观念		
I35-P15-L8	不一定非得是集团的员工，需要的是对业务板块特别熟的员工过来。	自我效能		

编码的第三步——选择性编码。选择性编码则是从已有的概念范畴中归纳出囊括所有概念的核心范畴，具有统领性。在开放式编码和主轴编码工作的基础上，本书对多个范畴及其各自连接的概念进一步比较分析，形成技术人员知识概念体系(图6.1)。

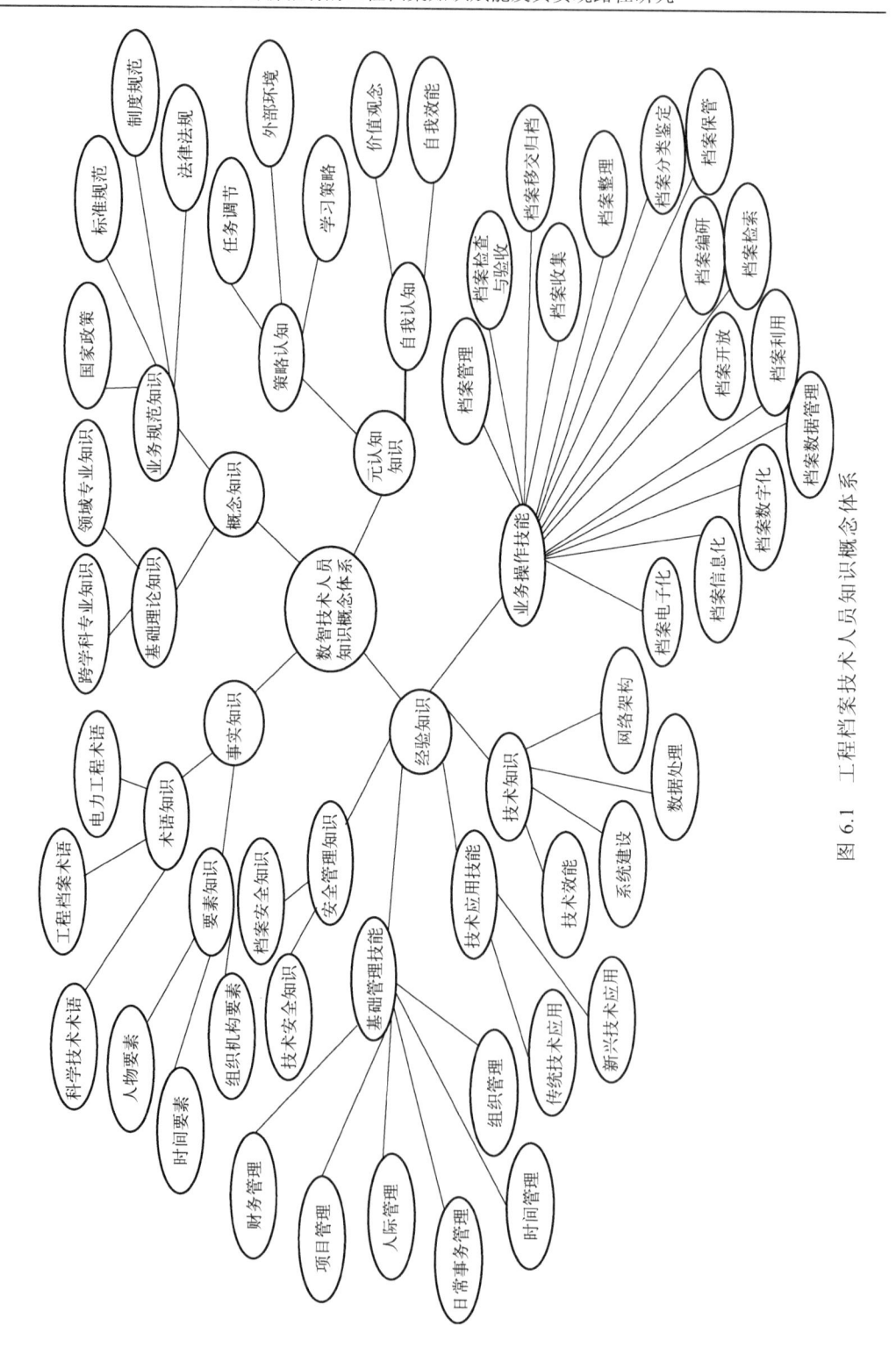

图 6.1 工程档案技术人员知识概念体系

6.2 案例数据分析

通过实证数据收集、处理与分析，按照从具体到抽象的思辨方法，本节将工程档案人员知识概念体系划分为事实知识、概念知识、经验知识和元认知知识 4 个维度。其中，事实知识与概念知识属于显性知识，通常能够以书面文字、图表加以表述。事实知识通常是分离的、孤立的片段形式的知识，概念性知识是更为复杂的、具有结构化的知识系统。经验知识与元认知知识则属于隐性知识，是一种在行动中所蕴含的未被表述的知识。经验知识是技能、技术、方法的统称，元认知知识顾名思义是关于认知的知识。

6.2.1 事实知识

事实知识是数智技术人员交流、理解及系统地组织数智技术知识的基本要素，可以划分为术语知识和要素知识两大范畴。

6.2.1.1 术语知识

术语知识即某一领域使用的专门用语，在电力工程档案中具体包括工程档案术语、电力工程术语、科学技术术语 3 个类别。工程档案术语主要指工程档案专业领域内的一些术语定义，可进一步划分为档案概念和档案数据管理两个层面。档案概念是指与档案工作相关的概念及术语，如文书档案(I34-P7-L7)、照片档案(I36-P6-L6)、电子档案(I35-P2-L21)、实物档案(I39-P1-L14)、电子证照(I34-P14-L16)、档案大数据(I34-P22-L14)。根据实地调查分析，以文书档案(I34-P7-L7)为例，利用人工智能算法构建智能分类模型，通过新归档文件内容的抽取判断，给定分类和保管期限，实现了自动分类整理，也即利用人工智能技术实现文书档案智能分类。档案数据管理则是在数字智能技术应用背景下，产生不可忽视的档案术语内容。档案数据管理包括数据管理(I34-P11-L26)、内容管理(I34-P3-L23)、数据确权(I34-P12-L20)、数据资产(I35-P32-L10)、数据管理模式(I34-P4-L11)等内容。电力工程术语可以进一步划分为结构化数据、非结构化数据、资产化管理、资产化管理机制、资产化管理理念等内容。在工程档案管理工作中，目前涉及的都是非结构化设计数据，将来会涉及结构化数据(I35-P40-L3)；在资产化管理机制、理念中，工程档案管理实践引入资产化管理机制与理念，来解决档案数据共享的相关问题，例如，"××(公司名称)认为，要解决数据共享问题，需要大家主动地共享数据，实行资产化管理机制"(I34-P13-L14)。此外，在访谈中发现，科学技术术语是数字技术在档案工作中深度应用产生的结果，包括查询终端、档案系统功能模块调整、档案系统开发流程、电子赋权、功能拓展、功能优化、核心系统开发、基础平台、基础设置、集成组件、集成组件、集成组件、技术点、技术集成、技术应用恶性循环、接口更迭升级、接口建设接收器、人工智能组件、神经网络、识别对象、识别时间、数据平台、数据迁移、算法、算法模型优化(技术过程)、系统对接、业务系统与归档系统、系统功能拓展、系统功能准确率、系统集成、数据调用、系统集成、系统调用、现有数据库调用、系统间技术的衔接、系统兼容、数据兼容、字段、系统维护、系统优化、信息技术、移动端集成利用、移动终端、应用维护、元数据、智能技术应用程度、智能识别率、智能组件、组件集成等内容。

6.2.1.2 要素知识

要素知识主要包括时间、人物、组织机构3大类别,能够从活动或情境中分离出来。工程档案收集、整理、归档周期性较长,因此时间要素在访谈中强调得比较多,例如,"对跨年度的工程项目,解决方案就是及时归档。每一个阶段结束都要实现阶段性归档,所以工程档案一般都按阶段来进行归档"(I34-P18-L5)。人员要素则涉及与工程档案管理活动相关的人员,除专兼职档案管理人员外,还涉及信息技术人员。高质量的信息技术人员为档案智能化管理奠定了知识基础,比如"××(公司名称)的情况比较特殊,他们的档案人员信息水平较高,原本是技术人员出身的"(I34-P11-L21)。与此同时,档案管理工作人力资源不足等问题,影响着工程档案的收集数量与质量,"传统概念上的档案管理系统的归档范围较窄,它根据档案人员的人力资源分配情况来挑选极其重要的文件进行归档,(不管从量还是质)无法到达大数据层面"(I34-P22-L2)。此外,组织机构要素也是要素知识中的重要组成部分,被访者多次提到模拟档案馆、数据型档案馆、数字档案馆、智慧档案馆、智能档案馆等档案馆类型,以及数字化部门、信息中心等与数字技术应用息息相关的要素。

6.2.2 概念知识

概念知识是指在实践活动中发挥指导作用的理论性知识,是通过系统学习所获得的知识,具体包括业务规范知识和基础理论知识两大范畴。

6.2.2.1 业务规范知识

业务规范知识是指人们普遍遵循的、具有权威性的知识,可以划分为标准规范、制度规范、法律法规和国家政策4个方面。业务规范知识是指导档案工作的一项重要依据,其中标准、规范适用于行业、地方、团体等,是需要统一的技术要求，既包括国家、地方行政主管部门制定的，也包括各单位及个人根据实际需要而形成的，以及工程档案人员根据自身多年工作经验而形成的归档模板，"不同的企业，规章制度不同"（I35-P9-L12）。在工程档案标准规范中，光伏工程档案管理规范是具有典型代表性意义的标准规范，其"管理规范、分类标准是××（公司名称）牵头制定的"（I34-P16-L7）。法律法规通常是由国家有关部门制定的，例如《中华人民共和国档案法》，具有普遍约束力，"档案法里，重要的一条就是党管档案。管好档案是党委的工作，即档案是一项政治性工作，每个部门都必须重视档案"（I34-P25-L18）。

对于业务规范知识，访谈人指出"国家档案局已经明确了档案工作是国家大计，已经纳入国家大数据战略的范畴内，所以档案跟数据管理的结合将会越来越紧密"（I34-P22-L25）。这就要求档案管理部门在制定相应的制度标准时，需要"挑出来的一定是那些经验很丰富、对业务有深刻理解的人，由这些专家一起定义出来的一套方案或者标准规范才会比较合理，令大家信服，也能贯彻执行下去"（I35-P16-L1）。但规范操作执行的过程中，需要注意新技术在档案管理中的法律效用，就如部分访谈者表示"例如财务系统中发票的电子签章，需要国家和政府部门去证明它的有效性，那么，数字档案的电子签章就要考虑其法律凭证性"（I37-P8-L28）。

6.2.2.2 基础理论知识

基础理论知识指工程档案人员所掌握的概括性强、抽象度高的基础性知识，访谈中主要涉及领域专业知识和跨学科专业知识两种类型。领域专业知识涉及电子文件、数字化转型、文件生命周期等内容，当前档案工作智能化是大势所趋，新兴技术的应用则需要着重文档专业知识的熟悉，如"区块链技术的优势在于，它能够进入文件的整个数据联通生命周期中"（I34-P5-L19）。在跨学科专业知识中，计算档案学成为数智背景下档案学科的外延，也就是说"现阶段档案的发展趋势是跟计算机相结合，例如刚出现的新名词——计算档案学"（I34-P2-L24）。

6.2.3 经验知识

数智技术的知识本体和工程档案的知识本体一样，均是以隐性知识为主体，且经验知识是隐性知识的重要组成部分。根据编码结果，可以将经验知识划分为安全管理知识、基础管理技能、技术应用技能、技术知识和业务操作技能5种类型。

6.2.3.1 安全管理知识

档案管理系统建设、档案技术应用中需要兼顾管理效率与安全问题，因此，安全管理知识也是经验知识中重要部分。档案库房安全方面,"国家机关的档案库房有安全保密措施"(I36-P9-L28);安全报警方面,"档案系统里面存储的档案数据,如果有未被授权的人员调阅了,安全通道会报警,相应责任人就能收到消息"(I36-P9-L28);系统建设也会"做安全演练或安全防护"(I36-P4-L17)来提高安全意识,但不可避免地"一旦出了网络安全事故,安全级别就势必要进行提升"(I36-P4-L19)。在档案访问权限方面,可以采用"智能手段标注文件等级,能够减少人员工作量。为了防止标错,还可以采用权限从高的方式"(I35-P30-L21),"不是所有的人都拥有(访问)权限"(I33-P3-L24)。在网络安全上,一旦"需要跟外网进行集成连接"(I36-P4-L1),网络就需要进行"安全升级"(I36-P4-L5)。

6.2.3.2 基础管理技能

基础管理技能主要体现在人际管理、财务管理、日常事务管理、时间管理、项目管理和组织架构管理6个方面。

人际管理包括人员的任务分工及业务活动中的社交活动等,例如,"由于人工完成开放鉴定工作需要认真查看每份文件,这样的话工作量非常巨大,所以人工智能技术可以先替人筛选文件,挑出涉及敏感句子的文档,然后再进行人工的精细化筛选"(I34-P10-L10),这样能较好地减轻人工工作量,提高工作效率。在应用人工智能、机器学习技术时,需要大量的机器训练数据,"例如对照片档案进行人脸识别,首先要训练机器,告诉它这张照片是谁,这是很大的工作量"(I35-P21-L24),并且"需要专门的专业人士——档案业务人员来筛选数据样本,这样才具备可行性"(I35-P21-L15)。在业务活动方面,"数智创先C公司背靠大学,拥有很多先进技术,并且很多计算机校友都是通过熟人介绍互相认识的"(I34-P17-L3),由此推动数智技术大量拓展应用于档案软件行业。

财务管理主要涉及资金的使用与分配。档案信息系统的研发成本很高,通常需要"梳理清楚业务板块的数量,以及每个业务板块分别有多少门类的档案。因此,做数据集中的成本很高"(I35-P14-L1)。保障技术的真实应用"要花大量资金采购人工智能的组件"(I34-P8-L25),并且"目前能达到自主学习程度的技术或者软件平台非常少。即使有,价格也很贵,还没有达到普遍实用化的程度"(I34-P10-L24),"尤其是智能识别技术,无论是图片处理或自然语言处理,它对硬件的性能要求都很高。而一般情况下,档案信息化的预算成本有限,如果算法精确度不高、服务器性能也不高,那么智能识别处理的效率低下,处理之后也不能保障其结果的准确率"(I35-P23-L3)。

日常事务管理包括档案系统建设以外的其他工作。例如,"××(公司名称)的业务板块比较复杂,做信息化咨询的时候,首先需要把业务板块梳理清楚。

××(公司名称)包括了超市、银行、医疗、医药业务等,前期需要花很大精力来熟悉档案数据"(I35-P13-L26)。

时间管理包括项目周期规划、时间安排等。数字档案馆建设的经验通常是"有规划的,分为一期、二期和三期等"(I39-P1-L17),档案系统部署也是强调逐步推进,比如"做集中部署,就需要按步骤来,一个板块、一个板块地去推,并非整体统推"(I35-P13-L13),有的企业"是完全不同的场景,也都是板块分类推进的"(I35-P13-L16)。在日常档案收集中,"每一个参建单位都要通过系统录入数据,这是有时间要求的。按照工程计划,竣工3个月之内要移交档案,否则系统就会自动统计(情况)了"(I34-P20-L5)。

项目管理,包括项目立项、档案业务互通等,"实行档案信息化,第一步是规划好每一部分的责任主体,才能继续推进下一步"(I33-P10-L13),而且信息化规划中"项目立项的规模不能太过庞大,需要脚踏实地,一步一步地走"(I33-P10-L19)。针对部分工程档案门类和归档范围相似的,档案功能业务其实能够实现互通,"即使厂网分离,电网公司的企业性质也都是输变电,那么,工程档案的上下级单位业务板块是一样的,档案门类也就可以通用了"(I35-P13-L1)。

组织架构管理是指组织内部或机构合并、重组或拆分之后的职能分配。"××(公司名称)跟××(公司名称)合并为××(公司名称),机构设置发生了变化,××(公司名称)的话语权比较强(较多采用××(公司名称)的档案管理模式)"(I35-P18-L6);在档案管理部门的设置上,"有的机构称为档案信息中心,局、馆、室3部分职能合一,虽然是档案局,但又承担档案馆和档案室的职能,管理本单位的档案"(I34-P23-L15)。

6.2.3.3 技术应用技能

技术应用技能可以划分为传统技术和新兴技术两个层面。其中,传统技术应用体现在档案数字化、档案管理系统等方面;新兴技术应用主要体现在区块链、云计算、机器学习等新技术领域。传统技术应用中,"目前数字化还是通过人工来处理"(I37-P13-L23),有的单位"工程档案现在还多是人工管理,在数字化转型方面,央企做得更好"(I37-P14-L25);"电厂、供电局等都有多个下级单位,都会专门挂接单机版档案系统"(I35-P12-L8)。档案系统部署也较多分为集中式和分布式,"如果采用分布式部署,每个子(分)单位自己建立一套系统,那么它们对参建单位移交数据的处理方式就有差异。信息化程度较高的单位,采用在线收集方式,而有的(单位)还保留着原始(离线)的方式"(I35-P5-L19)。新兴技术应用方面,"文书类档案采取智能分类方法,就是自动地根据文件的内容判断保管期限并进行分类"(I34-P7-L7);档案检索领域"(系统)集成了多种搜索引擎,包括近义词、同义词、分词，都可以进行相应的检索"（I37-P10-L13）；档案质量控制方面，"检测数据著录信息是否全面，判断电子文件的质量如何，这些都可以进行抽查，通过工具进行自动检测"（I34-P19-L14）；为保证档案的真实性，则可以"为电子文件生成数字摘要，而数字摘要的相关信息则来自于区块链上"（I34-P4-L28）。最后，新兴的智能识别技术还可以应用各种不同业务工程，例如，安全管控"是否穿工作服，是否戴安全帽"（I36-P3-L15），个人身份识别"人脸识别出个人的基本信息，身份证号或者人名"（I36-P3-L10），档案出入库管理"识别档案是谁拿出去的，实现借阅自动登记"（I36-P9-L1）。

6.2.3.4 技术知识

技术知识包括技术操作中的数据处理、网络架构和系统建设知识，以及技术效能知识。其中，技术效能表明技术应用的条件、实施基础和相应的应用效果，是衡量是否采用档案管理技术的重要知识内容。在数据处理方面，"数据化就是把档案的内容抽取出来，标注得更为详细"（I34-P8-L16），"可以通过系统来抽取内容，开展大量标注工作"（I34-P9-L5）；数据共享"只有形成资产化管理方式，形成数据交易机制，才能让大家愿意共享数据"（I34-P12-L15），档案数据资产管理则"需要数据确权，即确定数据的归属权，这样才能给数据定价、从而进行交易"（I34-P12-L13）。在网络架构方面，"（档案）移动终端的应用需要跟外网做集成链接"（I36-P4-L1），"内网的服务器、数据库需要做数据交互"（I36-P4-L13）。在系统建设方面，"工程档案收集系统，其内部可以进行档案展示或建设档案馆系统，功能都部署在内网"（I35-P3-L20），但是"工程档案的收集模块则是放在外网，或者是外网可以访问的地方。这样施工单位、参建单位、监理单位才能从互联网上登录进去，录入档案"（I35-P3-L21）。然而，档案系统的集中式部署有一些特殊要求，一是"业务层面上是否有这类需求"（I35-P6-L20），二是"基础设施能否支持"（I35-P6-L21）。但是从长远角度来说，系统的集中式部署"可以实现数据共享，方便日后的大数据处理"（I35-P6-L13）。在技术效能方面，并非所有的新兴技术都适用于工程档案管理，有的受制于硬件设施"尤其是智能识别技术，无论是图片处理或自然语言处理，它对硬件的性能要求都很高"（I35-P23-L3），"只有当档案真正实现了单套制时，才不需要人工的干预。系统直接自动分类、给定保管期限、有序组织文件，这样才能真正减轻（人工的）工作量"（I34-P7-L25）。然而，人工智能技术的应用"需要大量的训练数据，但部分档案实践工作不具备这方面的条件。一是数据量不够大，二是资金投入不够多，并未在大量数据训练过程中动态调整算法，其最后的应用效果会大打折扣"（I35-P22-L17）。此外，也并不是区块链的所有技术都能应用于档案，主要还是因为"区块链技术涉及的应用范围、公信力等方面都还不成熟"（I34-P5-L10），并且"从技术实施到技术落地应用，这中间的差距还很大"（I34-P6-L10）。其实，新兴技术应用还会受到信息化水平、意识观念的限制，比如"人员的档案业务不熟，且信息化程度也比较浅，许多工作还处于手工操作阶段。这样的话(档案人员)用不了比较深的技术，因为对他来说，一个基础的档案信息系统，就是能录、能查，(他)觉得功能就够用了……如果现在突然提供一种人工智能或自然语言处理解决方案，(他)不知道怎么去用"（I35-P20-L8）。

6.2.3.5 业务操作技能

业务操作技能是指工程档案信息系统建设中，根据档案管理业务中具体的操作环节和方法，形成的一些操作技术。传统的档案管理方式"还是很烦琐的，每个条目逐条录入，每个字段逐个编辑"（I37-P7-L25）；"传统概念上的档案管理系统的归档范围较窄，它根据档案人员的人力资源分配情况来挑选极其重要的文件进行归档"（I34-P22-L2）。在档案收集方面，档案信息系统"开发了一些收集工具，比如项目档案模板管理"（I35-P3-L1）；档案整理中"专门设计了自动摘要功能，可以从一段或一份文件中提取文字，且涵盖了原文中的重要信息，但是长度远少于原文内容"（I33-P5-L25）；在档案分类鉴定中"做文档关联，就能提前进行判断文档安全性或敏感性的工作"（I35-P28-L16）；在档案保管方面坚持"把不能删掉的档案，按照长期保存的要求进行永久保存"（I34-P24-L11）；档案编研"涉及的信息化手段比较少，大多由人工完成"（I34-P2-L19）；档案检索方面会采用智能化技术，"××(公司名称)就购买了百度智搜的产品模块当中目录检索的那一部分"（I34-P6-L26）；档案开放方面，在处理用户权限方面"采用电子赋权，形成用户借阅机制"（I35-P29-L21）；档案利用方面"可以借助 Elink 平台来开发档案移动端并投入利用，在平台上面开放借阅、浏览等一系列的档案功能"（I36-P5-L11）。因为"每一家单位单独的数据是没有价值的。只有把所有的火电数据、新能源数据都整合在一起了，数据的价值才能被挖掘出来"（I34-P12-L8），而"档案跟数据管理的结合将会越来越紧密"（I34-P22-L24），档案数据治理就势在必行了。

6.2.4 元认知知识

本场景案例中的元认知知识亦指关于知识的知识，包括自我认知和策略认知两大部分。

6.2.4.1 自我认知

自我认知可以划分为对于价值观念、自我效能的认知知识，其主观性较强并且较易随环境变化而变化。

价值观念方面，包括对档案工作的重视程度，个人工作的意义等。"档案法里，重要的一条就是党管档案。管好档案是党委的工作，即档案是一项政治性工作，每个部门都必须重视档案，这就把档案的工作放到了重要的位置上"（I34-P25-L18）。档案工作最关键还是"有的档案人员听说要扩大管理工作范围到数据管理，就开始产生退缩心理了"（I34-P23-L4）。但是"××（公司名称）目前负责档案信息化的人理念比较超前，他认为档案将来一定是数据管理的一部分"（I34-P11-L26）。

自我效能方面，包括个人工作能力、工作习惯等方面。就档案系统使用习惯而言，"好多下级单位都是按照自己的使用习惯、工作习惯去整理档案，但是这个方式并不一定是对的"（I35-P16-L21）。在档案的"十四五"规划发展时期，档案也迎来了机遇期，"如果现在的档案从业人员不抓住这段机遇来提升自己，将来这一切外部有利条件失去之后，档案就更加默默无闻了，所以现在肯定是个好时机"（I34-P24-L21）。面对档案的数字化转型和智能化转型，工程档案人员"就得与时俱进，不能还抱着原来那种被动消极的态度"（I34-P26-L17）。

6.2.4.2 策略认知

策略认知以完成任务为目标，分为任务实施所处的外部环境、完成任务所需准备的学习策略和任务执行中的任务调节等。

外部环境方面，以前业务部分"基本不太能考虑到档案（部门）的要求，档案部门发声的力度太小，话语权太轻"（I34-P24-L17），但是"'十四五'期间是档案的发展阶段，无论从国家的政策、新档案法的实施，包括数字档案馆的推广还是中国面临的数字化转型等方面看，都在大力推动档案信息化的发展"（I34-P24-L18）。

学习策略方面，对于档案技术应用"根据部门要求，会组织培训"（I37-P15-L6）；项目实施时需要"提前建立责权规则机制，明确总经理、总监、监理的责任，进行岗位责任的匹配固定工作"（I37-P11-L20）以保证沟通的交流。部门间则要相互合作，例如，"大数据中心负责各单位机构的大数据规划管理建设，档案部门在业务方面与之有很大部分的交叉"（I34-P23-L24）。对于新技术应用可行性，则需要"考察平台模型是否具备自学习的能力"（I34-P7-L19）。

任务调节方面，需要根据任务特点来灵活调整业务实施流程，例如，"对于生产、基建、设备等门类的档案来说，每个门类代表了一类业务，因此，需要调整系统功能模块，满足部分档案的特殊要求"（I35-P24-L18）。技术应用也要讲究逐步实施的策略，"注意不能将技术应用范围一次性扩展得太大，而是要实现一两个技术创新点的突破，先精益求精，再拓展应用其他技术"（I35-P28-L26）。系统建设也不是一蹴而就的工程，"有些时候，要按照客户的需求做定制化开发，临时拓展新的功能模块"（I36-P3-L1）。

6.3 知识概念体系关系分析

通过数据分析，本书将数智创先驱动下工程人员的工程档案知识体系划分为事实知识、概念知识、经验知识和元认知知识，体系内要素之间存在着层级关系、关联关系，本节旨在剖析要素间的多元关系，构建知识概念具有完整性、关联性的体系。

6.3.1 层级关系分析

档案数智技术人员的知识概念体系是一个由多种要素互相作用的整体，具有层次性结构，其层次秩序按照影响因素的内涵划分为不同层次结构，实现上下层之间包含与被包含的关系。从层次性角度进行考量，有利于把握档案数智技术人员知识概念体系的内部要素，从全局角度探析工程档案人员知识赋能概念体系的完整面貌。

本章基于"树状节点"的梳理分析，对应形成了档案数智技术人员知识概念体系间的层级关系，要素体系具有三级结构。本章遵循第4章的概念表述，即第一级为"知识维度"，第二级为"核心知识类型"，第三级为"知识类型要素"。其中"知识类型要素"是"核心知识类型"的子节点，而"核心知识类型"是"知识维度"的子节点（图6.2）。

如图6.2所示，一级知识维度共4个，含"事实知识""概念知识""经验知识""元认知知识"；二级核心知识类型共11个，含"术语知识""要素知识""业务规范知识""基础理论知识""业务操作技能""基础管理技能""技术应用技能""安全管理知识""技术知识""自我认知知识""策略认知知识"；三级知识类型要素是工程档案人员知识概念体系的具体要点，包括"电力工程术语""标准规范""新兴技术应用"等46个知识类型要素，透过各要素可全面清晰了解工程档案人员知识概念体系的各个细节。

另外如图所示，档案数智技术人员知识概念体系区别于工程档案人员知识概念体系。"经验知识"是技术人员知识体系中极其重要的组成部分，其中，"安全管理知识"及"技术知识"是技术人员在工程档案管理工作过程中需要运用的，有别于其他人员的知识类型。

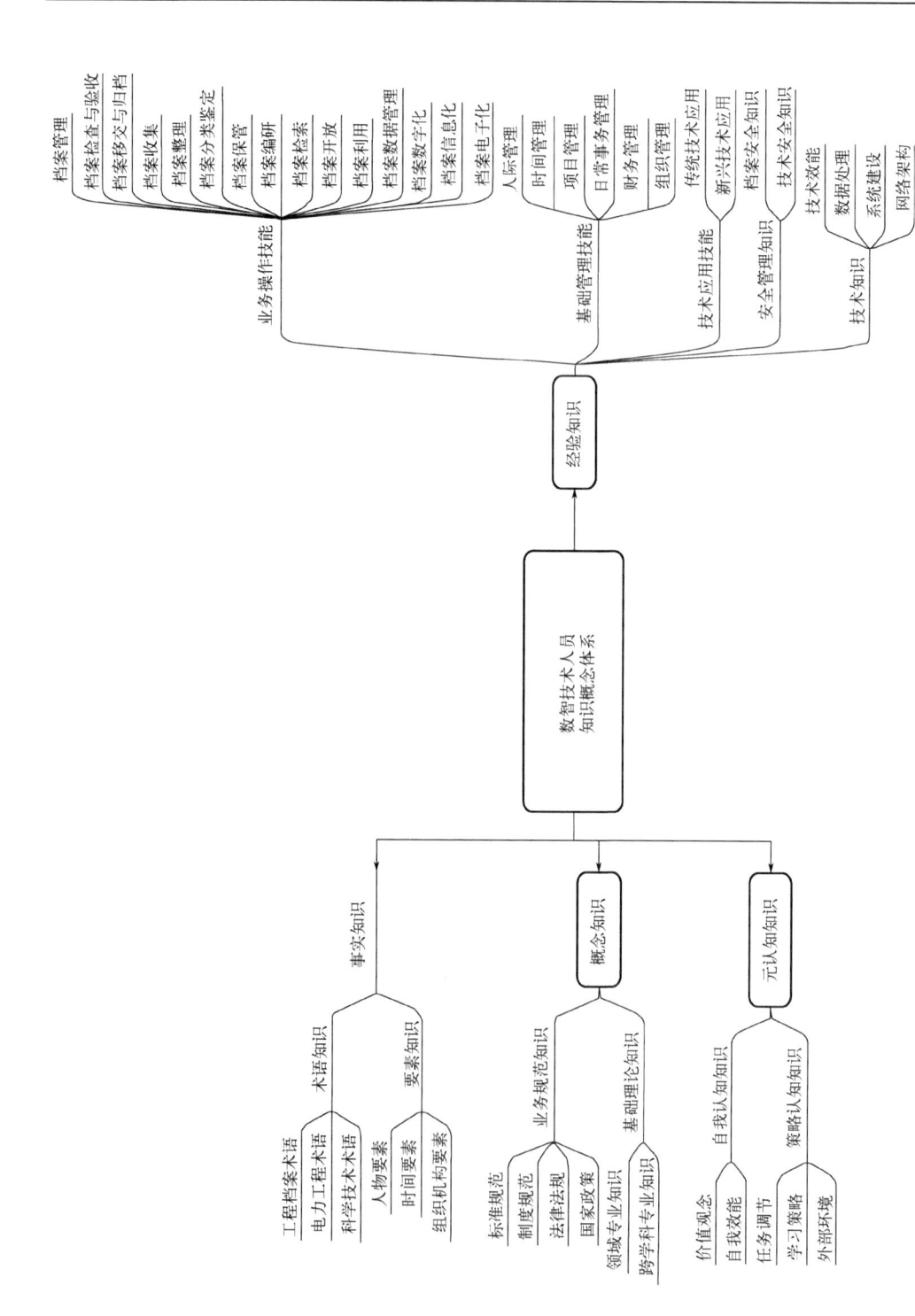

图 6.2 档案数智技术人员知识概念体系层级关系图

6.3.2 关联关系分析

通过构建数智技术人员的知识概念体系，研究发现虽然新增要素概念及新增范畴有限，但数智技术人员同前述工程档案人员、新能源档案人员一样，其知识要素之间存在一定的关联关系，且知识结构、要素关系较为相似，呈现出的数智技术人员知识概念体系关联关系图，见图 6.3。

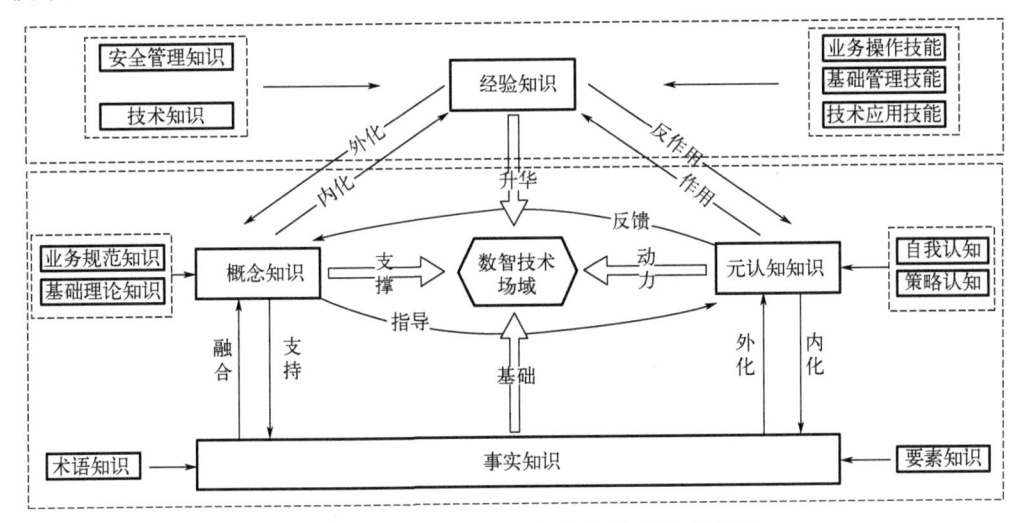

图 6.3 数智技术人员知识概念体系关联关系

在事实知识、概念知识、元认知知识和经验知识四类知识相互交流与转化的过程中，形成了以事实知识为基础，概念知识为支撑，元认知知识为动力，以经验知识进行升华共同作用于数智技术场域的知识赋能现象，数智技术场域为知识的多要素交互转化提供了作用空间。

事实知识作为客观存在的既定知识，其所包含的术语知识和要素知识为数智技术活动提供基本的专业知识和活动维度。如数智技术活动中出现了众多科学技术术语，对于开展技术业务起到了基础作用。要素知识体现了技术活动的时间、地点和主体，描述了活动维度。作为在实践中发挥指导作用的概念知识，是通过系统的学习所获得的知识，具体包括业务规范知识和基础理论知识两大范畴。事实知识对于理解概念知识具有推动作用，如基本的工程档案术语、科学技术术语融入档案业务规范、技术实施标准等概念知识中，掌握了事实知识有助于熟悉概念知识。概念知识反过来又通过标准化文本、权威化形式为事实知识提供支持，如档案管理规范中规定的"电子档案"等基本概念，对术语知识进行固化。

事实知识还能够与元认知知识相互转化。元认知知识是关于知识的知识，事实知识对于自我效能和策略认知的形成具有基础性作用，便于业务活动中的沟通交流，通过外化显现出来。同时，通过对元认知知识的总结归纳，可以内化成一定的事实知识，如数智技术人员对于技术的实施步骤、技术的可操作性等策略认知，可以转化为科学技术术语知识。

概念知识和元认知知识可以相互转化，如国家政策、行业标准等概念知识对于价值观念等元认知知识具有指导作用，以《"十四五"全国档案事业发展规划》为例，访谈人员认为数字档案馆在此期间迎来了较好的发展机遇。反之，元认知知识中的专家意见也能够通过一定的形式反馈于概念知识之中，促进业务规范知识的改进与完善。概念知识可以内化为经验知识，通过对规范的掌握，指导日常的业务操作，形成一系列的工作经验与技术知识等。

经验知识可以外化为概念知识，即通过总结与思考将经验知识付诸文字，例如，将业务活动中获得的心得、体会转化为业务规范、基础理论等文本进行传递、共享。经验知识的口耳相传与书面转化对于数智技术场域内的活动优化起到了良好的升华作用。另一方面，元认知知识一旦形成，具有一定的稳定性，但在工程档案人员后天持续地体验、学习和实践的影响下，也会受到经验知识的反作用。例如，数智技术环境下，新型技术知识对于原有的价值体系产生影响，改变人们对自我效能的认识。

第7章 面向"三创"场景应用的工程档案知识赋能体系构建

本章在第 4~6 章的基础上,综合工程档案知识赋能的实际应用场景,整合工程档案知识赋能要素,结合国内外包括文件管理体系标准、知识管理成熟度模型及数据管理成熟度模型的典型体系,构建了面向工程质量创优、产业发展创新及数智技术创先的工程档案知识赋能体系。

7.1 工程档案知识赋能体系

本节在第 4~6 章工程质量创优、产业发展创新、数智技术创新的"三创"视角的理论基础上,构建涵盖内容全面、体系分类严谨的工程档案知识赋能要素体系,形成以知识全活动为核心、事实知识为基础、概念知识和元认知知识为支柱、经验知识为目的的多场域赋能体系。

7.1.1 工程档案知识赋能要素

本书对 39 份访谈文本进行分析与编码,每份访谈 30~120 分钟,共 59 万余字,共得到 74 个初始概念,15 个初始范畴及 5 个主范畴,图 7.1 展示了各个访谈文本中新增概念和新增范畴的基本情况。通过对首位工程档案人员展开访谈,得到了 9 个初始概念,6 个初始范畴,随着访谈的不断推进,陆续出现多个新增初始概念(如 I2、I3、I4、…、I7),新增范畴数量相对较少(如 I2、I3、I4)。由于工程档案涉及领域较广,为保证访谈范围的完整性,在数据收集和数据分析进行至第 17 位访谈人员时,虽然无新增初始概念、初始范畴和主要范畴,本书仍选取了场景二产业发展创新的工程档案人员开展第二轮的访谈,对当前知识概念体系进行验证。事实证明,在对第 18 位访谈对象(新能源产业工程档案人员)进行访谈数据分析时,出现了"知识创新"这一新增初始范畴,同时提取出"知识全过程"这一新增主要范畴,直至该部分访谈结束,即第 I32 位访谈对象,完善初始知识概念体系,形成了工程档案知识赋能体系建设。为体现创新驱动背景下,数智技术环境对工程档案知识赋能的创新要求,本书继续选取了场景三,对相关数智技术人员进行了第三轮的补充访谈,仅新增了少量的新增初始概念和初始范畴,

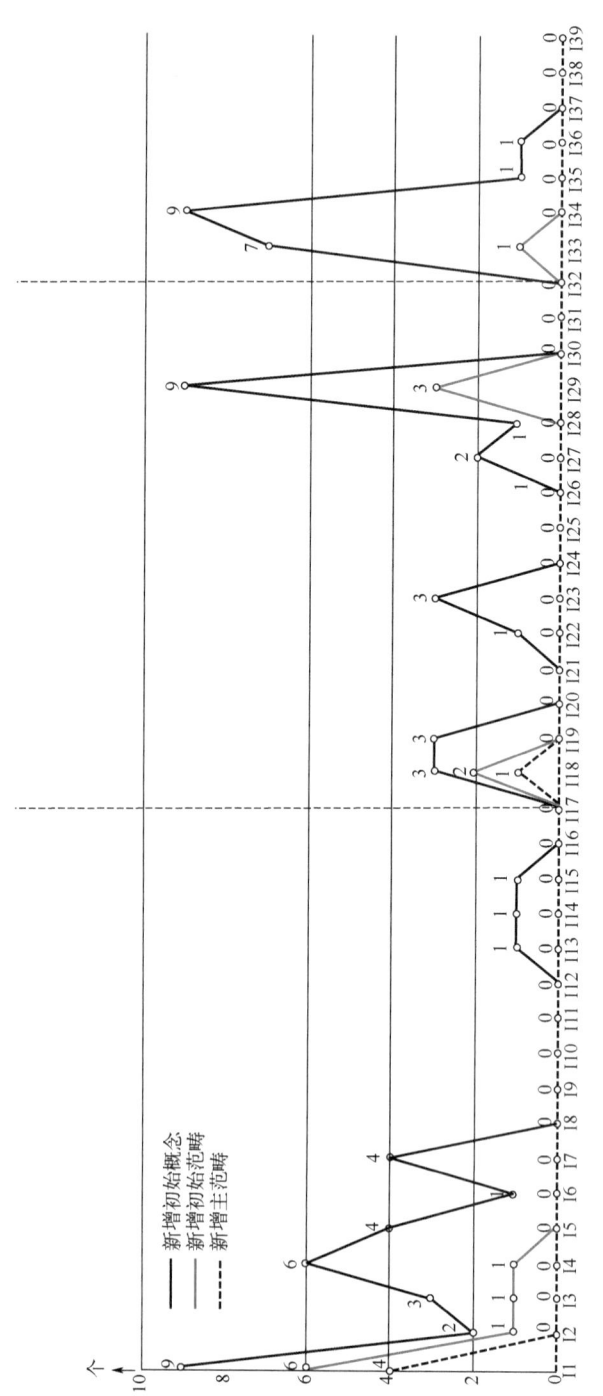

图 7.1 新增初始概念、新增初始范畴与新增主范畴与理论饱和度检验

如 I36 中提取出的"科学技术术语""技术效能",I35 和 I36 中提取出的"技术知识"等,均体现了数智技术特色,也完全符合创新驱动背景下工程档案知识赋能技术创新指标的要求。直至 I37~I39 访谈数据分析,完全没有新增概念和新增范畴的出现,知识赋能概念体系构建达到理论饱和,即终止访谈数据收集。

由于工程档案领域各项工作有所侧重,根据访谈文本分析出的知识要素,初始概念之间存在一定差异性,但概念所属的知识范畴基本统一,验证了知识概念体系的合理性。随着访谈的不断深入,新增概念时有增加,但渐无新增范畴,说明本书的要素提取趋近饱和,表明知识概念体系的完整性。本书对 39 份访谈文本进行三级编码,综合考量工程质量创优档案人员(标号 1)、能源创新产业档案人员(标号 2)及数智技术创先应用档案人员(标号 3)的知识赋能概念体系,梳理出的初始概念、初始范畴和主要范畴以"节点"的形式进行管理,形成了层次分明、类目清晰的树状结构图,见图 7.2。

工程档案人员的知识概念体系是一个由多重要素构成的整体,具有明显的层次性、等级性,即按照体现知识概念的范畴可以划分为不同层次结构,上下层级之间具有包含与被包含的关系。就概念体系的构建而言,厘清层级关系有利于把握工程档案知识概念的内部组成部分,并进一步认识不同层级间的关联,以明确体系整体的系统性、合理性。本书基于该树状结构对知识概念框架的层级关系进行分析,分析得出工程档案人员的知识概念框架具有三级结构,第一级为"知识维度",第二级为"核心知识类型",第三级为"知识类型要素",其中"知识类型要素"是"核心知识类型"的子节点,而"核心知识类型"是"知识维度"的子节点。

如图 7.2 所示,一级知识维度共 5 个,包含事实知识、概念知识、经验知识、元认知知识和知识全过程;二级核心知识类型 11 个,包括术语知识、要素知识、业务规范知识、基础理论知识、业务操作技能、基础管理技能、技术应用技能、安全管理知识、技术知识、自我认知知识、策略认知知识、知识生产、知识分享、知识应用和知识创新;三级知识类型要素 74 个,即工程档案术语、电力工程术语、新能源工程术语、科学技术术语、人物要素、时间要素、地点要素、组织机构要素、标准规范、制度规范、法律法规、国家层面规范、行业层面规范、组织层面规范、国家政策、跨领域专业知识、跨学科专业知识、档案人员语言知识、档案人员技术知识、档案人员行业知识、档案生成、档案收集、档案整理、档案检查与验收、档案保管、档案移交归档、档案利用、档案宣传、档案编研、档案质量控制、档案管理、档案分类鉴定、档案检索、档案开放、档案数据管理、档案数字化、档案信息化、档案电子化、人际管理、时间管理、项目管理、日常事务管理、监督管理、财务管理、组织管理、传统技术应用、新兴技术应用、生产安全

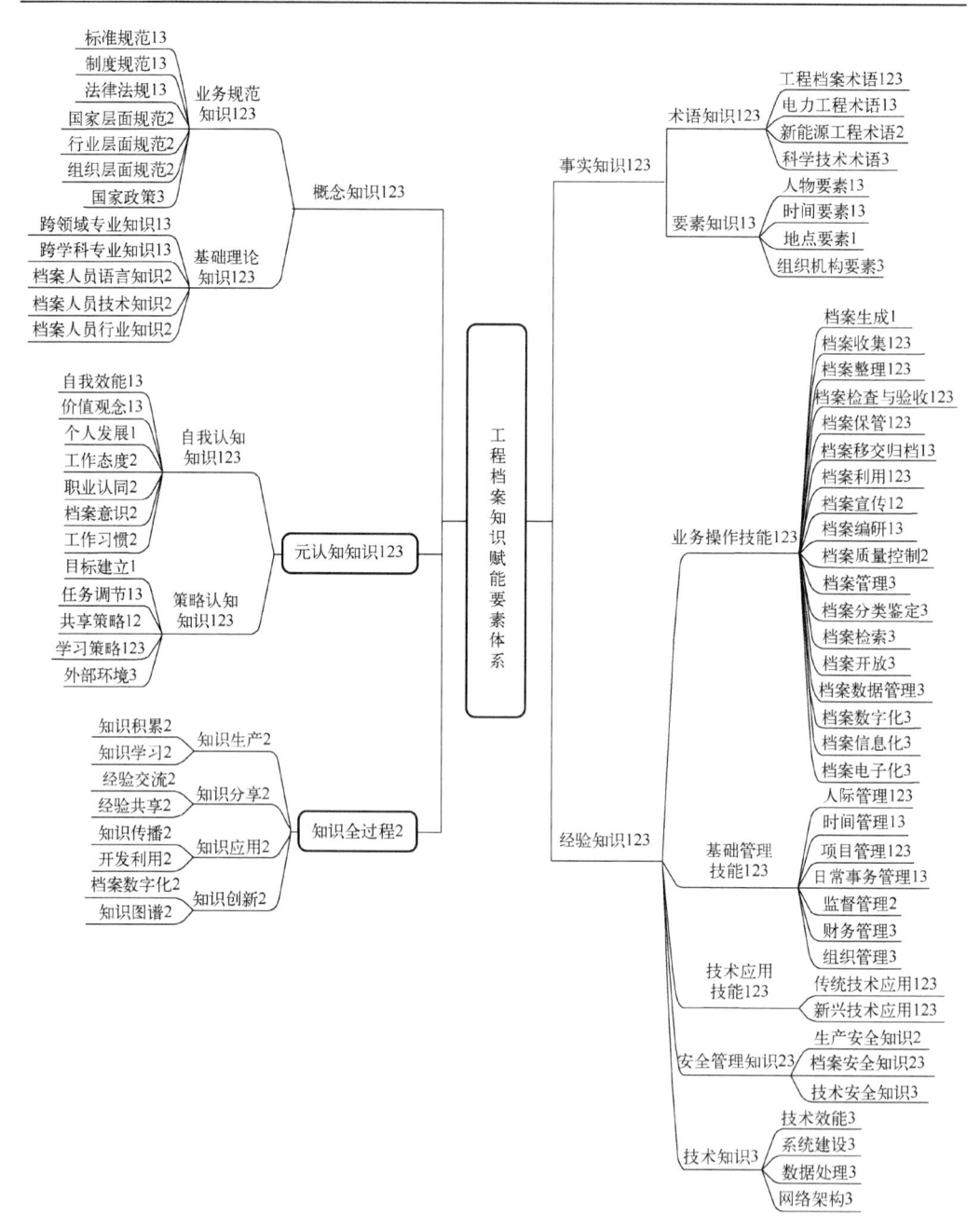

```
                    ┌─ 标准规范13
                    ├─ 制度规范13
         ┌─ 业务规范 ├─ 法律法规13
         │  知识123  ├─ 国家层面规范2
         │          ├─ 行业层面规范2
         │          ├─ 组织层面规范2
概念知识123┤          └─ 国家政策3
         │          ┌─ 跨领域专业知识13
         │          ├─ 跨学科专业知识13
         └─ 基础理论 ├─ 档案人员语言知识2
            知识123  ├─ 档案人员技术知识2
                    └─ 档案人员行业知识2

                    ┌─ 工程档案术语123
         ┌─ 术语知识123├─ 电力工程术语13
         │          ├─ 新能源工程术语2
事实知识123┤          └─ 科学技术术语3
         │          ┌─ 人物要素13
         └─ 要素知识13├─ 时间要素13
                    ├─ 地点要素1
                    └─ 组织机构要素3
```

图 7.2　工程档案知识赋能要素层次图

知识、档案安全知识、技术安全知识、技术效能、系统建设、数据处理、网络架构、自我效能、价值观念、个人发展、工作态度、职业认同、档案意识、工作习惯、目标建立、任务调节、共享策略、学习策略、外部环境、知识积累、知识学习、经验共享、经验交流、知识传播、开发利用、档案数字化、知识图谱。

  本书通过归纳梳理发现，事实知识下的术语知识，概念知识下的业务规范知识和基础理论知识，经验知识下的业务操作技能、基础管理技能和技术应用技能，以及元认知知识下的自我认知和策略认知在工程档案管理过程中的应用较为普遍。其中，术语知识、业务规范知识和基础理论知识是工程档案管理的基本知识概念，在工程档案、新能源产业和数智技术领域各有特色，如术语知识有相对应的工程档案术语、电力工程术语、新能源工程术语和科学技术术语。

  事实知识下的要素知识包含时间、地点、人物、组织机构等要素，描述了工程档案管理的主客体及时空维度，对其进行识别和提取，有助于推进工程档案工作。经验知识下的安全管理知识，是在工程档案管理中不可或缺的一环，是保证项目工程质量、档案管理效率的重要方面，既包括生产安全知识、档案安全知识，也包括技术安全知识。经验知识下的技术知识主要面向新技术环境，包括技术效能、系统建设、数据处理和网络架构等有关技术知识，对于提高工程档案工作效率、转变工程档案工作思路具有重要的参考意义。知识全过程下的知识生产、知识分享、知识应用和知识创新则主要描述了知识活动的主要环节，对于促进知识积累、知识学习、知识共享与传播等具有重要意义，有助于对工程档案知识本身进行识别和总结。

  综上，工程档案知识赋能要素体系涵盖内容全面、体系分类严谨，全方位、多层次、立体化地描述了工程档案知识赋能要素，对于工程档案管理中知识识别与转化具有重要指导意义。

7.1.2 工程档案知识赋能体系

  通过典型性案例分析，结合创新驱动指标，本书构建出在工程质量创优、产业发展创新、数智技术创先 3 个维度下工程档案知识赋能要素体系关联图（图7.3），其中以知识全活动为核心，事实知识为基础，概念知识和元认知知识为支柱，经验知识为目的，数智技术场域为工程档案知识赋能提供新的作用空间。

  "事实知识为基础"是在工程档案这一领域内存在大量基于工程项目与档案管理工作的专业术语与要素，是工程档案顺利开展的基石，为概念知识的形成与完善提供支持。同时，通过工程档案人员的自我体会与理解内化成为元认知知识，形成自我认知与策略认知，为工程档案知识的赋能提供基础。

  "概念知识和元认知知识为支柱"主要指在显性知识与隐性知识之间的转化过程中，两者起到了关键性支撑作用。概念知识包含结构化的业务规范与基础理论，属于显性知识的范畴，在知识转化过程中能够与事实知识进行融合，进一步内化

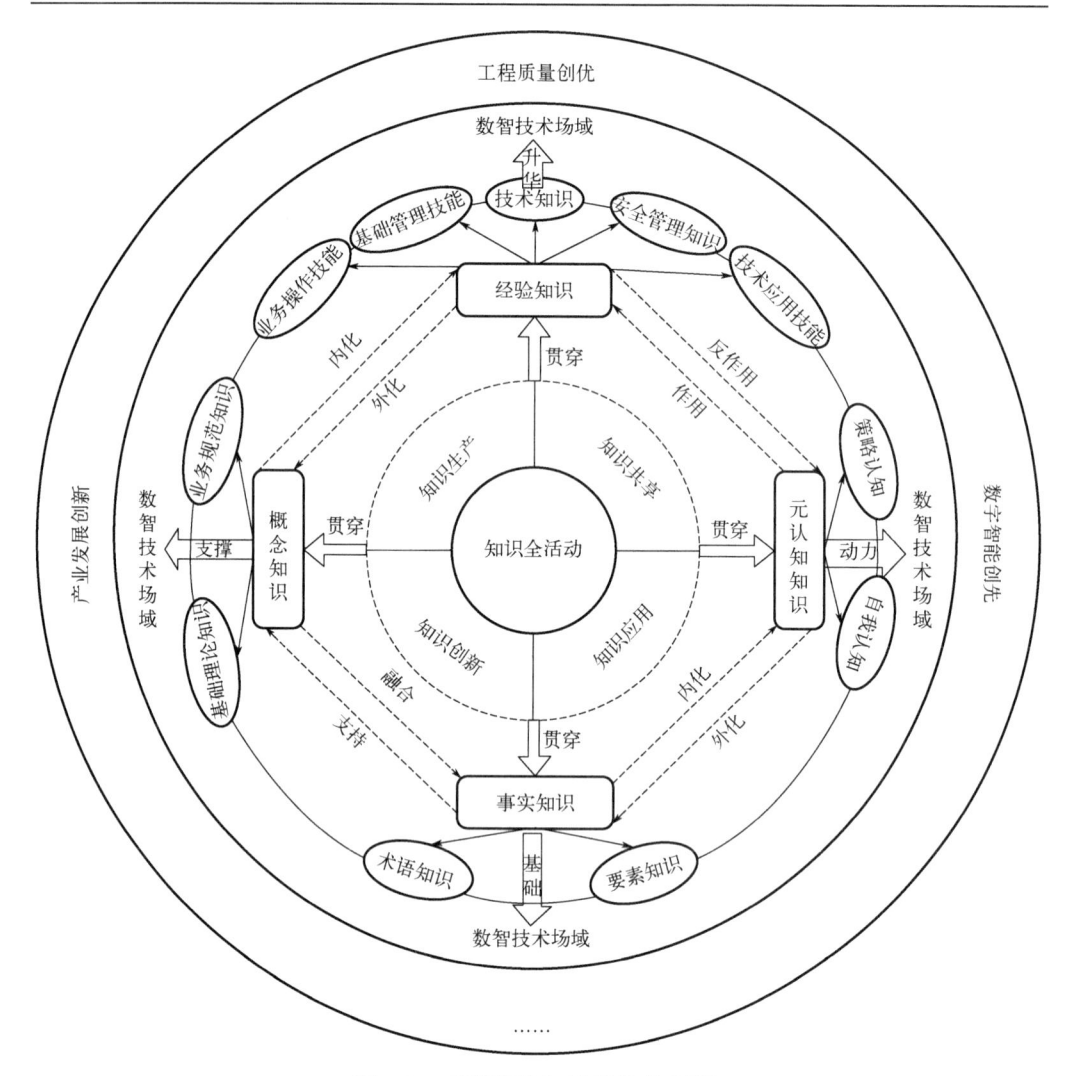

图 7.3 工程档案知识赋能体系图

为隐性知识；元认知知识作为知识转化的关键节点，通常内含于工程档案人员个人头脑与情感之中，自我认知的对隐性知识向显性知识的转化具有促进作用。

"经验知识为目的"是指工程档案人员学习与使用知识的最终目的是指导工程档案管理工作的实践。经验知识主要内含于个人的头脑中，例如，业务操作技能与技术应用技能大部分属于隐性知识，通过外化的方式，能够将蕴含于头脑中难以表述的经验知识总结加工为概念知识，而元认知知识作用于经验知识，促使经验知识的显性转化，经验知识同样反作用于元认知知识，影响元认知知识的形成与变化。

"知识全活动为核心"是指知识全活动贯穿事实知识、概念知识、经验知识与元认知知识相互作用的整个过程，以知识生产、知识共享、知识创新与知识应用等知识活动环节推动知识赋能要素间的流动，推动企业创新。数智技术场域为各类知识要素之间的转化提供空间，从外部作用于事实知识、概念知识、经验知识与元认知知识，为知识赋能提供技术环境支持。

7.2 国内外典型体系分析与借鉴

文件管理体系标准、知识管理成熟度模型、数据管理成熟度模型对于工程档案知识赋能体系的构建具有规范化、精细化、科学化的指导意义。本节旨在梳理并分析国内外典型体系，为工程档案知识赋能体系的构建提供借鉴。

7.2.1 文件管理体系标准

ISO 30300 系列文件管理系统(Management System for Records)标准旨在将文件记录与组织绩效与问责制联系起来，为管理层提供一种实施系统和可验证的方法来创建和控制文件，支持实施其他管理系统标准的组织的文件记录和文档要求。ISO 30300：2020，ISO 30301：2019 与 ISO 30302：2022 共同构成了文件管理体系标准。我国先后将 ISO 30300：2011，ISO 30301：2011 与 ISO 30302：2015 这 3 个 ISO 标准采纳为国际标准并实施，针对 ISO 对标准文献的更新还未做出相应的更新与修订。

ISO 30300：2011《信息与文献 文件管理体系-基础与术语》(Information and Documentation-Management Systems for Records-Fundamentals and Vocabulary)发布于 2011 年 11 月，其目的是"指导组织建立、实施、维护和改进文件管理体系，明确文件管理体系在机构战略管理层中的角色定位，为高层管理者提供关键管理的概念框架、过程方法和管理方针"[405]。ISO 30300：2020《信息与文献 文件管理核心概念与术语》(Information and Documentation-Records Management-Core Concepts and Vocabulary)于 2020 年 4 月正式完成修订并发布，与 ISO 30300：2011 相比，ISO 30300：2020 的范围不再局限于文件管理体系概念框架，现已覆盖 SC11 整个文件管理领域的通用核心概念及相关术语与定义(图 7.4)[406]。

ISO 30300：2011 于 2017 年被我国采纳为国家标准(GB/T 34110—2017)《信息与文献文件管理体系 基础与术语》。通过对 ISO 30300：2011 与 ISO 30300：2020 这两个新旧版本标准的研制动机、研制方法论、内容和结构的比较分析，安小米讨论了新标准特点及其对中国文件档案管理工作的建设启示，也揭示了文件管理标准化工作的未来发展方向[407]。

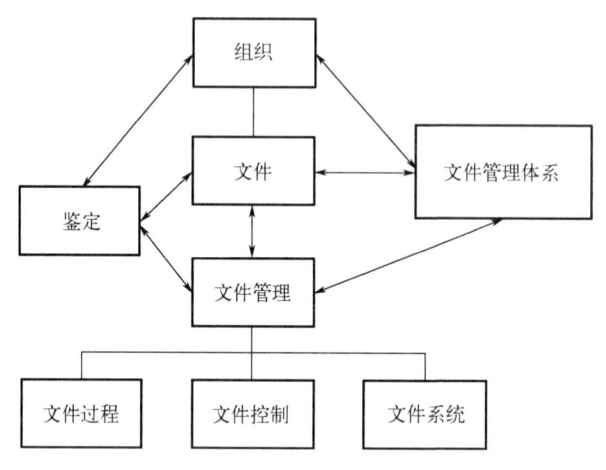

图 7.4　SC11 核心概念及其关系与概念图的映射[406]

ISO 30301：2011《信息与文献 文件管理体系要求》（Information and Documentation-Management Systems for Records-Requirements）由国际标准化组织信息与文献委员会档案/文件委员会（ISO/TC46/SC11）制定，于 2017 年被我国采纳为国家标准（GB/T 34112—2017）《信息与文献 文件管理体系 要求》，为有效应对全球化和数字化环境带来的挑战，从机构战略管理层面规定了文件管理体系的必备要求，为实现组织目标提供决策制定和资源管理的文件管理方法论[408]。ISO 30301：2019 更加关注文件管理的业务背景和技术背景，强调多元利益主体协同合作。其中新增"理解利益相关方的需要和期望"部分，要求有效实现文件管理目标，具有创建、捕获和管理功能，保证文件可靠、真实、完整和可用，并对文件管理体系的有效性提出要求。同时，新增"文件要求"部分，明确了组织应识别、评估和记录的业务、法律法规及其他要求，通过分析业务过程和评估风险来明确创建的文件[409]。庞玲玲等对 ISO 30301：2011 与 ISO 30301：2019 两个新旧文件标准做了比较详细的研究[410]。

ISO 30302：2015《信息与文献-文件记录系统-实施指南》（Information and Documentation-Management Systems for Records-Guidelines for Implementation）为 ISO 30301 实施 MSR 提供了指导，其适用于各种规模、各种类型的组织，包括商业组织、政府机构和非营利组织[411]。ISO 30302：2022《信息与文献-文件记录系统-实施指南》（Information and Documentation-Management Systems for Records-Guidelines for Implementation）于 2022 年完成修订，在原有基础上为文件管理系统的实施和维护人员在管理文件系统的建立和实施过程提供决策帮助[412]。ISO 30302：2015 标准于 2021 年被我国采纳为国家标准（GB/T 41207—2021/ISO 30302:2015）《信息与文献 文件（档案）管理体系 实施指南》。

ISO 8000-64：2022《数据质量管理：组织流程成熟度评估：测试流程改进方法的应用》(Data Quality Management: Organizational Process Maturity Assessment: Application of the Test Process Improvement Method)定义了如何将测试流程改进方法应用于组织流程成熟度的评估[413]。

7.2.2 知识管理成熟度模型

知识经济时代的关键特点在于知识成为生产力的关键要素，产品和服务都日益知识化[318]，知识管理则融合了现代信息技术、知识经济理论、企业管理思想和现代管理理念[414]，是信息管理适应知识经济时代发展的必然结果[415]。为了衡量组织实施知识管理的程度，更好地实施知识管理项目、改进知识管理能力[416]，部分学者将软件能力成熟度的概念引入知识管理领域，提出知识管理成熟度模型(knowledge management maturity model, KMMM)。知识管理成熟度模型关注于知识管理全方位，包括知识管理战略、知识管理能力、知识管理系统、知识管理技术等。Kulkarni 和 Louis 指出知识管理成熟度主要考察组织管理自身有效利用知识资产发挥绩效的程度[417]。Schwartz 和 Tauber 则认为知识管理成熟度是建立在各个专项领域中对成熟的全面理解，包括知识共享、知识管理能力等领域[418]。Kuriakose 等认为知识管理成熟度是以一种结构化方式来指导知识管理实践，并采用系统科学的定量方法来发展、执行和连续提升，最终实现知识管理的成熟[419]。Robinson 等提出了知识管理成熟度的概念图（图 7.5）[420]，图中纵坐标代表知识管理的关键属性，指从低到高水平的各种行为，低水平行为包括对于知识管理基本概念的理解等；高水平行为包括度量、激励、扩散行为等；横坐标代表从低到高绩效的属性维度，如资源属性维度可以沿着有限到充足改变，目标属性维度从模糊到精确等。知识管理成熟度的每个等级是依据组织当前的属性以及属性维度来共同决定，沿着一定的成熟路标不断前进。

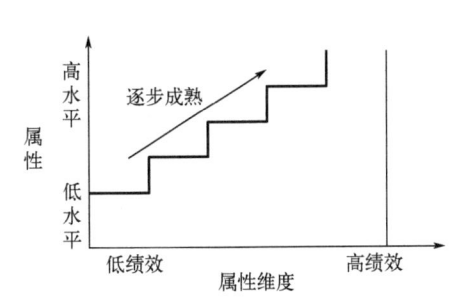

图 7.5 知识管理成熟度模型概念图[420]

在实际应用方面，越来越多的学者和机构依据知识管理的理论和自身实践，提出具有不同特性的知识管理成熟度模型。例如，西门子公司的知识管理成熟度模型[421]由发展模型、分析模型和实施与评估流程 3 部分构成。发展模型成熟度级别的划分和级别名称，包括初始级、可重复级、已定义级、已管理级和优化级；分析模型与软件能力成熟度模型类似，除初始级外，其余成熟度级别都包含部分关键过程域，每个关键域又包含了部分关键活动，帮助知识管理实施人员考虑知识管理应该包括的主要内容；项目实施和评估流程分为准确定位和规划、处理信息得出初步意见、信息反馈并做出最终结论、提出解决方案和行动计划、提交报告 6 个步骤。孙锐等从软件能力成熟度模型出发，结合组织知识管理流程，构建了基于能力成熟度的知识管理模型(图 7.6)[422]。

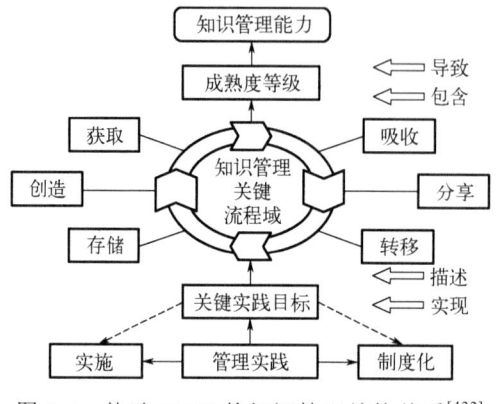

图 7.6 基于 CMM 的知识管理结构体系[422]

张鹏等通过问卷调查法和层次分析法，构建了涵盖管理者、员工、企业文化、知识管理流程、知识管理技术和知识管理内容 6 个维度的知识管理成熟度模型，突出强调人才在知识管理中的作用，并给出了模型中各指标的权重(图 7.7)[423]。

维度	要素	权重
A 管理者 (0.2885)	A1 高级管理者对知识管理的支持程度	0.0764
	A2 中底层管理者的配合程度	0.0749
	A3 各级管理者的能力	0.0686
	A4 各级管理者和管理者与员工之间的有效授权	0.0686
B 员工 (0.2335)	B1 企业员工对知识管理的配合程度	0.0813
	B2 员工的学习能力	0.0744
	B3 员工间的信任程度和分享知识的意愿	0.0778
C 企业文化 (0.2080)	C1 有针对性地组织知识管理培训	0.0425
	C2 对员工积极投身知识管理的表彰和奖励	0.0425
	C3 组织内的沟通环境	0.0434
	C4 企业对创新和冒险的鼓励	0.0398
	C5 企业的知识管理策略和业务策略的整合	0.0398
D 知识管理流程 (0.1286)	D1 企业的知识是否得到及时沉淀	0.0254
	D2 知识扩散、分享的策略	0.0254
	D3 企业管理系统中的知识维护和使用情况	0.0260
	D4 知识管理流程的持续再造和改善能力	0.0254
	D5 企业的组织体系接近网络结构的程度	0.0265
E 知识管理技术 (0.0707)	E1 是否拥有知识管理相关系统及其效率	0.0198
	E2 各级员工的 IT 能力	0.0174
	E3 知识管理系统的持续改善能力	0.0174
	E4 知识管理系统的安全性	0.0162
F 知识管理内容 (0.0707)	F1 企业主要知识资产的数量和价值	0.0237
	F2 信息和知识的准确性和获得的及时性	0.0242
	F3 知识的编码化和系统化程度	0.0228

图 7.7 企业知识管理成熟度要素及权重

7.2.3 数据管理成熟度模型

数据管理是一个由管理计划制订、数据收集管理、数据描述及归档管理、数据处理与分析管理、数据保存管理、数据发现及重用等活动要素构成的管理过程，具有与软件开发类似的过程特性[424]，这使得软件能力成熟度模型应用于数据管理具有可行性。2009 年，澳大利亚国家数据服务项目（Australian National Data Service，ANDS）开始启动，构建了研究数据管理能力成熟度模型，致力于推动整个国家研究数据的管理、连接、发现及重用[424]。模型将研究数据管理的关键过程域划分机构政策与流程、IT 基础设施、支持服务、元数据管理 4 个部分[425]，每个研究数据管理关键过程都涵盖了若干关键的实践活动，各实践活动按照模型的 5 个成熟级别逐级发展（图 7.8）。

2011 年，Crowston 和 Qin 提出了科学数据管理能力成熟度模型，通过内容分析法识别数据管理的关键过程域，将其分为特定过程域和共用过程域。并根据特定过程域和共用过程域发展水平的高低，将数据管理能力成熟度划分为初始级、已管理级、已定义级、定量管理级和优化级 5 个等级。其中，特定过程域是直接管理数据的过程，包括数据采集、处理与质量控制；数据描述与展现；数据传播；存储服务与保存 4 个过程。共用过程域是间接支持数据管理的过程，包括数据管理政策与战略规划、职责分配、人力培训等[426]。在国内关于档案数据治理成熟度模型的研究中，周林兴等通过辨识档案数据安全治理的关键域，对档案数据安全治理能力成熟度等级进行划分，构建了其成熟度模型（图 7.9）[427]。崔旭等通过专家咨询法、总分比重法和设置关键过程域与关键实践，细化企业档案数据安全治理能力成熟度评价指标，构建了其成熟度模型（图 7.10）[428]，包括 5 个成熟度等级：可持续优化的初始级、形成体系且可控的可重复级、规范化且标准化的已定义级、无计划且可重复的已管理级和非正式且未开展的优化级。

GB/T 37988—2019《信息安全技术 数据安全能力成熟度模型》定义了"组织数据安全能力的成熟度模型框架，规定了数据采集安全、数据传输安全、数据存储安全、数据交换安全、数据销毁安全、通用安全的成熟度等级"等方面的标准要求[429]。数据安全能力成熟度模型（Data Security Capability Maturity Model，DSMM）包括 3 个维度：安全能力维度、安全过程维度和能力成熟度等级维度。金波等以档案数据安全为核心，以档案数据安全治理需求为导向，以数据安全能力成熟度模型为基础，构建由档案数据安全治理能力维度、档案数据安全治理过程维度、档案数据安全治理能级维度组成的档案数据安全治理能力成熟度模型（图 7.11）[430]。

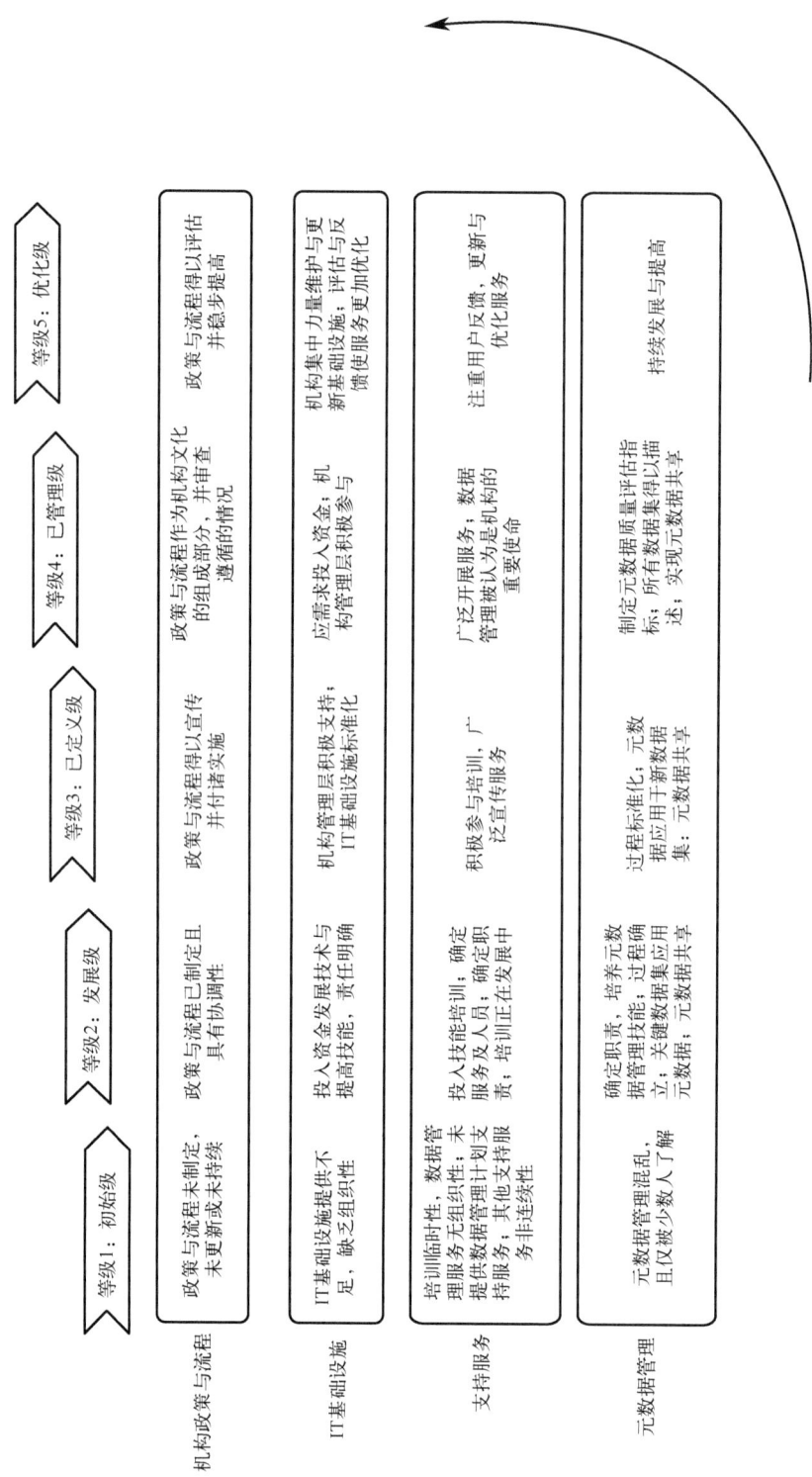

	等级1：初始级	等级2：发展级	等级3：已定义级	等级4：已管理级	等级5：优化级
机构政策与流程	政策与流程未制定，未更新或未持续	政策与流程已制定且具有协调性	政策与流程得以宣传并付诸实施	政策与流程作为机构文化的组成部分，并审查遵循的情况	政策与流程得以评估并稳步提高
IT基础设施	IT基础设施提供不足，缺乏组织性	投入资金发展技术；提高技能，责任明确	机构管理层积极支持；IT基础设施标准化	应需求投入资金；机构管理层积极参与	机构集中力量维护与更新基础设施；评估与反馈使服务更加优化
支持服务	培训临时性，数据管理服务无组织性，未提供数据管理计划支持服务；其他服务非连续性	确定职责，数据管理培训；确定职责及人员；培训正在发展中	积极参与培训，广泛宣传服务	广泛开展服务，数据管理被认为是机构的重要使命	注重用户反馈，更新与优化服务
元数据管理	元数据管理混乱，且仅被少数人了解	确定职责，培养元数据管理技能，过程应用；关键数据集建立，元数据共享	过程标准化，元数据应用于数据集；元数据共享	制定元数据质量评估指标，所有数据集得以描述；实现元数据共享	持续发展与提高

图 7.8 ANDS 数据管理能力成熟度模型

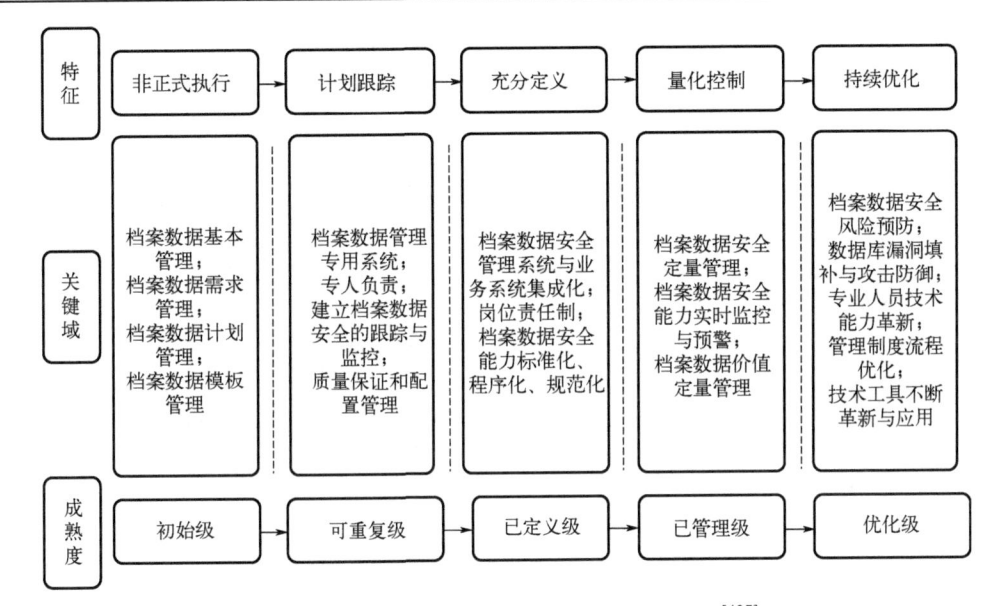

图 7.9　档案数据安全治理能力成熟度模型[427]

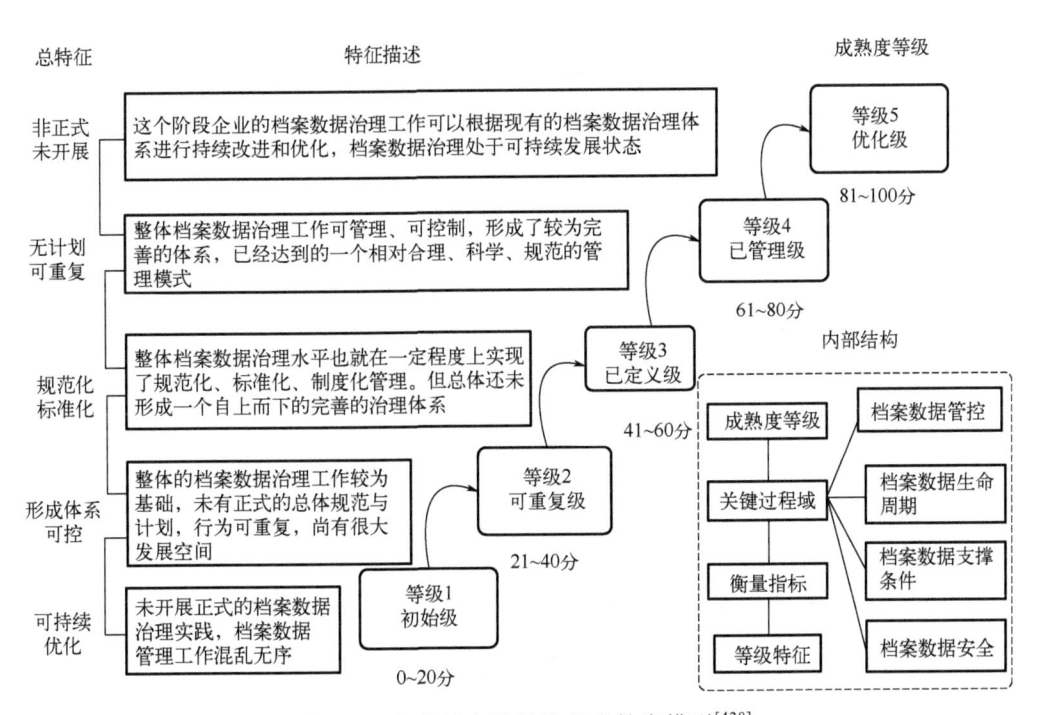

图 7.10　企业档案数据治理成熟度模型[428]

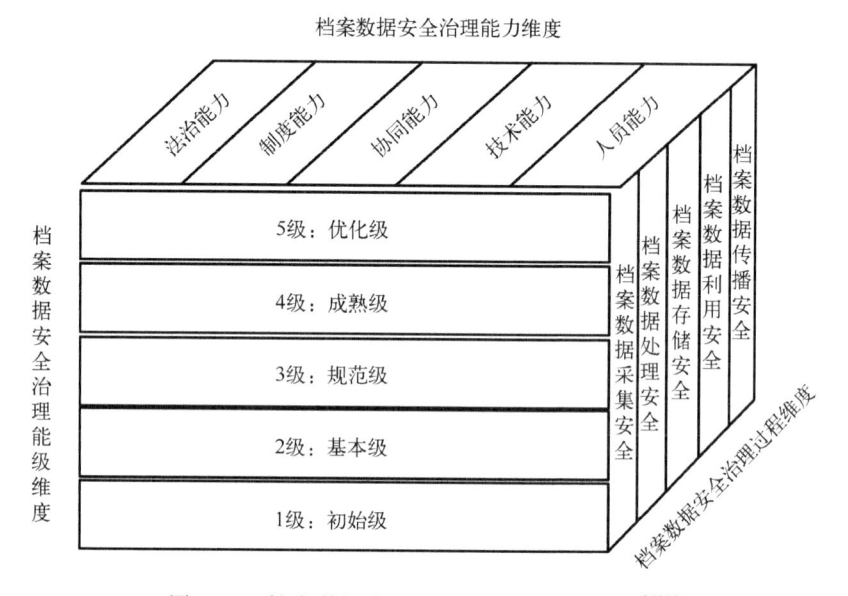

图 7.11 档案数据安全治理能力成熟度模型[430]

在国外研究中，Ashley 介绍了数字保存能力成熟度模型（Digital Preservation Capability Maturity Model，DPCMM）的发展和起源，模型涵盖了数字资产长期和永久管理的一系列治理、运营和数据管理能力[431]。Proenca 提出了利用语义技术自动分析企业架构模型，并对组织的信息治理能力成熟度进行评估[432]。Rajh 以档案管理中的问题为导向，阐述了档案管理成熟度模型的必要性，并提出构建应用更加广泛的档案管理成熟度模型的设想[433]。

2015 年 10 月，党的十八届五中全会提出要实施"国家大数据战略"，数据管理及数据成熟度模型等也在我国引起了更广泛的关注。2017 年，王敏等聚焦于大数据时代背景下的税收数据管理，详细介绍了 OECD 提出的大数据税收管理成熟度模型，在此基础上提出加快制定我国大数据税收管理成熟度模型的建议[434]。随后，党洪莉等将数据管理成熟度模型引入图书馆学领域，构建了图书馆数据管理及服务能力成熟度模型，推动图书馆数据评价体系的完善[435]。2018 年 10 月，我国发布了 GB/T 36073—2018《数据资源管理能力成熟度评估模型》（Data Management Capability Maturity Model，DCMM）[436]。作为数据管理领域首个正式发布的国家标准，该标准有利于帮助企业利用先进的数据管理理念和方法，建立和评价自身的数据管理水平，充分发挥数据在促进企业向信息化、数字化、智能化发展方面的价值。该模型定义了数据战略、数据治理、数据架构、数据应用、数据安全、数据质量、数据标准和数据生存周期 8 个核心能力域及 28 个能力项 445 条评估标准（图 7.12），并根据企业数据管理和应用的成熟度水平的不同，将数据管理能力成熟度划分为 5 个等级，即初始级、受管理级、稳健级、量化管理级和优化级。与其他数据管理成熟度模型相比，DCMM 的评估对象更加广泛和行业化，评估内容更聚焦于企业和组织的数据管理能力，更有利于帮助企业和组织提升数字化转型的核心驱动力。

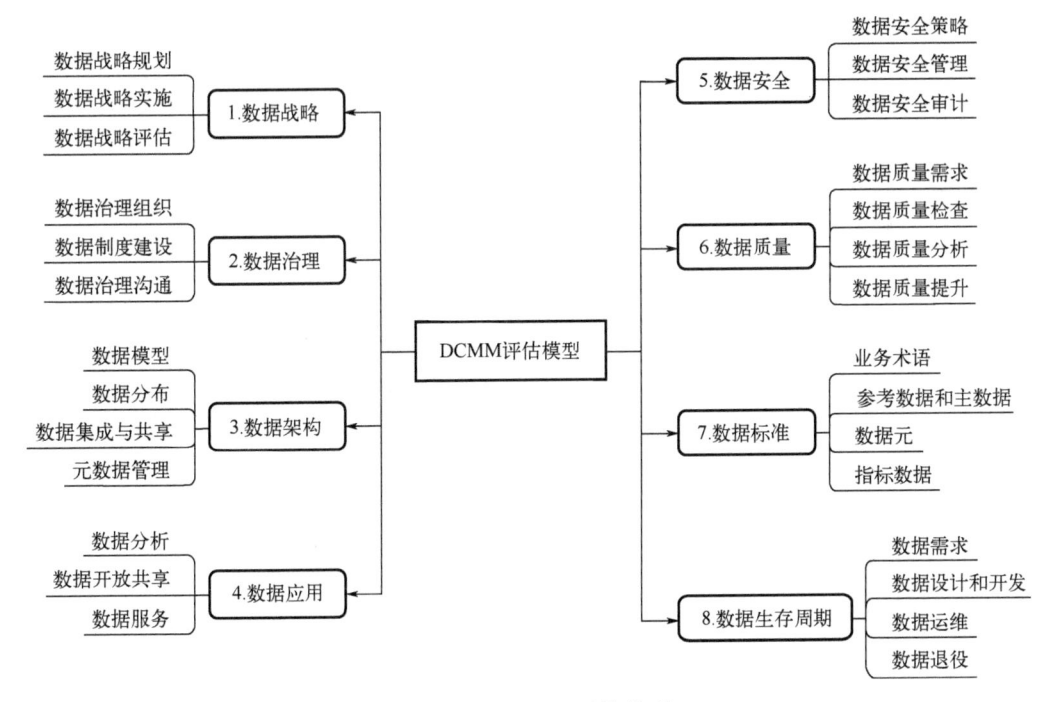

图 7.12　DCMM 评估模型

7.3　基于工程档案的知识赋能体系构建

基于工程档案知识赋能体系的构建及国内外典型体系的借鉴，本节旨在进一步梳理工程档案知识赋能体系的特色和支撑，从而在有理论、有特色、有支撑的前提下，构建面向"三创"场景——工程质量创新、产业发展创新、数智技术创先的工程档案知识赋能体系。

7.3.1　基于工程档案的知识赋能体系特色

基于工程档案的知识赋能体系依托于工程质量创优、产业发展创新及数智技术创先 3 个创新场景，结合了包含"风光水火"等能源产业案例，体现出规范性、科学性、专业性、系统性、安全性、先进性及持续性的工程特色，见图 7.13。

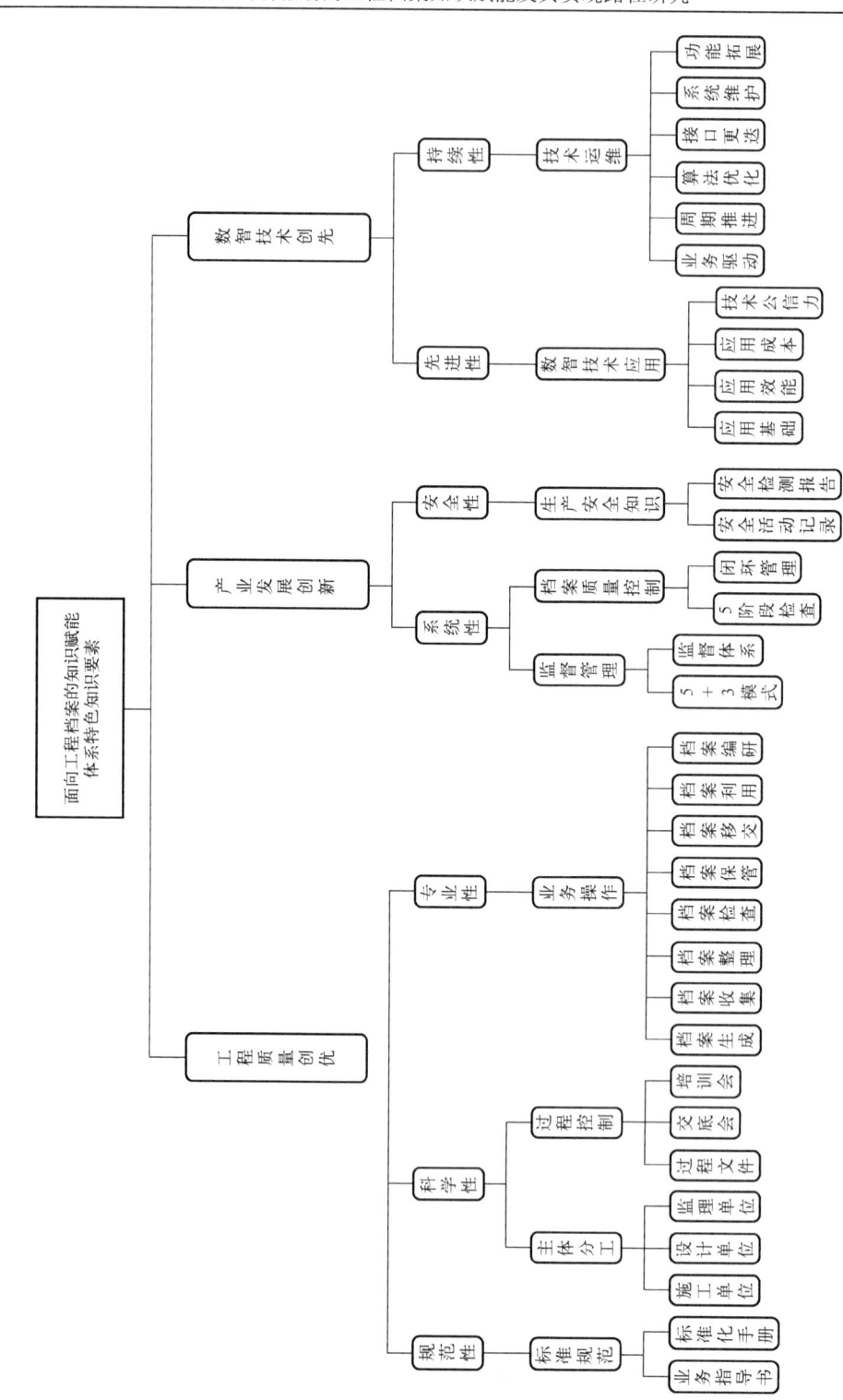

图 7.13 面向工程档案的知识赋能体系特色知识要素

7.3.1.1 工程质量创优

工程档案管理与常见的文书档案管理不同,其档案业务涉及众多工程项目业务。工程项目建设过程中有许多工程特有的知识要素,如在工程建设用地赔款方面,有青赔档案的产生。在施工过程中会产生一些设计图、施工图、设计变更资料、竣工图和一些过程文件等。

"例如青赔(档案),因为青赔资料(的产生)基本大都和线路(相关),所以只有建筑(建设)线路通了,他们(建设单位)才能开始采集(文件/档案)。"(I1-P4-L2)

"施工图由施工单位归档。到最后(阶段),(施工单位)给施工图盖一个竣工章,之后就变成草图了,就可以直接在上面修改。"(I11-P7-L7)

"现在有竣工图审核(制度),就是指所有参建单位、施工单位、监理单位等都要审核电子版(竣工图)。"(I11-P10-L16)

"现在的情况是××(公司名称)要求所有的过程性文件都要归档。"(I11-P11-L17)

选取国家电力行业创新型示范工程——质量创优 A 工程作为典型案例,展开工程档案人员知识概念体系构建的探索。以电力工程为例,参建单位包括施工、设计和监理单位等,建设单位会产生一系列的招投标文件。在基建环节,会产生基础项目档案、线路档案及工艺安装档案等。

"我觉得像你说的这种数字化,就是针对施工、监理、设计(单位)等,还有参建单位。"(I1-P4-L1)

"它有一个完整的流程,方案审查、方案审批,到组织采购、实施采购。应该是先发标书、实施采购,然后到定标、签合同,它是一系列流程下来的,每一个环节都不能缺。"(I13-P42-L20)

"在(工程建设)过程中,比如基建是分几个部分:基础部分、杆塔部分和架线这 3 大部分,包括最后竣工验收。"(I7-P8-L8)

为了便于工作推进,业务指导书和标准化手册等起到了很好的指导作用。项目执行过程中,各部门分别就工作进度进行汇报,形成了一系列的交底文件。

"现阶段施工中会有一些指导书。但是我以前施工的时候,是什么都没有的。所以现在拿这个指导书或者指导书方案去看一下,就有特别大的帮助。"(I3-P3-L29)

"就是按照手册的指导来(操作)。比如你去××(公司名称)(下辖的)工程,我就会提前把那个手册发给你,让你在家或者是刚来现场的时候自己看一遍。"(I7-P9-L24)

"第一级交底就是公司层面的,比如对我们公司的项目部、财务部、企管部、计划部要交哪些档案进行交底。然后是项目层面的……就是属于二级交底。三级交底就是班组层面的，需要具体到细节，比如签署的赔偿协议。"(I14-P8-L14)

除了传统的档案收集、档案整理、档案检查、档案保管、档案移交、档案利用、档案宣传及档案编研活动之外，档案生成是工程档案的特有环节。总的来说，工程档案管理既要符合一般档案管理的原则，又要适应工程技艺创优的要求，保证工程档案的完整与真实。

"我们这边遵循的规则是，谁生成、谁收集、谁负责。"(I14-P4-L12)

"我只需要去检查工程档案的质量，包括形式和内容。"(I13-P33-L26)

"我也会制定一些我们所辖的输变电工程核准文件的汇编……便于以后的方便利用。"(I13-P18-L19)

"像工程档案，我们办公室是会生成一些文件的，比如最主要的——档案一级交底的档案管理策划。"(I14-P4-L16)

7.3.1.2 产业发展创新

在产业发展创新的领域，工程档案知识赋能体系中体现出极强的能源创新工程的专业化特色。例如，作为新能源工程档案人员，对一系列新能源工程档案管理过程中涉及设备检测、评估和维护的相关知识，是作为工程档案人员需要掌握的关键内容，也是工程档案知识赋能体系中的基础组成部分。

"(针对新能源建设)还要看一个防雷检测，因为防雷检测是风电场的重点。尤其在山上，因为海拔高，风机、叶片很容易被雷劈到。那么，(从安全的角度来看)这个报告对于防雷检测这一块是很重要的。"(I28-P33-L9)

"风能评估报告，是(记录)测风塔历年的数据。要根据它的原始数据，评估一下这个风资源好不好，做一个论证报告。"(I28-P7-L16)

"以海上工程为例，(工程档案应该包括)海域的一些相关文件，如海洋预审、用海协议等，还有后续的类似海缆周边的用地审查报告等。"(I24-P5-L20)

同时在新能源工程建设中，安全管理是放在第一位的，生产安全更是工程顺利进行的保障，作为新能源工程档案人员，需要保证工程档案人员能够掌握基本的安全管理知识，做好安全活动记录与安全检测报告，保障新能源工程安全与档案安全管理。

"每个月要(开展)4次安全活动，就是生产教育、安全事故、安全文件的学习。还有调度指令，省调、地调等，只要下了指令的，我们都要记录。"(I28-P30-L27)

"安全工具包括梯子、手套，这些都是绝缘的，都需要定期检测，且需要做检测报告的。"(I28-P33-L18)

"保障是多方位的，我们一进场(客户现场)实施部署，从安全(开始)，U盘和手机这些硬件设备就应该在绝对保密式的环境中……然后到数据上传系统,都不会连接任何的 Wi-Fi,即使有外网,也还是需要确保在局域网上传。"(I23-P8-L21)

此外,档案质量控制中的 5 阶段节点检查与监督管理中的"5+3"模式同样是在新能源工程建设中的工程档案知识赋能体系中的特色环节,5 阶段检查包括交底培训、中期检查、转生产预检、转生产检查及复检 5 个环节,工程档案人员需要进行现场检查,实现闭环管理。而"5+3"模式工程则是在监督体系中,除了负责工程的人员,需要一名档案人员加入,以确保工程档案的全过程管理与监督保证。

"工程管控是由5+3人员实现的,即工程管理有 5 个人,项目经理、安全专工、电气专工、土建专工等。那么'+3'人则是指风电场那里,有场长、专工,还有 1 个专门的档案员。"(I27-P26-L16)

"每周检查可以知道它的档案进度,包括每周的档案发生什么问题,检查出来什么问题,都会列出整改清单。然后下一周再把上周有问题的(整改意见)拿过来,改好了,才相当于一个闭环。"(I27-P10-L10)

7.3.1.3　数智技术创先

档案管理与数据正在深度融合,数据管理区别于传统载体的档案信息管理是要求有数智技术的融合。科技是第一生产力,数智技术的应用改变了传统工程档案管理方式,相伴而生的工程档案知识要素体系也有所创新。数智技术在工程档案管理中的应用有其特有的赋能环境,例如,在技术实施前期需要对技术应用有总体可行性评估,如信息化水平、技术的应用成本、应用效能、技术公信力及技术实用性等。

"我理解的,现阶段档案应该跟数据管理紧密结合,而且要慢慢地深度融合的。"(I34-P3-L14)

"一个系统能不能做集中式部署,跟集团的信息化基础设施水平有很大关系。"(I35-P6-L9)

"如果在系统中一开始创建电子文件的时候就用了区块链(技术),那么,电子文件的整个形成过程就可以作为一个完整的全生命周期记录在区块链上……但现在的问题是,应用区块链技术的成本比较高。"(I35-P37-L24)

"区块链技术涉及应用范围、公信力等方面都还不成熟……目前用它来保障档案真实性的相关探索性研究还只是停留于技术层面,并没有做到实际应用层面。"(I34-P5-L12)

在项目实施过程中,要有一定的周期计划,逐步实现技术应用。在实际运行过程中,要以业务需求驱动技术应用,根据用户需求灵活调整,不断更新数智技术,进行算法优化、接口更迭和系统维护等,来完善功能模块。信息化系统部署完成后，也需要对档案工作人员进行相应的技术培训，通过 VPN 等方式开放应用等。

"要实现一两个技术创新点的突破，先精益求精把现有技术做成熟，再去拓展应用其他的技术。"（I35-P28-L26）

"从档案数字化和档案智能化的角度来看，这些技术能否投入应用，主要取决于业务需求，评估业务场景是否有相关的基础和需要。"（I35-P19-L19）

"所谓的人工智能，就是机器通过不断学习从而优化它的算法、模型，才能够做到替代人脑思考。"（I34-P8-L8）

"想在原有的智能系统基础之上实现一些新功能的突破，然后基于此，才能再做一些拓展性或延伸性的尝试。"（I36-P5-L14）

"例如××（公司名称）这种情况，由于参建单位在外网，所以这个系统只能通过连接 VPN（虚拟专用网络）的方式对参建单位行使开放使用的权利。"（I37-P10-L11）

工程档案中涉及的特色技术知识贯穿于技术实施部署的全流程，也渗透在工程档案管理的业务环节之中。在具体的档案管理工作中，由于数智技术的应用，极大地减轻了人工操作的工作量，出现了档案扫描、档案数据化等新环节；自动分类和档案线上检查与验收成为可能，移动终端数据查询功能的实现，使得档案利用也更加方便，数智技术的应用极大地提升了工程档案管理效率与水平。

"有些基建项目的文件，提交的是电子版的扫描件，本身就不清晰，然后我们扫描、再上传，这样就更加不清晰了。要是真的能做到工程电子文件单轨制的话，其实也是一种突破。"（I33-P4-L6）

"要想有大量的数据做支撑，就需要档案业务人员把存储的所有纸质版、电子版档案全部进行（数字化，进而实现）数据化。"（I34-P8-L14）

"过去工程项目档案是需要专家到现场验收的，但现在处于疫情时期，所以很多系统都需要提供线上验收的功能。"（I34-P19-L10）

"可以借助 Elink 平台来开发档案移动端，并投入利用。也就是，（需要在现有的平台上）开放借阅、浏览等一系列的档案功能。"（I36-P5-L11）

7.3.2 基于工程档案的知识赋能体系支撑

7.3.2.1 知识赋能体系与电子文件管理

工程档案是工程项目建设活动过程中产生的技术资料和文件资料，按照工程档案组卷要求，经系统整理排列著录编目而形成并归档的，对国家和社会具有保存价值的文字、图表、图纸、声像等各种载体材料，包括从项目立项到投产运行维护的工程全过程管控中形成的原始记录[437,438]。工程档案具有复杂性、分散性、继承性、时效性、全面性、真实性、随机性、多专业性和综合性等特点。而在档案管理活动中产生的经验和知识，是实现档案有效管理的重要基础。但是，工程档案管理涉及内容多、领域广、专业性强，对工程档案管理人员素质要求高，且施工单位对档案管理工作重视程度低，没有充分认识到工程档案管理的重要性，加上信息技术的应用，电子文件管理的推进，这给工程档案管理工作的安全性带来了巨大挑战，无法保证档案的真实性、完整性、齐全性和规范性。

目前我国的电子文件管理工作大多遵循"双轨制"管理，但是伴随无纸化办公的迅速崛起与信息技术在企业文件管理中应用的深入，文档一体化、电子文件的单轨制成为企业管理发展的重要方向，对电子文件管理水平提出了更高的要求。2021年，国家密码管理局颁布了《电子文件管理能力体系 第1部分：通用要求》(GB/T 39755.1—2021)和《电子文件管理能力体系 第2部分：评估规范》(GB/T 39755.2—2021)。这两项国家标准从电子文件管理的4大职能活动角度明确组织开展电子文件管理应具备的技术和管理能力，并规定了电子文件管理能力等级的评价模型和具体指标，有利于对电子文件管理能力进行监督、检查和评估，促进组织从事电子文件管理业务的能力的提升。在调研访谈中，多名受访对象表明电子文件单轨制与文档内一体化管理的重要性。超高压输电公司档案专责人员谈及电子文件单轨制管理是未来发展方向，为保证单轨制的顺利实施，工程档案人员的技术能力提升需要重视(I-14-P6-L7)。《电子文件管理能力体系 第1部分：通用要求》(GB/T 39755.1—2021)中也对技术实现能力提出了要求，要求人员借助技术手段，将电子文件管理业务融入信息系统，保障系统及其软硬件技术环境可靠运行和安全访问的专业技术能力。产业创新B2公司经理表示其所在企业的文书管理目前已经实现了电子化管理，由综合管理部专门负责(I27-P20-L1)。新能源工程建设中工程档案知识赋能体系则能够为企业电子文件管理建设及文档一体化进程推进提供理论支撑与实践指导。

7.3.2.2 知识赋能体系与知识管理

现有研究中，在知识管理领域的关于在创新驱动背景下的知识赋能研究涉猎较少，缺乏较为深入的研究，而新兴技术的兴起和发展也进一步加强知识管理领域研究之间相互协作和合作。在3.3小节系统梳理了知识及知识管理的内涵，研究发现知识管理能力是组织通过协调各种知识管理行为，整合组织内外部的各种知识，增强组织竞争力的能力[439]，可以从知识创造、知识共享、知识转移、知识服务等知识管理的活动流程角度对知识管理能力进行评估。21世纪以来，国际知识管理业界与学界从不同角度出发，提议了比较多的知识管理标准化倡议和用例，这一举措也有利于促进知识管理最佳实践经验在全球范围内的共享、交流和增值。

2000年美国APOC构建了知识管理模型,并建立了知识管理实施指南,包括启动、策略开发、试点、推广和支持、知识管理制度化5个阶段。2004年欧洲标准委员会发布《欧洲知识管理最佳实践指南》,包括框架、文化、实施、评估和术语5部分,归纳提炼了欧洲知识管理实践,为中小型企业知识管理能力的提高提供重要指导。2005年澳大利亚标准协会发布了《澳大利亚知识管理指南》,包括概念、环境和文化、经验和联系、方案和功能、促成方、评价等模块,旨在为知识管理活动提供指导方针和实施框架。综上,国外关于知识管理能力标准的建设一般会从知识管理流程本身入手,且侧重点多偏向于政府和企业,对档案领域知识管理能力评价的指导与借鉴价值有限。

知识赋能[63]是通过激活知识主体内在潜能,使其知识活化,提升其知识认识及转化能力,重构自身知识体系并使之转化为知识创新动力,从而达到知识创新和实现知识的价值化。为提升组织的知识管理能力,更好地实施知识管理项目[416],部分学者提出知识管理成熟度模型,即应用系统、科学、定量的方法,从知识管理内容、能力、系统、人才和技术等方面出发,提出科学的衡量指标,以指导组织知识管理实践,促进知识管理的最终成熟。目前,档案领域的知识管理模型构建尚且处于空白阶段,如7.2.2小节所述,孙锐等从软件能力成熟度模型出发,分析构建了基于能力成熟度的知识管理模型[422];7.2.3小节所述,受提高企业利润等目标驱动,知识管理能力成熟度指标目标也仅应用于企业知识管理实践中。当前缺乏面向工程档案知识管理成熟度指标的理论构建与实际应用,且相关研究中对互联网+、大数据、云计算、区块链等新兴技术的考量较少,缺乏创新思维,难以实现为创新驱动发展赋能。本书通过实证研究,提出的基于工程档案管理的知识赋能要素体系,丰富了知识管理的应用领域,能够很好地指导档案实践工作,填补了档案领域的知识管理空白。例如,由于工程档案管理过程中,产生许多隐性知识,需要对知识进行转化(I15-P20-L12)来实现知识共享。在档案开发利用(I19-P2-L25)过程中,可以构建一个大知识库,通过知识图谱(I1-P5-L4)构建和档案数字化(I12-P6-L28)实现知识创新;通过经验交流(I29-P4-L4)与学习(I29-P5-L26)实现知识分享,再通过经验共享(I29-P10-L15)与知识积累(I29-P5-L11)实现知识生产,最终通过开发利用(I29-P7-L14)和知识传播(I29-P12-L9)实现知识应用,基本涵盖了知识管理的主要环节,对工程档案管理过程中具体的知识管理范畴有所总结。此外,数智技术的应用,拓展了传统知识管理的内涵,需要一些跨学科专业知识(I15-P23-L19)来推动相关工作。在档案管理过程中,既需要具备相关技术知识,了解技术的应用场景(I34-P11-L14)、可操作性(I34-P6-L10),也需要掌握业务知识,明确业务需求(I35-P42-L1),从而达到技术与业务的匹配与结合。

7.3.2.3 知识赋能体系与数据管理

数据作为要素资产是基础性资源，数据也是价值的来源。档案数据是大数据环境下的重要数据资源之一，是确凿的原始证明、可信的事实存照、有效的决策资鉴、珍贵的文化遗产和重要的社会记忆，对于国家、企业、组织和个人而言都是重要的信息和知识资产。档案数据相对于其他类型的数据资源，更具有真实性、权威性和可靠性。数据管理是指利用各种现代科学技术对数据进行有效的收集、存储、处理和应用的过程，目的在于充分挖掘数据的内在价值与作用。大数据时代下，档案数据管理面临管理力度细化、形成过程趋向分散、难以满足开发利用需求、维持安全与长期保存困难等挑战。而且，随着档案数字资源日益丰富，数据类型多且结构多样各异，缺乏明确的档案数据管理标准，档案相关部门协同联动不足，档案数据化实践尚未成熟。档案数据化是档案数字化的发展趋势(I34-P8-L14)，是档案信息化建设的重要部分，档案数据管理工作需要跟随数据管理科学的发展步伐，加强档案资源质量管控，加快档案资源数字转型。不少学者对档案领域中的数据管理工作开展了相关研究，例如，李孟秋就倡导"通过推动数字科研档案与科学数据协同管理、发展覆盖全流程的全宗组织方式、优化数字科研档案著录工作、完善管理基础要素建设"[440]。周林兴对大数据环境下档案数据质量控制的实现路径进行了探索，提出了针对档案数据质量管控机制和管理战略[441]。金波从法治、协同、技术、智力等层面探索档案数据保障路径[442]。大数据时代下，档案领域的数据管理工作面临巨大挑战的同时，也获得了新的发展机遇与创新途径。档案数据的存储模式、思维方式、数据利用方式都已发生转变，档案管理人员也逐渐意识到档案与数据是紧密结合的，融合发展是大势所趋(I34-P3-L14)。数据科学为档案数据管理提供了新的思路，倒逼档案数据管理平台、管理机制、个性化服务和档案管理人员信息技能的发展，可见，业务需求对技术开发应用具有重要的驱动作用(I35-P19-L19)。重视档案数据管理工作带来的益处不言而喻，深入落实档案数据管理工作，不仅能够为生产生活活动提供丰富的档案信息资源，满足档案管理改革发展的需求，还能提高档案开发利用水平，促进"一站式、个性化、知识化"的档案数据开发利用，提高档案服务能力与档案服务质量，在充分释放档案数据价值的同时，拓展档案服务深度与广度。

档案数据从"数字化"到"数据化"的转变体现了档案查阅利用到挖掘利用，从被动服务向主动服务的思维转变。档案数据存在一致性较低、时效性较差、关联性不强、精准度不准等问题，如何在海量档案数据中挖掘可用数据，如何实现数据的分类分级与规范化管理(I35-P28-L16)，如何加强档案数据再生产，如何加强档案数据开发运营是当前档案数据利用需要攻克的难关。档案数据作为生产生活活动全过程的真实记录，具有重要的凭证价值和参考价值，应重视加强档案收集、管理与开发利用统筹发展，依托不同的业务场景，让档案数据赋能业务，更好实现档案数据价值。坚持需求为导向(I36-P2-L25)，实现档案数据的整合、再生产与循环利用，通过技术升级、算法优化(I34-P8-L8)等途径，在实践中不断增强技术与档案数据开发需求的匹配程度，探索"发现问题——解决问题——回归实践"的技术应用探索道路，逐步探索适合业务发展需求的技术道路(I35-P28-L8)，还要充分发挥档案数据的再生产功能，推动数据驱动的业务创新。此外，随着人工智能技术，尤其是物联网、云计算和大数据等现代化技术的发展与应用，档案数据与智能技术之间的联系也越来越紧密，智能技术的利用能够为用户提供更加个性、多元、便捷、精准的档案数据智能利用服务。高端现代科学技术的引入与应用难免会遇到成本控制问题(I35-P37-L24)、技术与业务的兼容问题(I35-P28-L8)，但这是档案数据发展不可逆转的局面。在工程档案管理的场景中，通过智能技术集成的Elink档案管理移动端平台，实现对工程档案数据的实时收集、归档与查阅利用功能(I36-P5-L11)。

7.3.3 面向"三创"场景的工程档案知识赋能构建

本书构建了基于创新驱动的工程档案知识赋能体系(图 7.14)，是以工程档案建设过程中的档案知识赋能为核心，基于工程建设中的 3 大创新场景，包括工程质量创优、产业发展创新、数智技术创先的档案场景，探讨了工程档案知识赋能体系对文件管理、数据管理和知识管理赋能作用，搭建一个由创新驱动背景、知识赋能思维与档案场景形成有机联系的赋能平台。

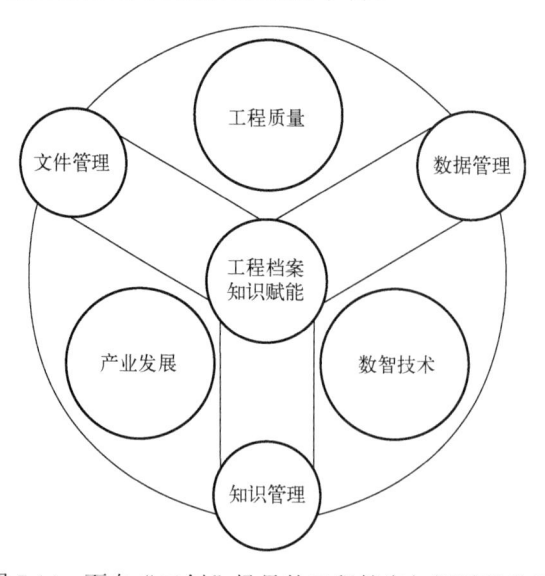

图 7.14 面向"三创"场景的工程档案知识赋能体系

创新是发展的第一动力。创新型国家是指以创新为国家发展的动力,依靠自主创新方式,实现社会、经济全面协调可持续发展的国家。以创新驱动为起点建设创新型国家,是增强国家创新能力和国际竞争力的重要途径。工程建设是人类文明发展的基础性经济活动,在国民经济中占据重要地位,为国民经济的发展和人民生活的改善提供重要的物质技术基础。档案管理工作是推进国家治理体系和治理能力现代化,为中国特色社会主义事业服务的重要部分,对国家各项事业建设具有重要的支撑作用。档案管理工作作为信息行业的重要组成部分,工程建设中档案管理工作的效率和质量及档案管理人员的素质形象对于创新型国家的建设具有重要意义。知识赋能有利于提高知识主体的能力水平,激发知识主体创新动力,借助创新驱动组织和个人创新水平的提高,进而促进创新型国家的建设。

文件管理、数据管理和知识管理迎来了新的发展机遇与挑战。传统的档案文件管理模式已经不能适应新形势下的档案管理客观需求,文档一体化思想在数智时代与知识赋能思维背景下有了新的角色定位与发展方向。通过对档案文件生成全过程管理,保证文件内容的完整性、数据结构一致性,从而实现档案文件的数据畅通与完整性。数据管理是指利用各种现代科学技术对数据进行有效的收集、存储、处理和应用的过程,目的在于充分挖掘数据的内在价值与作用。随着云大物移智等现代新兴技术的发展,档案数据管理迎来了新的机遇与挑战,档案数据收集、归档、分析与利用过程更加智能化,档案数据内在价值的实现方式更加多元化。知识管理作为知识经济时代涌现的一种创新型管理方法,对企业、组织的创新转型具有重要支撑作用,能够突破现有发展瓶颈,创造新价值,从而促进企业、组织发展模式创新。

本书从工程质量创优、产业发展创新、数智技术创先3个场景中对工程档案管理人员的知识概念体系框架进行梳理,探索了工程档案知识赋能文件管理、数据管理和知识管理实践的实现路径,推动构建基于创新驱动的工程档案知识赋能平台。通过工程档案知识赋能,提高知识主体的能力水平,激发知识主体创新动力,推动组织和个人创新水平的提高,进而促进创新型国家的建设。

第 8 章　基于创新驱动的工程档案知识赋能体系的实现路径

本章在分析创新驱动指标的基础上，结合工程档案知识赋能的应用场景，选取相应的框架维度，提出了工程档案知识赋能的实现路径，包括法规体系、标准规范、赋能体系、咨询机制、协同模式、监督机制及人力资本 7 个方面。

8.1　基于创新驱动的工程档案知识赋能路径选择

本书在 3.1 小节详细表述了选取全球创新指数(GII)作为创新驱动的理论依据。该指数服务于两方面的内容，一是作用杠杆，衡量各个国家和地区为创新做出的努力与成果，另一方面是统计结果，提供经济体内部创新活动的产出信息。全球创新指数的指数体系设置了创新投入、创新产出两大板块。创新投入可以捕捉到促成创新活动的国民经济要素，包括制度、人力资本和研发投入、基础设施建设、市场成熟度及商业成熟度；创新产出的指标，包括知识和技术产出、创意产出。

8.1.1　创新驱动建设要素选择

8.1.1.1　制度

该指数反映一个国家整体的政治稳定性，政府完善法律法规、行政规划及反映民意的效率[443]，这一指标下包括政治环境(political environment)、监督环境(regulatory environment)、商业环境(business environment)等 3 个次级指标。其中，①政治环境包括政治和运营稳定(political and operational stability)及政府效能(government effectiveness)等次级指标，通过该指标能够衡量影响业务运营的政治、法律、运营或安全风险的可能性和严重性，反映对公共服务质量、公务员质量及其独立于政治压力的程度、政策制定和执行的质量及政府对此类政策承诺的可信度的看法。②监督环境包括监管质量(regulatory quality)、法律执行力(rule of law)及冗员成本(cost of redundancy dismissal)。杨震宁、李东红论证了"政府监管和竞争机制的引入"与"企业知识产权管理实践"与企业创新绩效的关系，发现国家监管制度和竞争机制设计的正确使用,能够有效提升企业创新绩效;近年来,我国各级政府将"监督优化营商环境"提高到政治自觉高度[444]。2020年,福建省厦门市纪委监委通过提高站位、问题导向、专项监督等措施,发挥监督保障执行、促进完善发展作用[445]。③商业环境包括注册公司便利度(ease of starting a business)及破产手续便利度(ease of resolving insolvency)。翁媛媛等在市场环境的研究中认为,市场是科技创新主体生存的基本环境,市场环境的优劣可以通过科技市场化水平、科技成果产业化水平、相关金融环境及中介服务等指标具体表现[446];赵彦飞等认为市场的信任度、市场规则的执行情况等都会影响到创新行为,完善创新环境需以市场机制为基础[447]。

8.1.1.2 人力资本和研发投入

全球创新指数的人力资本和研发投入包括3个次级指标:①教育(education)包括教育支出(expenditure on education)、政府教育支出于中小学比重(government funding per secondary student)、受教育年数(school life expectancy)、阅读、数学&科学的教育(assessment in reading, mathematics, and science)、中学师生比例(pupil-teacher ratio, secondary)等次级指标。②高等教育(tertiary education)包括高等教育入学率(tertiary enrolment)、理工科毕业生(graduates in science and engineering)及大学生流动情况(tertiary inbound mobility)。程雁、李平认为提高教育投入、培养科技人才有助于国家或地区创新能力的提高[448];顾承卫对各地引进海外科技人才政策进行比较分析,发现引进人才在突破关键技术、带动新兴学科、发展新兴产业等发挥了重要影响[449]。③研发金额(R&D)包括全职研究者占人数比例(researchers FTE)、研发占GDP比重(GERD)(gross expenditure on R&D)、前3公司在全球的研发费用(global R&D companies, average expenditure, top 3)及前3排名大学的QS评分(QS university ranking score of top 3 universities)等次级指标。吴玉鸣认为企业是创新活动的主体,研发投入与研发活动的效果对创新绩效具有积极作用[450];李平等发现中国自主创新能力的提升很大程度上取决于研发投入力度,其中人力资本与知识产权保护对各种研发资本投入产出绩效的影响存在显著差异,能够提升进口和国外专利申请的自主创新绩效[451]。

8.1.1.3 基础设施建设

这一指标突出了信息通信技术(ICT)和基础设施对于创新至关重要的作用。Stern和Porter等通过分析17个经合组织国家连续23年的统计数据,发现完善的基础设施对于提高国家创新能力具有重要意义[452]。该指标具备以下3个次级指标:①信息和通信技术(information and communication, ICTs)包括ICT获取便利度(ICT access)、ICT 的使用(ICT use)、政府网络服务(government online service)及在线电子参与(online e-participation)等次级指数。邱成立将创新环境划分为基础层次、组织层次、文化层次、信息层次等角度,认为基础设施建设包括交通、通信和信息网络的建设,是区域创新的最基本保障[453]。②普通基础设施(general infrastructure)包括电力输出(electricity output)、物流绩效(logistics performance)及资本占 GDP 比重(gross capital formation)。基础设施建设与经济增长的关系是学界与业界长期研究的课题,Aschauer 通过分析美国 1945—1985 年的公共开支数据,发现公共交通、道路系统、供水系统等"核心"基础设施能有效促进经济增长和生产率提高[454];Munnell 分析了公共基础设施投资与经济增长之间的关系,进一步印证了基础设施是促进经济发展的引擎[455]。③生态可持续性(ecological sustainability)包括单位能量产生的 GDP(GDP per unit of energy use)、环境绩效(environmental performance)及 ISO 14001 环境认证(ISO 14001 environment certificates)等次级指标。张蕴认为,从研发环境、科技环境、生活环境等角度持续优化创新生态是创新 3.0 时代的显著特征[456];彭仲宇、肖鹏在绿色生态的目标导向下,融入人文、科技、绿色等元素,提出了北京未来科技城的构建思路[457]。

8.1.1.4 市场成熟度

"成熟度"的概念最早运用于质量管理领域,即菲利浦·克罗斯比(Philip B.Crosby)在质量管理熟度方格(QMNG)中提及,他认为企业需要通过 5 个阶段的进阶才能实现卓越的质量管理,即不确定期、醒期、启蒙期、智慧期和确定期[458]。市场成熟度是成熟度理论运用的场景之一,该指标有以下 3 个次级指标:①信贷(credit)包括拿到信贷的便利度(ease of getting credit)、私营企业能拿到的信贷占 GDP 比重(domestic credit to private sector)及小额信贷占 GDP 比重(microfinance institutions gross loan portfolio)。董静等[459]认为企业和企业家具备即时取得获得信贷的机会是一个有效率的市场的表现。②投资(investment)包括保护小投资人的便利度(ease of protecting minority investors)、市场价值占 GDP 比重(market capitalization)、风投占 GDP 比重(venture capital deals)等次级指标。Cesare 与 Filippo 以意大利为案例,研究发现跨国公司相较于本地企业的生产率水平较高[460];Nigel 与 Max 以英国制造业为研究对象,发现外商直接投资对国内工业部门具有相对较高的生产率和空间聚集性的技术效率有较大影响,这些研究均表明外商直接投资对于本地企业产生了明显的技术溢出效应[461]。③贸易、竞争和市场规模(trade, competition, and market scale)包括关税情况(applied tariff rate)、加权平均(weighted average)、本地竞争的激烈程度(intensity of local competition)及国本地市场规模(domestic market scale)等次级指标。Thomas 指出,服务行业的创新不仅源于自身的研发行为,而且是企业与客户共同参与的过程,其表现是对贸易进口溢出的吸收能力[462];汪琦分析了内外源创新对我国知识密集型服务贸易竞争优势的促动效应,发现科研投入、进口溢出能够促动电信及计算机信息服务业竞争力的提升[463]。

8.1.1.5 商业成熟度

商业成熟度是衡量企业在其活动、产品和服务中研发和运用新技术的能力,也反映国家制造业和服务业的整体素质,以及企业对市场的反应[443]。该指标下包括 3 个次级指标:①知识型工人(knowledge workers)包括知识密集型雇佣率(knowledge-intensive employment)、提供正式培训的公司占比(firms offering formal training)、公司研发占 GDP 比重(GERD performed by business enterprise)、公司财务支持的研发比重(GERD financed by business enterprise),以及拥有高学历女性雇员占比(females employed with advanced degrees)。蔡超华认为不同领导方式及不同成熟度的知识型员工的特征影响着企业的能否长远发展[464]。②创新制度关联(innovation linkages)包括大学/行业科研合作(university/industry research collaboration)、创新城市群发展情况(state of cluster development)、海外支持的研发比重(GERD financed by abroad)、风投资产(joint venture/strategic alliance deals)、在多个国家和区域申请的专利数量(patent families filed in two offices)。张文锋等认为高质量的创新集群是创新系统高效运作的关键平台,承担着促进经济增长的重要使命,能有效提高国家自主创新能力[465]。③知识吸收(knowledge absorption)包括知识产权付费占所有贸易比重(intellectual property payments)、高科技引入占总贸易比重(high-tech imports)、ICT 服务引入占总贸易比重(ICT services imports)、外资直接投资占 GDP 比重(foreign direct investment net inflows)、科研工作者在公司中的百分比(research talent in business enterprise)。Cohen 和 Levinthal 认为知识吸收能力是企业对外部新知识进行识别、理解、吸收并将其利用于商业化产品的能力[466];刘娟等认为,IT 驱动的知识能力是"增强企业创新的动态能力,是企业获取、吸收、转化和利用知识的一系列组织过程产生的动态能力",这些动态能力相互影响,从而产生知识吸收能力[467]。

8.1.1.6 知识和技术产出

知识和技术产出反映了国家开发和应用知识以推动创新驱动型经济发展的程度,包含知识的创造、知识的影响及知识的扩散等。该指标包括以下 3 个次级指标:①知识创造(knowledge creation)包括专利产出规模(patent applications by origin)、国际专利申请规模(PCT applications by origin)、实用新型专利规模(utility models by origin)、科技文章规模(scientific and technical publications)及可检索出来的科研文章规模(citable documents H-index)。1995 年,日本学者 Nonaka 等首次提出知识创造概念,认为知识创造是一个螺旋式增长的过程[468];在其后续研究中进一步深化了知识创造的内涵,认为企业内部知识创造是显性知识与隐性知识不断轮流转化的 SECI 模型,知识主体通过社会化、组合化、内隐化等过程,实现企业显性与隐性知识的积累与创造[203];在 Nonaka 的知识创造模型基础之上,我国学者在继续拓展知识创造领域的研究外延,姚威指出知识创造应该围绕企业的发展战略,在运用先验知识的基础之上,获取、内化并分享外部知识,通过应用新知识实现价值增值的过程[469]。知识产权也是创新国家评价的要点之一,魏旭等指出"知识产权创造水平"通过各中间变量对"创新产业聚集发展"产生影响,也可直接对"创新产业聚集发展"产生作用[470]。②知识影响(knowledge impact)包括就业人均 GDP 增长率(growth rate of GDP per person engaged)、新的公司申请量(每千人)(new business density)、计算机软件总开支(total computer software spending)、ISO 9001 质量认证规模(ISO 9001 quality certificates)、中高端科技型制造业占总制造业比重(high-tech and medium-high-tech manufacturing)等次级指标。③知识扩散(knowledge diffusion)包括知识产权输入占总贸易比重(intellectual property receipts)、高科技出口占总贸易比重(high-tech exports)、ICT 服务出口占总贸易比重(ICT services exports)、外资直接投资数额净外流占 GDP 比重(foreign direct investments net outflows)。研究表明,知识和技术产出指标较大的区域在研究开发方面的投入比较高,且科研机构、学术界和企业之间的合作也比较紧密。因此,知识和技术产出指标尤其强调高科技和制成品的出口、专利数和研究人员总数。谢馥彤就认为知识来源是创新过程中基础性一环,对知识产出和创新绩效有直接的影响[471],良好的知识产权保护可以减少研发溢出损失和缓解外部融资约束,对企业创新互动具有显著的激励效应[472]。

8.1.1.7 创意产出

创意产出由无形资产、创产商品和服务以及网络创意等 3 个子要素组成,是对创新成果的创造力衡量:①无形资产(intangible assets)包括商标申请类别规模(trademark application class count by origin)、全球品牌价值(global brand value)、工业设计规模(industrial designs by origin)、ICT 和组织模式创建(ICTs and organizational model creation)。1983 年,美国学者 Davidson 将无形资产定义为类似于专利权、版权等不具备实物形态、由企业控制并预期会给企业带来收益的资产[473];2006 年《企业会计准则第 6 号——无形资产》将无形资产界定为"企业拥有或者控制的没有实物形态的可辨认非货币性资产",以用来规范无形资产的确认、计量和相关信息的披露[474]；无形资产是企业创新力的源泉之一，赵旭梅认为实用技术和产品品牌等无形资产比固定资本、金融资本等有形资产更重要[475]。②创意产品和服务(creative goods and services)包括创新服务出口占总贸易比重(cultural and creative services exports)、民族特色电影产量(national feature films produced)、全球娱乐媒体市场规模(每千人)(entertainment and media market)、印刷出版业占制造业比重(printing publications and other media output)及创新产品出口占总贸易比重(creative goods export)。在世界创意经济和创意产业逆势增长的背景下，知识和创意成为推动全球经济增长的强大引擎[476]。③网络创意(online creativity)包括一般的最高级域名网站量(每千人)(generic top-level domains，GTLD)、国家级的最高域名网站量(country-code top-level domains，CCTLD)、维基百科年度编辑量(wikipedia yearly edits)以及移动应用程序创建量(mobile app creation，gTLDs)。Laud 等认为，在网络社区内通过管理个人、社会文化和环境因素，有助于激活用户的创新创造能力[477]。

8.1.2 创新驱动下的工程档案知识赋能路径框架

本书的主要目的是为工程档案提供知识赋能，重点关注赋能的投入环节，而全球创新指数的市场成熟度指标则更侧重信贷、投资及信贷规模等经济性领域，创意产出指标侧重无形资产、商品及服务成果，均与知识赋能主题不适配。因此，本书以工程档案建设过程中档案知识赋能为核心，以创新驱动为背景，选取符合本研究主题的全球创新指数，构建出面向工程建设过程中的创新场景知识赋能路径。其中，制度指标能够较好地衡量知识管理的宏观环境及知识流运行的规范程度；人力资本是知识赋能过程中的重要主体；基础设施建设指标为知识赋能活动奠定了较好的硬件基础；商业成熟度指标体现出知识赋能的相关运作机制；知识和技术产出则是知识赋能的成果体现。结合实地调研和工程档案全过程管理的流程环节，剔除创新投入中的市场成熟度指标及创新产出中的创意产出指标，最终以全球创新指数中的其他5项二级指标作为基本的路径依据，即制度、基础设施、商业成熟度、人力资源和知识产出5方面，形成创新驱动下的工程档案知识赋能路径选取（图8.1）。

制度指标从创新角度强调了知识赋能的政治、监督等环境的重要性。知识赋能离不开制度的规范引导，国家政策是行业发展的风向标，例如，"国家档案局已经明确了档案工作是国家大计，已经纳入国家大数据战略的范畴内，所以档案跟数据管理的结合将会越来越紧密"(I34-P22-L25)，因此在知识赋能过程中不仅应重视对国家政策的分析与解读，还应响应顺应国家战略、国家政策的号召，构建符合自身发展的企业规范体系，保证知识赋能的内容准确、流程规范。

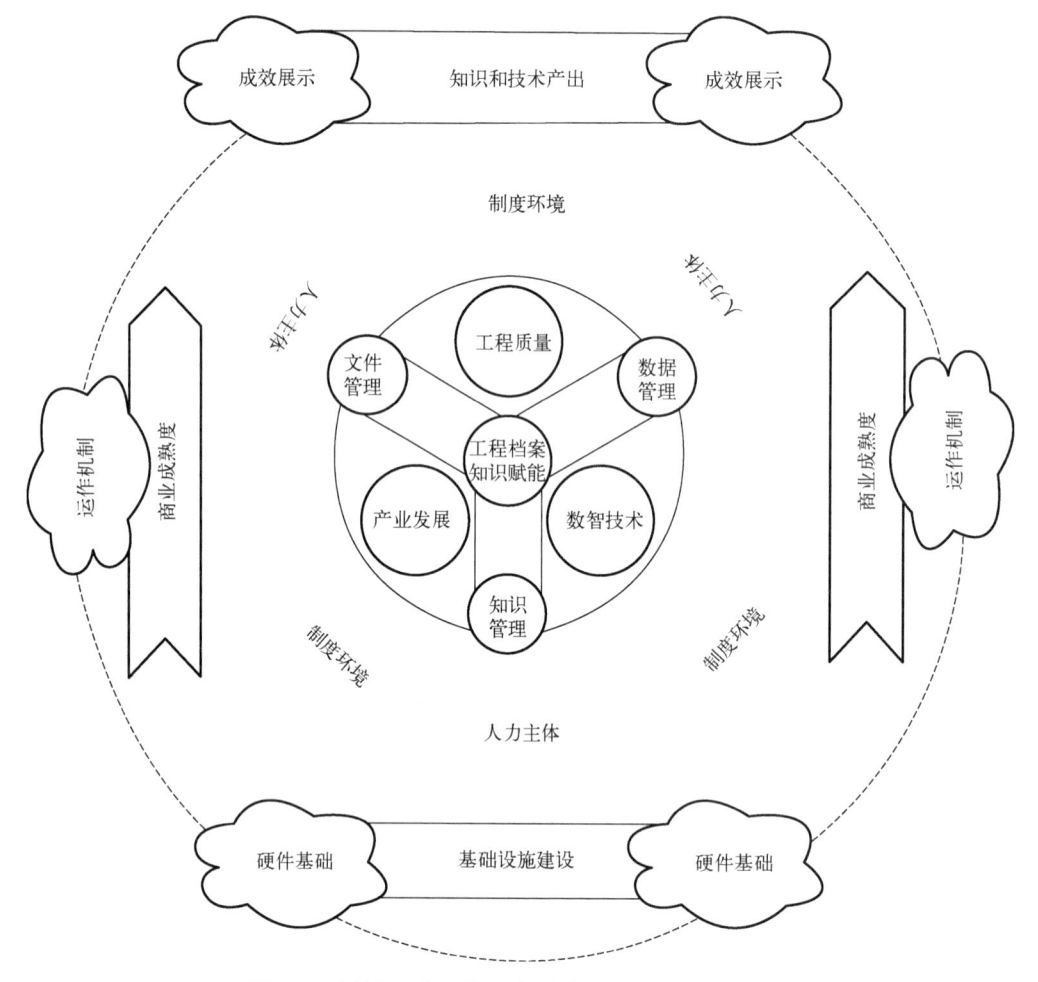

图 8.1　创新驱动下的工程档案知识赋能路径框架

人力资本指标明确了人在知识赋能中的作用。知识活动中，显性知识与隐性知识的传播及隐性知识的显性化表达均需要经过人类活动进行转化，因此在知识赋能过程中，人的主体地位不可小觑，既要注重发挥人力资本的作用，又要注重挖掘以人为本的主体需求，满足业务活动的发展需要。创新驱动发展必然需要创新型人才的参与，这是知识赋能路径实现中的关键要素。人既是知识的创造者，又是知识的传播者，还是知识的吸收者，如此往复循环迸发出一轮轮创新活力。

基础设施建设为知识赋能路径提供了基础保障。新兴技术背景下，基础设施既提供了知识赋能的工具，又打造了知识存储的空间，为知识赋能的持续性发展奠定基础。信息与通信基础设施打通了知识赋能渠道，技术基础设施维持了知识活动的基本运转，基础设施建设的生态可持续性也保证了知识赋能的发展与延续。

商业成熟度是衡量企业在其活动、产品和服务中研发和应用新技术的能力，包括知识型工人、创新制度关联、知识吸收3个指标。知识赋能的路径选取，要从体制机制上加强管理，促进知识交流。以知识型匠人和创新制度关联为突破口，选取专家库咨询机制以维护知识型匠人群体，形成个人发展机制、监督督导机制与创新制度的良性协同关系。

知识和技术产出指标包括知识创造、知识影响与知识扩散，与知识赋能中全活动流程相对应，是创新驱动背景下知识赋能成果的总结与展示，是衡量知识赋能成效的重要指标，也是实现知识赋能的必要路径之一。

8.2 基于创新驱动的工程档案知识赋能路径实现

基于创新驱动的工程档案知识赋能路径的实现，需要政策法规体系的引导，需要标准体系的制约，需要系统化的知识赋能策略支撑。本节旨在从实践落实的角度，从政策法规体系构建、标准构建、知识赋能体系构建、专家咨询机制构建、协同发展模式构建、监督管控机制构建、人力资源构建7个方面，探析知识赋能应用路径。

8.2.1 构建统筹化的政策法规体系

创新驱动发展中国家及行业政策法规对工程档案知识赋能体系的实践具有明显的引导作用，是知识赋能体系底层逻辑的重要支撑，也为工程档案知识赋能提供顶层设计的政策依据。各项行业规范与政策条例的不断出台，也可以推进知识赋能体系的不断完善和改进。

首先，国家层面上的宏观政策及法规对企业知识赋能起到导向作用。要从制度上保障良好的政策环境，访谈过程中大多数工程档案人员提及政策对企业创新发展的促进作用，比如"无论从国家的政策……等方面看，都在大力推动档案信息化的发展"(I34-P24-L18)，进而推动企业创新。政府应适应当前新时代的需求，优化和制定多层次的、多需求的政策制度，为知识赋能创造优质的政策环境，增加企业可支配的创新资源，提高企业创新意愿，实现创新驱动发展战略。其次，实践层面上的指导性操作是影响企业发展的重要因素，指导性操作规范的详细程度、措辞倾向不仅反映行业所处的水平，也直接影响行业未来的发展质量，如在工程建设中需要遵循的土地政策、能源政策及数据政策等，都需要结合工程建设实际统一规划，避免跨区域多主体工程项目的文档管理混乱，为实现知识赋能提供实践指引。最后，作为工程管理人员，也应及时跟进学习最新的政策要求和制度规范，适应新时代下国家对工程建设和档案管理的新要求，将概念知识转化为经验知识，将知识应用到日常业务活动，完成知识赋能的关键一环。

8.2.2 构建规范化的知识赋能标准

推进知识赋能体系长效化的关键手段是强化标准规范的供给，企业在工程项目建设中只有遵守统一的规范制度，通过不断完善相应的管理标准与技术标准，为知识生成与流动奠定良好的数据基础，才能实现创新知识为企业赋能。

标准规范的完善，在访谈调研中多次被提及，包含国家标准（《纸质档案数字化规范》）、行业标准（《风力发电企业科技文件归档与整理规范》），以及企业内部标准规范(如南方电网公司企标)等。因此，从宏观视角的层面，以"国家——行业——企业" 3 个层级为整体规划，建立并完善工程档案管理标准体系，制订相应的业务规范与行业标准，如文件管理标准、工程档案数据收集标准、数字档案资源建设标准、新能源专项档案标准规范等，为推进知识共建共享、实现知识赋能提供保障。另一方面，"档案跟数据管理的结合将会越来越紧密"(I34-P22-L24)，从知识赋能的角度保障工程文件生成、收集等全过程管控，对工程启动前、建设中及交付后的 3 个重要阶段都需要制定相关性的工程档案数据管理标准和知识赋能保障措施，即针对工程档案数据从生成到最终利用的全过程环节，形成统一的工程档案数据全生命周期的数据标准和责任机制；建立数据开放共享制度体系，为工程档案数据开放共享和知识共享提供制度性支撑；建立工程档案数据效果评估体系和安全监管制度体系，从监管层面保障数据安全和知识转化，提高了工程档案数据质量。

8.2.3 构建精细化的知识赋能体系

知识产出作为创新指数包含知识的创造、知识的影响及知识的传播，是知识管理的要素体现。知识管理是对工程建设的内外知识资产进行的管理活动，其首要任务是通过系统化的流程将知识整合起来，提供给工作人员分享、内化和利用，从而实现组织的知识创新与价值增值[478]。它反映的是组织内部知识流动过程，知识源于业务流程，作用于业务流程，每一个业务流程都伴随着知识流动。知识赋能的实现与业务流程中的知识管理密不可分，本书选取的知识创造、知识共享、知识转移和知识服务 4 个环节构成的知识管理全活动(详见 3.3.2 小节)，融合实地调研中访谈数据分析，提炼出的知识生产、知识分享、知识应用和知识创新的知识全过程要素，其知识全活动各个节点环环相扣，充分挖掘、激发各知识管理活动环节的内在潜能，加速知识循环的运转，才能促进知识赋能的实现(图 8.2)。

第8章 基于创新驱动的工程档案知识赋能体系的实现路径

- 树立以知识为中心的服务理念
- 构建知识服务系统

- 保持项目内部及上下级人员的沟通互联
- 建立更多的知识交流通道
- 鼓励企业人员积极主动学习新知识
- 促进数据和信息转变为有价值的显性知识

知识服务　知识创造

知识转移　知识共享

- 识别和梳理企业的业务流程
- 确定并梳理各流程涉及的知识要素
- 建立知识通道

- 建立统一的共享知识库
- 知识库链接互联网
- 通过知识共享信息网络线上交流

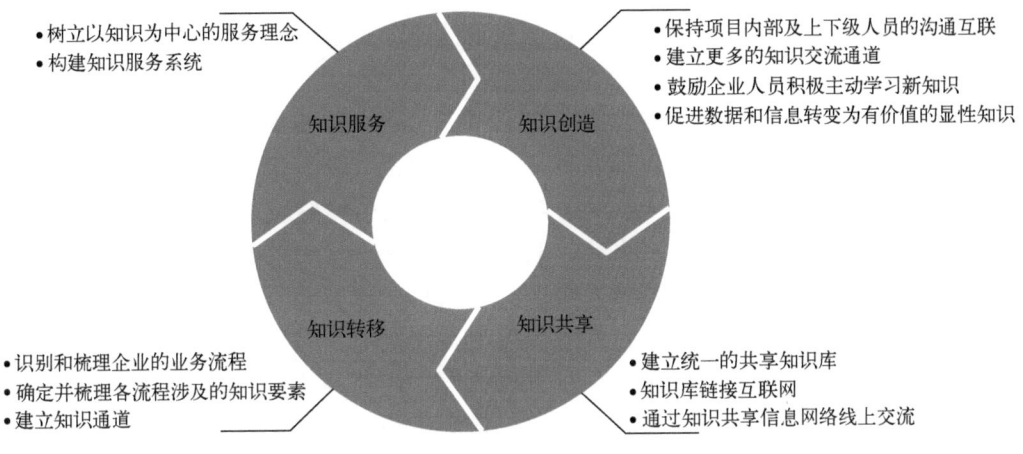

图 8.2 基于知识全活动的知识赋能体系实现路径

8.2.3.1 加强知识创造能力，夯实知识根基

知识创造是知识管理的主要环节，也是知识赋能的重要基础。野中郁次郎等提出的 SECI 知识创造模型，知识创造过程被描述为社会化、外显化、组合化和内部化 4 个环节，从这 4 个环节出发，构建工程建设知识创造路径，充分激发个人的隐性知识，使知识在工程建设项目内广泛传播、交流，知识创造呈现螺旋式上升。

首先，社会化方面，保持工程项目内部及上下级人员的沟通互联，促进隐性知识的传递与共享，比如建立伙伴关系、师徒关系等，在工作实践中通过观摩、模仿等行为实现工程档案管理隐性知识的共享与传递。其次，外部化方面，建立更多的知识交流通道，定期进行培训学习、经验交流会、问题分享座谈等，如访谈者提到"作为一个合格的档案员，要把自己从政策文本上领会、学习和解读出的要点精准地去传达给基层档案员，才能让他们真正地贯彻和执行下去"（I29-P7-L19）。再次，内部化方面，鼓励工程档案人员积极主动学习与企业有关的新知识，包括国家政策、行业政策动向及公司业务规则等，确保人员具备完成职责所需的基础知识，如在新能源工程建设中，访谈者就提及"国家政策导向的影响是很大的"（I28-P29-L7），"碳排放、碳中和等政策提倡"（I27-P37-L8）同样影响工程档案的归档范围和保管期限。最后，组合化方面，借助大数据平台，利用公开数据、相关文献资料，通过大数据模拟和预测来使用内部和外部的显性知识，将单纯的档案数据和信息资源转变为有价值的显性知识。

8.2.3.2 建设知识共享平台，促进知识交流

基础设施建设是创新驱动发展中行业进步和发展的重要衡量指标，知识赋能的实现需要相应的渠道与平台，知识共享平台建设作为基础设施建设内容之一，

能够实现多部门资源共享、信息互通及知识的流动，促进知识的集体共享，通过有效互动,不断地优化企业知识资源配置。

首先，建立统一的共享知识库。知识库资源建设主要由显性知识及隐性知识两部分组成。其中显性知识包括各种行业标准规范、公开电子文件及其他技术文件等；隐性知识包括员工个人经验分享、工作心得等，建立全面完备的知识共享库，确保知识赋能的可行性最大化。其次，知识共享平台的建立需要融合互联网技术，实现跨越时空界限的档案人员之间的信息交流和知识传递。平台管理员可利用企业内部知识共享信息平台最大限度地传递企业公共信息资源，如档案人员技能评估、档案科技创新成果、项目管理流程、岗前和在岗培训等，平台用户针对自身需求还可以进行知识搜索与学习。最后，还可以定期通过知识共享信息网络进行线上会议，交流阶段性工作成果和工作经验，推动隐性知识转化为显性知识，打破各个工程业务部门之间的界限和显隐性知识的界限，实现跨部门和跨区域知识共享。

8.2.3.3 推进知识转移进程，激发知识活力

在企业工程建设中，有效的知识转移被认为是在特定范围之内能够及时地获得知识源和知识受体的满意[479]。知识转移在工程项目管理中能够增强工程档案人员的管理能力，提高管理技能的熟练度，助力知识赋能的实现。

首先，识别和梳理工程建设的业务流程，明确工程档案生成、收集、整理、鉴定、保管、开发与利用、宣传与传播等关键应用场景下的知识流动过程，融合数字化和智能化技术的优化，例如通过大数据控制平台将工程档案收集、整理、保管、利用等传统环节实现数字化和网络化，使得档案工作流程化，明确知识流向，加速知识在人员间的流动。其次，确定并梳理各流程涉及的各类知识要素，全面系统地梳理分析与要素有关的全部显性和隐性知识，其中显性知识包括各类规章制度、要求规范等，隐性知识包括个人或组织的经验做法等，将这些知识系统化、条理化，实现隐性知识与显性知识的转化，为知识的转移奠定基础。最后，建立起相关的知识通道，通过加强核心知识的转移，提升知识应用的效率和便捷性，加速知识共享，推动工程建设内部知识转移，为工程建设管理与业务赋能。

8.2.3.4 完善知识服务体系，增强服务效能

知识服务是一种通过对信息知识的搜集、组织、加工、分析、重组，结合用户需求，提供专业化、个性化、特色化和集成化的知识应用和知识创新服务[480]。知识服务能够在知识创造、知识转移与知识共享的基础上充分调动行业中的各项要素，提高知识利用水平，充分发挥知识的价值，推动知识赋能行业科技创新。

首先，树立以知识为中心，以人为本的知识服务理念。激励工程档案人员，从人员自身内在出发，充分激发个人潜能进行主动的知识的生产、传播、共享、应用和创新等行为。其次，构建知识服务系统，在建立工程建设知识库和知识共享平台的基础上，借助知识图谱等情报分析技术和人工智能等新兴技术，对知识进行更深层次的剖析与挖掘，从业务大数据中抽取更具价值的知识，构建用户画像，实现精准个性化知识推送，实现高层次、智能化的知识服务。这类知识服务的提供，可以包括基于用户身份的知识推送，即通过分析用户身份特征、工作职位及业务责权进行档案知识推送，并挖掘其潜在需求信息、知识需要，提供便捷化、个性化服务，可视化地呈现在其工作界面上；也包括基于用户行为的知识服务功能，即通过日常档案用户在系统中的浏览、检索等信息行为，对档案用户偏好的行为进行分析，总结需求特征，由此为用户推送有效的知识信息。

8.2.4 构建常态化的专家咨询机制

知识型匠人是创新驱动发展中商业成熟度考量的重要方面，包括知识密集型雇佣率、公司研发占 GDP 比重及拥有高学历女性雇员占比等内容。知识型员工是追求自主性、创新性、个性化和多样化，具备较高素质的高学历员工群体，是知识的承载者、所有者,可以利用知识型员工实现知识的创造、利用与增值。实行常态化的专家咨询机制，使得权威性、前沿性知识得到汇集交流，实现专业知识内外联通，业务操作全方位指导。专家知识可以指导业务工作，业务发展为专家研究提供理论逻辑思路，实现产研双向赋能。

专家咨询是利用专家在专业方面的经验和知识，用征询意见和其他形式向专家请教而获得判定信息的方法[481]。"所以挑出来的一定是那些经验很丰富、对业务有深刻理解的人，由这些专家一起定义出来的一套方案或者标准规范才会比较合理，令大家信服，也能贯彻执行下去"（I35-P16-L1）。工程档案管理效益受到多种因素的制约，咨询工作是有关专家独立于工程建设以外进行的专业工作，而非站在当事者或当事机构的立场上进行的，这就决定了咨询工作在工程档案管理及知识管理过程中的客观性。如"档案验收过程中，会请一些专家来评审档案质量，判定档案整理是否合格"（I35-P3-L5）。在档案整理中，由于一些单位档案管理参差不齐，需要"专家组确定一个统一方案，最后就按照这个方案执行"（I35-P16-L17）。在档案系统部署过程中，由于各单位原有的习惯不同，很少能认可系统的改建方案,"但是如果由单位体系内部的专家来传达，他就会更愿意相信"（I35-P16-L26）。尤其是"在做集中式系统部署的时候，许多单位会在各行各业选择一些业务水平比较高的专家来组成一个团队"（I35-P17-L11）。

专家咨询机制的建立，需要形成内优外引的循环机制，即内部专家团队用于解决内部常见的档案业务和技术业务等问题，便于随时开展培训会议，提高解决问题的速度；外部专家团队采用外聘和引进的合作方式，重点解决棘手难题，尤其是邀请相关产业的知识型专家，有助于把握行业发展方向，拓展行业的发展视野。此外，灵活搭建项目咨询专家组，以单个项目为单位，选取各部门业务水平较高的人组成专家组，实现立体式、专项化的知识服务与指导。如此，常态化专家咨询机制，可以使专家团队下沉到日常业务、各项目建设中去，便于业务工作中的大小问题、重难点问题得到及时解决。

8.2.5 构建立体化的协同发展模式

商业成熟度下的创新制度关联包括大学/行业科研合作、创新城市群发展情况、海外支持的研发比重等内容，基本内涵体现为创新活动中的机构合作与资源互通。创新制度关联强调集群效应，Delgado等认为集群是相互关联的产业群体，在知识赋能体系中体现为协同发展机制，即协调多个不同资源或者个体，通过多元主体相互协作完成同一目标，最终达到共同发展的双赢效果[482]。

在资源协同方面，构建上下联动的资源库，下级资源集中部署到一级部门，实现全单位的资源集中存储与共享，如搭建知识资源库。比如"××（公司名称）下面有五六百家下级单位，每一家单位单独的数据是没有价值的。只有把所有的火电数据、新能源数据都整合在一起了，数据的价值才能被挖掘出来"（I34-P12-L8）；还如"汶川地震之后，汶川的部分电站、铁塔、换流站的档案，已经找不到数据了。后来在成都总部的集中部署系统中又重新找到了，对电力设施的重建起了很大的作用"（I35-P31-L18）。同时，构建平行互通的信息交流平台，各部门间能够随时进行信息共享与信息交流，做到任务进度及时反馈，推动项目进程，搭建立体化的资源协同平台，比如"下级单位的人脸识别技术是采取调用方式，系统通过集成接口完成，功能则是在××（公司名称）总部那边实现"（I37-P10-L19）。

在主体协同方面，强调统一标准、共同参与。工程档案管理中，知识赋能对象较为复杂，涉及主体范围广。"管理流程本身在单位内部流转，如果有第三方参建单位要加入，那就需要新增四性保障流程"（I-34-P9-L15）。统一标准有助于规范知识赋能流程，各主体的共同参与保证知识赋能的有效性。"（系统）集中部署了之后，会要求数据标准尽量统一，若每家单位的数据标准都不同，到时候数据的规范性或质量就会降低"（I35-P7-L8）。

8.2.6 构建全程化的监督管控机制

无论是统筹化的政策法规体系、规范化的知识赋能标准，还是精细化的知识赋能体系,都需要一定的监督督导机制,实现全过程管控,保证知识流方向及内容的正确性。一方面,采用制度督导,将各部门相关职责以制度规范的形式进行固化,明文规定,各司其职。如招投标文件一般是"最初起草的文件,需要组织专家来评。每周日都要列出××(公司名称)领导班子的会议计划,规划每天安排什么会议,然后一步一步地实施,工作就很流程化了"(I13-P41-L11)。另一方面,采用会议督导,定期召开项目进度会,汇报近期工作进度及计划,及时解决工作难点,纠正工作重点。如"每个月的例会要求档案人员参加,在会上实时通报档案人员要收集什么资料,这样才能督促(他)及时收集"(I-8-P17-L9)。最后,还可以采用流动性检查督导,成立督导小组,进行不定期抽检查,使工作任务始终处于可控范围内,使得过程管控与日常巡检相结合。

8.2.7　构建卓越化的人力资源队伍

　　创新驱动发展要由创新人才来推动,培养和造就创新人才也一直是创新型发达国家科技界关注的焦点。杨晓慧指出新知识的产生仰仗于高水平的人才队伍,重视对创新型人才的培养,才能完善创新人才的培养与其评价机制[483]。尤其是在技术迅速发展、档案管理转型升级、新兴技术快速发展的时代背景下,创新型人才的培养也是极为必要。

　　首先,岗位定责上,为使知识能力满足业务需求,灵活配备专兼职岗位。兼职岗位有较强的机动性,能够及时补充人手不足等问题。例如,为保证业务活动的参与性,在工程档案评审环节,要注重业务单位人员的参与,"无论是专职的还是兼职的人员,都必须参与其中,对档案进行审核验收"(I27-P26-L15)。但由于人员精力有限,工程档案采用兼职管理是不能做好相关工作的,"工程档案管理相对比较滞后,很多时候就是配备一个兼职档案员来管理,没有专业的人员全职开展管理工作"(I27-P4-L2),因此必须配备专职人员主管档案工作,专职岗位能够较好地把握业务,全身心投入工作,同时也对业务能力要求较高。

　　其次,人才体系上,打造覆盖全业务的人才队伍。既要重视具备技术知识、业务知识、管理知识、安全知识等专业知识的专门型人才,又要注重引进具备复合型知识的人才。在数智技术背景下,档案工作面临转型,若因为"人员的档案业务不熟,且信息化程度也比较浅,许多工作还处于手工操作阶段。这样的话,(档案人员)用不了比较深的技术,因为对他来说,一个基础的档案信息系统,就是能录、能查,(他)觉得功能就够用了……如果现在突然提供一种人工智能或自然语言处理解决方案,(他)不知道怎么去用,相当于大炮打蚊子"(I35-P20-L8)。因此,由于人员缺乏技术知识或业务知识不熟练,很大程度上也会影响工程档案数字化和智能化发展的整体进程。

第 9 章　总结与展望

创新驱动战略背景下,档案工作的优化升级对于工程项目建设具有重要意义,本书基于前端控制、全程管理等前提思想,引入知识赋能的概念,并通过调研等方式探索其实践路径的构建。本章对已经完成的研究内容进行全面总结,并对研究局限与后续研究展望进行简单阐述。

9.1　研究结论

本书主要围绕基于创新驱动的工程档案知识赋能及其实现路径展开研究,秉承"理论构建——实证研究——分析结果"的思路,首先在深入分析国内外研究现状的基础上,全面梳理协同创新理论、文件连续体理论、知识生态理论及知识连续体理论,在此基础上详细分析创新驱动背景下工程档案知识赋能的场景应用及理论要素,构建"理论敏感度"。

其次,本书立足工程建设过程中的 3 大创新场景"工程质量创优、产业发展创新、数智技术创先",选取科技创新中具有代表性的 3 大类型作为案例方向进行实地调研。通过实地调研、半结构化访谈等形式,深入了解相关案例实际建设情况,运用扎根理论数据分析流程,分析构建各个应用场景下工程档案知识赋能体系。在"工程质量创优"场景应用案例中,选取国家电力行业创新型示范工程——质量创优 A 工程作为实地调研对象,进行 17 位个人访谈,并依据访谈纪实形成相应记录。按照"创建项目——处理定性数据文件——处理节点——定性数据编码——进一步探讨概念、整合范畴"的操作流程,有效地简化质性数据分析,挖掘出不同受访者所具备的工程档案知识概念体系,进而构建出工程档案人员知识概念体系,包括事实知识、概念知识、经验知识和元认知知识 4 个知识维度,并深入探索其层级关系和关联关系,初步建立工程档案研究"场景敏感度"。在"产业发展创新"场景应用案例调研中,选取产业创新 B1、B2、B3 公司为典型案例,通过 15 位个人访谈调研,了解新能源工程档案人员知识概念体系,对访谈文本材料进行概念化、范畴化处理,构建出新能源档案人员的知识概念体系,包括事实知识、概念知识、经验知识、元认知知识和知识全过程 5 个知识维度,与"工程质量创优"场景相比,增加知识全过程维度,核心知识类型和知识要素内涵也有所拓展,由此探讨了新能源产业创新档案人员知识概念体系的层级关系和关联关系。在"数智技术创先"场景应用案例调研中,选取了数智创先 C 公司工程档案系统建设实践作为调研案例,从数智技术角度探索工程档案管理流程中的知识挖掘,构建技术人员知识概念体系。通过与 7 位档案数智技术人员的一对一访谈,了解出不同受访者所具备的技术知识,从访谈文本材料中归纳出概念和范畴,构建出技术人员的知识概念体系,包括事实知识、概念知识、经验知识、元认知知识 4 个知识维度。其中,区别于工程档案人员知识概念体系,"经验知识"是技术人员知识体系中的极其重要的组成部分,"安全管理知识"及"技术知识"是技术人员在工程档案管理工作过程中需要运用的,有别于其他人员的知识类型,在此基础上深入探索技术人员知识概念体系的层级关系和关联关系。综合 39 份访谈文本,采用扎根理论数据分析流程,最终共得到 74 个初始概念,15 个初始范畴及 5 个主范畴(图 7.2),形成了以事实知识为基础,概念知识为支撑,元认知知识为动力,以经验知识进行升华共同作用于数智技术场域的知识赋能现象,数智技术场域为知识的多要素交互转化提供了作用空间的工程档案知识赋能体系(图 7.3)。

与文件管理体系、知识管理成熟度模型和数据管理成熟度模型的构建方法进行比较分析,对工程档案管理人员的知识赋能概念体系框架进行全面梳理,深入探索要素之间的层级关系与关联关系,进而构建基于工程档案的知识赋能体系。以工程档案建设过程中的档案知识赋能为核心,从工程质量创优、产业发展创新、数智技术创先 3 个场景中进一步挖掘工程档案知识赋能体系对文件管理、数据管理和知识管理赋能作用,探索工程档案知识赋能文件管理、数据管理和知识管理实践的实现路径,形成基于创新驱动的工程档案知识赋能体系(图 8.1)。通过工程档案知识赋能,有利于提高知识主体的能力水平,激发知识主体创新动力,推动组织和个人创新水平的提高,进而促进创新型国家的建设。最后,从全球创新指数(GII)中选取制度、人力资本和研发投入、基础设施建设、商业成熟度、知识和技术产出 5 大创新驱动要素,构建基于创新驱动的工程档案知识赋能路径框架,并结合工程档案实践工作提出了"构建统筹化的政策法规体系、构建规范化的知识赋能标准、构建精细化的知识管理体系、构建常态化的专家咨询机制、构建立体化的协同发展模式、构建全程化的监督督导机制、构建卓越化的人力资源队伍" 7 大实现路径措施,全面保障了工程档案知识赋能实现路径。

综上,本书采用"发现问题-构建诊断问题分析工具-现状调查及问题诊断-验证-提出对策建议及发现研究意义"的研究路线,将多案例研究法和扎根理论研究方法深度结合,以工程档案管理活动的全业务流程为框架,构建了一套多要素、多层次、多方面的赋能知识识别和知识赋予技能的方法框架,打造了基于创新驱动的工程档案知识赋能及其实现路径,为实现科技创新提供新的思路。

9.2 研究局限

本书从创新驱动发展战略出发，以实践为导向，以理论应用为基础，在工程质量创优、产业发展创新及数智技术创先3个应用场景下，对工程档案知识赋能展开研究，构建了创新驱动背景下工程档案知识赋能概念体系及其实现路径。但目前本书还存在一定局限，即基于创新驱动的工程档案知识赋能场景应用还需要进一步拓展。根据研究目标，本书着眼于当下发展较为成熟的应用领域，选取"三创"场景作为典型性研究案例，构建创新驱动背景下的工程档案知识赋能体系，归纳和总结出的知识赋能体系及路径仅适用于部分较为成熟的应用场景。但是随着"云大物移智链"等新技术的发展，新的应用场景不断被拓展，如2021年全球信息产业界广泛传播并受到全社会高度关注的元宇宙新兴技术在各个领域的逐步渗透，未来研究可以以此应用场景，做进一步拓展与完善。

9.3 研究展望

本书的研究成果在一定程度上解决了当前工程档案管理工作困难较多、手段落后和效率低下，档案的真实性、完整性、齐全性、规范性等难以保证等问题，以知识赋能为导向，实现工程档案管理活动中的知识转移和知识管理机制，以提升工程档案全过程管理的效率、效益和效能，保障工程档案的管理质量。然而也存在着一些遗憾，如实证研究中案例选取极具典型性，无法完全普遍适用于多样、复杂的档案应用场景。针对本书研究所存在的不足，后续的研究工作将从以下几方面开展。

(1) 国内有关知识管理研究较少有评估体系，本书以创新驱动指数为切入点，展开知识赋能研究，为档案管理领域、工程档案领域研究开拓思路，未来可依据构建好的体系框架及产业实践，进行量化指标研究，构建工程档案领域的知识赋能质量与效力的评估体系，实现研究成果的产业转化。

(2) 本书着眼于工程档案，以"三创"案例为研究场景，探索工程档案知识赋能及其实现路径。本书将多案例研究法和扎根理论研究方法相结合，保证新理论产生的效度（validity）和信度（reliability）。未来可借鉴本书的研究经验和技术路线，拓展其他档案类型的应用场景，如城建档案知识赋能等领域，实现研究成果的推广。

(3) 标准化建设既是知识赋能路径的一个视角，也是档案管理规范化的一个重要手段。一方面，基于实践的标准体系构建更具有操作性，本书中形成的标准化研究论文及工程档案标准修订意见均可以为标准制定提供参考模型与框架基础，用于丰富和完善文件档案领域的标准体系，为行业发展提供指导。另一方面，随着国家数字化战略的推进、国家信息化事业的不断发展，电子档案标准体系、电子档案人才评估体系建设急需完善。研究发现的档案人员知识赋能要素体系，涉及的档案管理人员知识能力范围，包括专业知识和数字技术知识等，可以为正在编制的国际标准 ISO/TC46/ SC11/WG20 文件管理能力评估模型(Records Management Capability Assessment Model)等相关标准规范提供建设性的参考与借鉴。

(4) 工程项目创优、产业发展创新及数智技术创先均离不开知识全活动的赋能要素，工程档案知识赋能体系及路径有迹可循。工业遗产是工业发展的产物，是工业发展的真实体现。因此未来可以扩大实证研究规模，添加不同场景领域的档案类型，如工业遗产档案等，并对上述资源比较研究，挖掘不同行业领域的场景特征，进一步实现多领域、多内容、多维度的知识赋能体系建设。

总之，研究还将继续，能够进行深入的科研工作还有许多，需要投入大量的时间与精力，才能深入挖掘知识赋能在档案管理实践中和档案学科拓展中的巨大潜能。

参 考 文 献

[1] 李虹, 张龙天, 刘逸. 赋能授权研究前沿综述. 人类工效学, 2018, 24(1): 60-65.

[2] 雷巧玲, 赵更申, 段兴民. 企业文化与知识型员工心理授权的关系研究. 科研管理, 2006, (5): 117-123.

[3] 孙新波, 苏钟海. 数据赋能驱动制造业企业实现敏捷制造案例研究. 管理科学, 2018, 31(5): 117-130.

[4] Renzl B, Matzler K, Mader C. Impact of trust in colleagues and management on knowledge sharing within and across work groups. Department of Management, University of Innsbruck, 2005.

[5] Lam A. Tacit knowledge, organizational learning and social institutions: an integrated framework. Organization Studies, 2000, 21(3): 487-513.

[6] Amalia M, Nugroho Y. An innovation perspective of knowledge management in a multinational subsidiary. Journal of Knowledge Management, 2011, 15(1): 71-87.

[7] 中央网络安全和信息化委员会. "十四五"国家信息化规划. http://www.cac.gov.cn/2021-12/27/c_1642205314518676.htm [2023-11-28].

[8] 国家经济委员会, 国家基本建设委员会, 国家科学技术委员会等. 科学技术档案工作条例. https://www.gov.cn/zhengce/202203/content_3338029.htm [2023-12-12].

[9] 梁红垒. 公路工程档案的跟踪收集管理尝试. 工程建设与设计, 2019, (1): 253-254, 257.

[10] 陈振环. 新形势下事业单位创新水利工程档案管理的途径. 兰台内外, 2018, (8): 25-26.

[11] 邱书巧. 城建档案信息资源开发利用工作的创新与发展. 城建档案, 2017, (8): 37-40.

[12] 邢云飞, 李辰康. 水利工程档案收集和管理问题分析. 河南水利与南水北调, 2018, 47(11): 64-65.

[13] 卢铁城. 为建设创新型国家培养造就拔尖创新人才. 中国高教研究, 2006, (10): 10-13.

[14] 新华社. 中共中央 国务院关于深化体制机制改革加快实施创新驱动发展战略的若干意见__2015 年第 10 号国务院公报. https://www.gov.cn/gongbao/content/2015/content_2843767.htm [2022-08-02].

[15] 习近平. 高举中国特色社会主义伟大旗帜 为全面建设社会主义现代化国家而团结奋斗——在中国共产党第二十次全国代表大会上的报告. http://www.gov.cn/xinwen/2022-10/25/content_5721685.htm [2022-11-20].

[16] 李克强. 政府工作报告. https://www.gov.cn/xinwen/2023-03/14/content_5746704.htm

[2023-11-28].

[17] 冯岚. 工程档案的管理方法. 城建档案, 2014, (9): 2.

[18] 廖国玲. 对地质工程档案管理工作的几点思考. 城建档案, 2018, (12): 2.

[19] 李秀萍. 蒙古语语料库建设工程档案入藏内蒙古自治区档案馆. 中国档案, 2018, (12): 1.

[20] 李秀萍. 积极贯彻落实罗永纲秘书长讲话精神——自治区档案馆努力开创征集工作新局面. 档案与社会, 2018, (2): 1.

[21] 林崇德, 罗良. 建设创新型国家与创新人才的培养. 北京师范大学学报: 社会科学版, 2007, (1): 6.

[22] 张玉琴. 基建工程项目档案收集与建设. 档案工作, 2017, (3): 262.

[23] 乔刚. 浅谈企业建设项目档案规范化管理. 论坛, 2017, (16): 64-65.

[24] 陈玉兰. 工程项目档案管理对促进建设工程质量作用的研究. 城建档案, 2014, (6): 57-59.

[25] 廖玉玲. 基于云计算的建设工程项目档案全过程监管模式可行性研究. 档案学通讯, 2013, (6): 74-78.

[26] 王晓波. 电网建设工程项目档案资料管理系统的设计与实现. 成都: 电子科技大学, 2012.

[27] 姬广鹏. 电网企业工程项目档案知识库建设实践. 中国档案, 2018, (10): 68-69.

[28] 张威. 建筑工程项目档案管理存在的问题及处理措施. 中外企业家, 2014, (23): 186, 188.

[29] 张海军. 新时期水利机构档案管理探讨. 办公室业务, 2019, (22): 146.

[30] 乌家培. 信息管理与知识管理. 中国改革报, 1998-11-18.

[31] 王广宇. 知识管理——冲击与改进战略研究. 北京: 清华大学出版社, 2004.

[32] 张洁梅, 李丽珂. 顾客知识管理对企业创新绩效的影响机理——基于营销动态能力视角的案例研究. 技术经济, 2015, 34(9): 21-26.

[33] 林勋亮. 组织学习、知识管理与企业创新关系实证研究. 中山大学学报(社会科学版), 2011, 51(2): 201-208.

[34] 伏虎, 李雪梦. 基于结构方程模型的管理咨询企业知识管理优化研究. 情报科学, 2019, 37(11): 154-162, 177.

[35] Stewart R A. IT enhanced project information management in construction: pathways to improved performance and strategic competitiveness. Automation in Construction. 2014, (16): 511-517.

[36] ICA. A guide to the archival care of architectural records: 19th - 20th centuries. Paris: International Council on Archives, 2000: 115-116.

[37] Mandičák T, Mesároš P, Selín J. Document management systems for data sharing in the

[38] Song J B. Study on web-GIS traffic engineering archives management system. Applied Mechanics & Materials, 2012: 220-223, 2837-2840.

[39] Sage D J, Dainty A R J, Brookes N J. Who reads the project file? Exploring the power effects of knowledge tools in construction project management. Construction Management and Economics, 2010, (7): 629-639.

[40] Scherer R J, Schapke S E. A distributed multimodel-based management information system for simulation and decision-making on construction projects. Advanced Engineering Informatics.2011, (25): 582-599.

[41] Williams T P, Gong J. Predicting construction cost overruns using text mining, numerical data and ensemble classifiers. Automation in Construction, 2014, (43): 23-29.

[42] Bryde D, Broquetas M, Volm J M. The project benefits of Building Information Modelling (BIM). International Journal of Project Management, 2013, (31): 971-980.

[43] Lee S K, Yu J H. Success model of project management information system in construction. Automation in Construction, 2012, (25): 82-93.

[44] Haveluck Harrison G, Safar F. Modern E&P data management in Kuwait Oil Company. Journal of Petroleum Science and Engineering, 2004, (42): 79-93.

[45] Seo C S, Kim Y J. A Study on the Construction Records and Architectural Type of Unsoo-sa Daeoong-jeon in Busan. Journal of Architectural History, 2013, 22(5): 47-64.

[46] Chyi Lee C, Yang J. Knowledge value chain. The Journal of Management Development, 2000, 19(9): 783-794.

[47] Vrontis D, Thrassou A, Santoro G, et al. Ambidexterity, external knowledge and performance in knowledge-intensive firms. The Journal of Technology Transfer, 2017, 42(2): 374-388.

[48] Santoro G, Vrontis D, Thrassou A, et al. The internet of things: building a knowledge management system for open innovation and knowledge management capacity. Technological Forecasting and Social Change, 2018, 13(6): 347-354.

[49] Bongku J J A. Designing the knowledge management system(a case study approach in IT consultant company). The 3rd International Conference on Graphics and Signal Processing(ICGSP 2019), 2019: 41-53.

[50] 杨晶晶. 港航工程项目档案知识智能服务. 中国档案, 2017, (4): 60-61.

[51] 黄小冬. 核电项目前期文档管理对策研究. 中国档案, 2017, (11): 64-65.

[52] 梅先玲. 知识管理趋势下如何进一步强化工程建设单位档案信息化建设. 城建档案, 2019, (8): 18-20.

[53] 邓玉洁. 基于工程设计行业海量数据的企业知识管理系统. 现代信息科技, 2021, 5(3): 124-127.

[54] 丁军艳. 工程勘察设计档案知识化管理探索. 机电兵船档案, 2018, (6): 44-45.

[55] 徐超. 知识管理视角下工程勘察设计企业智慧档案馆建设研究. 机电兵船档案, 2021, (6): 48-50.

[56] Navidi F, Hassanzadeh M, Zolghadr Shojai A. Organizational knowledge documentation in project-based institutes: a case study at the satellite research institute. The Electronic Library, 2017, 35(5): 994-1012.

[57] Stenmark D. The relationship between information and knowledge dick stenmark. Proceedings of IRIS, 2001, 24: 11-14.

[58] 李静. 南水北调中线工程档案管理实践及分析. 郑州: 郑州大学, 2019.

[59] 熊升. JXYDGC 公司通信工程项目管理优化研究. 南昌: 南昌大学, 2014.

[60] 李科. 简述电力建设档案管理. 电子制作, 2014, (24): 66.

[61] 降秋琳. 项目管理理念运用于工程项目档案管理工作初探. 兰台世界, 2011, (30): 42-43.

[62] 徐继铭. 浅谈工程项目档案按"件"整理. 档案与建设, 2016, (4): 78-80, 90.

[63] 张翠娟, 柯平, 姚伟. 后知识服务时代的知识管理: 从数字赋能到知识赋能. 情报理论与实践, 2020, (9): 17-23, 6.

[64] 姚伟, 刘舒雯, 柯平, 等. 基于数据画像的短视频领域中知识动员模型研究. 现代情报, 2020, (7): 63-73.

[65] Platt J. "Case Study" in American methodological thought. Current Sociology, 1992, 40(1): 17-48.

[66] Strauss A, Corbin J M. Basics of qualitative research: techniques and procedures for developing grounded theory. 2nd ed. Thousand Oaks: Sage Publications, 1998.

[67] 柳卸林. 技术创新经济学. 北京: 中国经济出版社, 1993.

[68] Ansoff H L. Corporate Strategy. New York, McGraw-Hill: 1965.

[69] 彭纪生, 吴林海. 论技术协同创新模式及建构. 研究与发展管理, 2000, (5): 14-18.

[70] 胡恩华, 刘洪. 基于协同创新的集群创新企业与群外环境关系研究. 科学管理研究, 2007, (3): 23-26.

[71] 何郁冰. 产学研协同创新的理论模式. 科学学研究, 2012, 30(2): 165-174.

[72] Koschatzky K. Networking and knowledge transfer between research and industry in transition countries: empirical evidence from the slovenian innovation system. The Journal of Technology Transfer, 2002, 27(1): 27-38.

[73] 安小米, 白文琳, 钟文睿. 支持协同创新体能力构建的知识管理方案设计. 科技进步与

[74] 宋刚, 白文琳, 安小米, 等. 创新 2.0 视野下的协同创新研究: 从创客到众创的案例分析及经验借鉴. 电子政务, 2016, (10): 68-77.

[75] 安小米, 宋刚, 路海娟, 等. 实现新型智慧城市可持续发展的数据资源协同创新路径研究. 电子政务, 2018, (12): 90-100.

[76] 郭明军, 于施洋, 王建冬, 等. 协同创新视角下数据价值的构建及量化分析. 情报理论与实践, 2020, 43(7): 63-68, 87.

[77] 连志英. 一种新范式: 文件连续体理论的发展及应用. 档案学研究, 2018, (1): 14-21.

[78] 安小米. 文件连续体模式对电子文件最优化管理的启示. 档案学通讯, 2002, (3): 52-55.

[79] Upward F. Structuring the records continuum (Series of two parts) Part 1: post custodial principles and properties. Archives & Manuscripts, 1996, 24(2): 268-285.

[80] Upward F, Reed B, Oliver G, et al. Recordkeeping informatics: re‐figuring a discipline in crisis with a single minded approach. Records Management Journal, 2013, 23(1): 37-50.

[81] Upward F. The monistic diversity of continuum informatics. Records Management Journal, 2019, 29(1/2): 258-271.

[82] 冯惠玲, 刘越男. 电子文件管理教程. 北京: 中国人民大学出版社, 2001: 15.

[83] 周林兴, 林腾虹. 基于文件连续体理论的政务数据治理体系优化研究. 电子政务, 2021, (4): 114-124.

[84] 冯惠玲, 张辑哲. 档案学概论. 北京: 中国人民大学出版社, 2001: 268.

[85] 赵淑梅. 数字时代档案工作理论与实践的宏观认识. 档案学研究, 2010, (6): 9-13.

[86] 黄霄羽, 钱红梅. 国际档案界的新思想——对文件管理信息学及统一理念的初步理解. 中国档案, 2013, (7): 50-51.

[87] 陈慧, 罗慧玉, 张凯, 等. AI 赋能档案: AI 技术在档案管理中的赋能模式探究. 山西档案, 2020, (4): 76-83, 131.

[88] 刘华, 吴冰倩. 文件连续体理论在数字时代的应用及发展. 北京档案, 2013, (8): 25-27.

[89] 钱德凤, 燕慧. 基于文件连续体理论的人事档案管理模式探析. 档案与建设, 2021, (7): 69-72.

[90] 陈晖, 刘茜, 陈慧, 等. 基于全过程控制的电网工程档案管理及应用研究——以昆柳龙直流工程建设项目为例. 兰台世界, 2021, (6): 48-51.

[91] Tansley A G. The use and abuse of vegetational concepts and terms. Ecology, 1935, 16(3): 284-307.

[92] George G. What is a knowledge Ecosystem. http://www.co-Il.com/coil/knowledge-garden/kd/kes.shtml [2021-08-07].

[93] 蔺楠, 覃正, 汪应洛. 基于 Agent 的知识生态系统动力学机制研究. 科学学研究, 2005,

(3): 406-409.

[94] 孙俐丽. 面向知识创新的电子商务企业知识生态系统模型构建. 情报科学, 2016, 34(12): 141-144.

[95] 蒋甲丁, 肖潇, 张玲玲. 知识生态视角下基于 WSR 的大型工程项目知识共享影响因素及实证研究. 管理评论, 2021, 33(10): 171-184.

[96] 刘植惠. 知识经济中知识的界定和分类及其对情报科学的影响. 情报学报, 2000, (2): 104-109.

[97] Maclean I. Australian experience in record and archives management. The American Archivist, 1959, 22(4): 387-418.

[98] 马良灿. 论作为知识连续体的社会科学范式及学术品格. 人文杂志, 2012, (2): 174-180.

[99] 方力, 任晓刚. 推动全球科技创新协作. 人民日报, 2021-11-11(009).

[100] Cornell University. The World Intellectual Property Organization (WIPO). Global Innovation Index (GII). https://www.wipo.int/global_innovation_index/en/ [2021-08-10].

[101] World Economic Forum (WEF). The WEF Global Competitiveness Report. https://www.weforum.org/reports?utf8=%E2%9C%93&query=competitiveness [2021-08-10].

[102] The IMD World Competitiveness Center. World Competitiveness Yearbook. https://www.imd.org/search/searchresults/?Term=World%20Competitiveness%20Yearbook [2021-08-10].

[103] Economist Intelligence Unit report. A new ranking of the world's most innovative countries. http://graphics.eiu.com/PDF/Cisco_Innovation_Complete.pdf [2023-12-10].

[104] European Sources Online. European Innovation Scoreboard 2020. https://www.europeansources.info/record/european-innovation-scoreboard-2020/ [2021-08-10].

[105] 新华社. 中共中央 国务院印发《国家创新驱动发展战略纲要》. https://www.gov.cn/zhengce/2016-05/19/content_5074812.htm [2023-11-28].

[106] 新华社. 习近平同志《论科技自立自强》主要篇目介绍. https://news.cnr.cn/native/gd/sz/20230528/t20230528_526267208.shtml [2023-11-28].

[107] 新华社. 中华人民共和国国民经济和社会发展第十四个五年规划和 2035 年远景目标纲要. https://www.gov.cn/xinwen/2021-03/13/content_5592681.htm [2023-11-28].

[108] 中国石化新闻网. 政府工作报告科技创新要点解读. http://www.sinopecnews.com.cn/xnews/content/2023-03/10/content_7060685.html [2023-11-29].

[109] 国家统计局. 国家统计局社科文司统计师李胤解读 2019 年中国创新指数. http://www.stats.gov.cn/tjsj/sjjd/202010/t20201030_1797231.html [2021-08-12].

[110] 中国科学技术发展战略研究院. 战略院研究发布《国家创新指数报告 2018》英文版. http://www.casted.org.cn/channel/newsinfo/7364 [2021-08-12].

[111] 科学网. 《2020 中国区域创新能力评价报告》发布. http://news.sciencenet.cn/

htmlnews/2020/11/448662.shtm [2021-08-12].

[112] 中国科学技术发展战略研究院. 中国科学技术发展战略研究院举行《中国区域科技创新评价报告 2020》新闻发布暨专家研讨会. http://www.casted.org.cn/channel/newsinfo/7974 [2021-08-12].

[113] 清华大学.《国际科技创新中心指数 2022》(GIHI2022) 在线发布. https://www.tsinghua.edu.cn/info/1177/100776.htm [2023-11-29].

[114] 沈艳波, 王崑声, 马雪梅, 等. 科技强国评价指标体系构建及初步分析. 中国科学院院刊, 2020, 35(5): 593-601.

[115] 贺茂斌, 任福君. 国外典型科技创新中心评价指标体系对比研究. 今日科苑, 2021, (3): 1-8, 33.

[116] 赵嫣艳. 全球创新指数持续提升彰显中国创新驱动发展强劲势能. 智慧中国, 2022, (10): 44-46.

[117] 车梦哲. 全球创新指数演化及其对新时代我国的启示. 经济研究导刊, 2020, (18): 167-168.

[118] 李秀红. 关于建设项目工程档案管理的思考. 工程与建设, 2010, 24(5): 718-720.

[119] Liu S, McMahon C A, Culley S J. A review of structured document retrieval (SDR) technology to improve information access performance in engineering document management. Computers in Industry, 2008, 59(1): 3-16.

[120] 尉宁. 建筑工程档案科学化管理的实现路径. 城建档案, 2018, (9): 47-48.

[121] 刘梅. 工程档案管理问题与对策研究. 四川档案, 2010, (4): 46-47.

[122] 谢佩云. 电力企业工程档案资源的开发与应用研究. 黑龙江档案, 2021, (3): 194-195.

[123] 许春珠. 规范工程建设的档案管理. 水力发电, 2004, (8): 19.

[124] 陈慧, 罗慧玉, 陈晖. 档案数据质量要素识别及智能化保障探究——以昆柳龙直流工程项目档案为例. 档案学通讯, 2021, (5): 49-57.

[125] 刘凤桐. 档案管理系统在峡江水利枢纽工程中的建立和应用. 珠江水运, 2020, (17): 76-77.

[126] Liu S, McMahon C, Darlington M, et al. EDCMS: a content management system for engineering documents. International Journal of Automation and Computing, 2007, 4(1): 56-70.

[127] Cross N J G, Collins R S, Mann R G, et al. The VISTA science archive. Astronomy & Astrophysics, 2012, 548, A119: 1-21.

[128] Hambly N C, Collins R S, Cross N J G, et al. The WFCAM science archive. Monthly Notices of the Royal Astronomical Society, 2008, 384(2): 637-662.

[129] 万玉侠. "互联网+"时代的档案管理模式研究. 现代交际, 2018, (17): 219-220.

[130] 王孙如. 接收数字档案 节约社会成本. 城建档案, 2010, (10): 42-44.

[131] 乔俏. 勘察设计行业数字化出版及归档管理模式下工程档案管理探讨. 办公室业务, 2019, (23): 188-189.

[132] 田海红. 建筑工程档案管理现状及存在问题浅析. 档案管理, 2016, (4): 90-91.

[133] 钱益民. 水利工程档案信息化建设问题及策略分析. 兰台内外, 2019, (31): 19-20.

[134] 成丽敏, 吴雪峰, 李晴. 送变电企业工程档案资料的"三同步"管理. 农电管理, 2017, (1): 41.

[135] Longeway J. Good engineering starts with record keeping. Can Hosp, 1951, (10): 29-30.

[136] James E. Acquisition in industrial archives. The American Archivist, 1961, 24(3): 333-336.

[137] Porter J C. Disposition of engineering documents. Journal of Professional Issues in Engineering Education and Practice, 1991, 117(1): 56-61.

[138] 曹俊. 市政工程档案采集与管理中存在的问题及路径. 兰台内外, 2020, (28): 22-24.

[139] 陈慧, 焦扬. 新能源项目档案管理优化研究: 特点、困境及实施路径. 北京档案, 2023, (6): 29-31.

[140] Jack K. Collecting business records. The American Archivist, 1964, 27(3): 387-390.

[141] Hicks B J, Culley S J, Allen R D, et al. A framework for the requirements of capturing, storing and reusing information and knowledge in engineering design. International Journal of Information Management, 2002, 22(4): 263-280.

[142] Hajjar D, Abourizk S. Integrating document management with project and company data. Journal of Computing in Civil Engineering, 2000, 14(1): 70-77.

[143] 宋丽英. 在建工程项目档案的管理及其应用探索. 科技创新导报, 2017, 14(11): 192, 194.

[144] 沈于兰. 工程档案在重大工程项目安全管理中的作用. 办公室业务, 2018, (23): 52.

[145] 王晶. 水利档案收集工作的几点做法. 兰台内外, 2013, (6): 65.

[146] 陈洁清. 建设单位档案员如何做好基建项目档案的收集管理工作. 城建档案, 2013, (12): 62-63.

[147] 刘伟. 浅谈水利工程档案管理工作. 科技风, 2018, (25): 229.

[148] 朱光艳. 榆林市城市工程建设档案收集与管理探析. 中国建设信息化, 2019, (12): 72-73.

[149] 杨敏. 城建声像档案的收集与宣传. 城建档案, 2018, (5): 27-29.

[150] 刘延永. 如何做好城建声像档案的归档管理与利用. 黑龙江档案, 2018, (4): 58.

[151] 孙宝龙. 浅议公路交通工程档案的收集、分类和整理. 办公室业务, 2020, (18): 129-130.

[152] 张雪霏. 风电工程档案的收集与归档整理. 陕西档案, 2020, (3): 39-40.

[153] 毕苇. 企业基建工程档案的收集与整理. 城建档案, 2017, (1): 40-41.

[154] 赵丽娜. 水利工程档案整理存在的问题及对策. 兰台内外, 2016, (6): 74.

[155] 周纪伟. 工程档案整理立卷适用性的选择——运用《建设工程文件归档整理规范》的体会. 城建档案, 2007, (2): 31-33.

[156] 陆霞. 按"件"原则在工程档案整理中的应用. 浙江档案, 2009, (5): 42-43.

[157] 廖玉玲. 工程档案"卷改件"整理改革探索——以深圳市建筑工务署实践探索为例. 中国档案, 2015, (8): 54-55.

[158] Walne P. Dictionary of archival terminology: english and French, with equivalents in Dutch/German/Italian/Russian and Spanish. München: K.G. Saur, 1984.

[159] 葛荷英. 关于档案鉴定概念的研究. 档案学研究, 2010, (2): 9-12.

[160] 孙武. 档案鉴定: 现实问题与理论困境//中国档案学会. 档案事业科学发展: 新环境新理念新技术——2008年档案工作者年会论文集(上册). 中国第二历史档案馆: 2008: 6.

[161] 任汉中. 话说档案那些事(六): 看不明白的档案鉴定. 档案管理, 2019, (3): 68, 80.

[162] 王英玮, 陈智为, 刘越男. 档案管理学. 第4版. 北京: 中国人民大学出版社, 2015.

[163] 罗文武. 城建档案馆参与项目工程竣工验收的理论透视. 浙江档案, 2014, (2): 48-49.

[164] 徐英. 建设工程档案的归档鉴定工作. 黑龙江档案, 2010, (6): 45.

[165] 曹友民. 轨道交通工程档案鉴定工作的实践与思考. 浙江档案, 2009, (1): 46-47.

[166] 朱玲. 人防工程档案销毁鉴定的问题与对策研究——以杭州市为例. 办公室业务, 2017, (21): 97.

[167] 国家档案局. 国家档案局发布第10号令《企业文件材料归档范围和档案保管期限规定》. https://www.saac.gov.cn/daj/yaow/201212/c745fb4a13b6468c989b99f27762c219.shtml [2021-08-20].

[168] 桑利军. 浅谈图书与工程档案保管中的防虫管理. 河南工业大学学报(社会科学版), 2014, 10(2): 123-125, 149.

[169] 唐晓琳, 郭倩. 基层档案保管状况检查的思考. 北京档案, 2021, (2): 33-36.

[170] 郭林峰. 水利工程档案归档范围和保管期限研究. 城建档案, 2020, (6): 44-46.

[171] 袁静. 工程档案蓝图保管存在问题及对策研究. 城建档案, 2017, (10): 44-45.

[172] 李海涛, 张蕴怡. 我国档案保管外包服务行业发展现状、问题及对策. 档案学通讯, 2020, (4): 57-64.

[173] 国家档案局. 国家档案局关于发布《纸质档案数字化规范》等12项档案行业标准的通知. https://www.saac.gov.cn/daj/tzgg/201709/17b7764728de403fb1c0f0085de6fa61.shtml [2021-08-22].

[174] 王虹. 对工程建设档案外包服务的思考. 北京档案, 2015, (6): 41-42.

[175] 张新. 新规范下工程档案保管外包服务管理途径研究. 城建档案, 2020, (1): 33-34.

[176] 张苿. 工程档案信息化及质量监控评价体系研究. 城建档案, 2020, (12): 11-12.

[177] 汤文军. 工程建设项目档案外包服务的思考. 城建档案, 2018, (8): 86-87.

[178] 陈淑青, 徐海静. 工程设计档案数字化外包中的风险控制. 兰台世界, 2018, (11): 24-26.

[179] 姜孟缘. 水利工程档案的开发与利用研究. 中外企业家, 2020, (3): 130.

[180] 徐华. 工程档案开发利用的方法和途径. 办公室业务, 2020, (10): 146-147.

[181] 谢京明. 做好水利工程档案开发利用工作探析. 办公室业务, 2018, (16): 138.

[182] 邓少云. 公路工程档案资源开发和利用的实践与探索. 城建档案, 2019, (5): 56-58.

[183] 翟超群. 浅谈公路工程档案的开发利用工作. 陕西档案, 2018, (4): 25.

[184] 赵冬梅. 基层公路工程档案开发与利用探析. 黑龙江档案, 2021, (3): 240-241.

[185] 杨冬权. 在全国档案宣传工作会议上的讲话. 中国档案, 2011, (11): 16-23.

[186] 柴丽. 档案宣传实现党性与人民性统一的路径分析. 档案学研究, 2019, (2): 111-115.

[187] 林鸣. 建造世界一流超大型跨海通道工程——港珠澳大桥岛隧工程管理创新. 管理世界, 2020, 36(12): 202-212.

[188] 邓慧, 濮寒梅. 城市地下管线工程档案管理工作探讨. 城建档案, 2021, (5): 63-65.

[189] 谢贤, 谢虹. 新媒体技术背景下我国档案宣传工作策略探究. 兰台世界, 2015, (2): 125-126.

[190] Grover V, Davenport T H. General perspective on knowledge management: fostering a research agenda. Journal of Management Information Systems, 2001, 18(1): 5-21.

[191] Awad E M, Ghaziri H M. Knowledge Management. New Jersey: Pearson Education International, 2004.

[192] Braganza A. Rethinking the data-information-knowledge hierarchy: towards a case-based model. International Journal of Information Management, 2004, 24(4): 347-356.

[193] Gunnlaugsdottir J. Seek and you will find, share and you will benefit: organizing knowledge using groupware systems. International Journal of Information Management, 2003, 23(5): 363-380.

[194] Kogut B, Zander U. Knowledge of the firm, combinative capabilities, and the replication of technology. Organization Science, 1992, 3(3): 383-397.

[195] Bellinger G, Castro D, Mills A. Data, information, knowledge, and wisdom. http://www.systems-thinking.org/dikw/dikw.htm [2021-08-25].

[196] Meadow C T, Boyce B R, Kraft D H. Text Information Retrieval Systems, 2nd ed. San Diego: Academic Press. 2000.

[197] Welbourne M. Knowledge. Bucks: Acumen Publishing Limited, 2001.

[198] Venzin M, von Krogh G, Roos J. Future research into knowledge management//Krogh GV, Roos J, Kleine D. Knowing in Firms: Understanding, Managing and Measuring Knowledge. London: SAGE Publications, 1998: 26-66.

[199] 相丽玲, 张云芝. 基于集合论的不同社会形态下信息、知识与数据关系新解. 情报科学, 2018, 36(9): 39-45.

[200] Gao F, Li M, Clarke S. Knowledge, management and knowledge management in business operations. Journal of Knowledge Management, 2008, 12(2): 3-17.

[201] Drucker P. The new society of organizations. Harvard Business Review, 70(September/October), 1992: 95-105.

[202] Jashapara A. Knowledge Management: An Integrated Approach. Harlow: Pearson Education Limited, 2004.

[203] Nonaka I, Toyama R, Konno N. SECI, Ba and leadership: a unified model of dynamic knowledge creation. Long Range Planning, 2000, 33(1): 5-34.

[204] Bhatt G D. Management strategies for individual knowledge and organizational knowledge. Journal of Knowledge Management, 2002, 6(1): 31-39.

[205] 王向阳, 郗玉娟, 齐莹. 组织内部知识整合模型: 基于知识演变视角. 情报理论与实践, 2018, 41(2): 88-93.

[206] Purser R E, Pasmore W A, Tenkasi R V. The influence of deliberations on learning in new product development teams. Journal of Engineering and Technology Management, 1992, 1(9): 1-28.

[207] France B, Shearer K. Understanding knowledge management and information management: the need for an empirical perspective. Information Research: An International Electronic Journal, 2002, 8(1): 141.

[208] Davenport T H, Prusak L. Working Knowledge: How Organizations Manage What They Know. Boston: Harvard Business School Press, 2000.

[209] 刘植惠. 知识来源与形成的探讨. 情报科学, 2000, (2): 97-101.

[210] 董小英. 知识管理: 老树开新花还是新瓶装旧酒. 图书情报工作, 2001, (5): 5.

[211] 孙坦. 信息经济与知识经济的比较. 图书情报工作, 1998, (12): 2-4, 60.

[212] 邱均平, 许丽敏, 陈瑞. 社会网络视角下企业内部知识共享机制研究. 图书情报工作, 2011, 55(10): 25-29.

[213] 涂子沛. 大数据及其成因. 科学与社会, 2014, 4(1): 14-26.

[214] 张斌, 郝琦, 魏扣. 基于档案知识库的档案知识服务研究. 档案学通讯, 2016, (3): 51-58.

[215] 陈洪澜. 论知识分类的十大方式. 科学学研究, 2007, (1): 26-31.

[216] Polanyi M. Personal Knowledge: Toward a Post Critical Philosophy. Chicago: University of Chicago Press, 1958.

[217] Kogut B, Zander U. Knowledge of the firm and the evolutionary theory of the multinational

corporation. Journal of Internation al Business Studies, 1993, 24: 625-645.

[218] Nonaka I, Takeuchi H. The Knowledge Creating Company: How Japanese Companies Create the Dynamics of Innovation. Oxford: Oxford University Press, 1995.

[219] Choo C W. The Knowing Organization: How Organizations Use Information to Construct Meaning, Create Knowledge, and Make Decisions. New York: Oxford University Press, 1998.

[220] Badaracco J. Knowledge Link: How Firms Complete Through Strategies Alliance. Boston: Harvard Business School Press, 1991.

[221] Novins P, Armstrong R. Choosing your spots for knowledge management. Perspectives on Business Innovation, 1998, (1): 45-54.

[222] Bhagat R S, Kedia B L, Triandis H C. Cultural variations in the cross-border transfer of organizational knowledge: an integrative framework. Academy of Management Review, 2002, 27(2): 204-221.

[223] Hsiao R L, Tsai D H, Lee C F. The problems of embeddedness: knowledge transfer, coordination and reuse in information systems. Organization Studies, 2006, 27(9): 1289-1317.

[224] Harem T, Krogh G V, Roos J. Managing Knowledge: Perspectives on Cooperation and Competition. London: SAGE Publication, 1996: 116-136.

[225] Nonaka I. A dynamic theory of organizational knowledge creation. Organization Science, 1994, 5(1): 14-37.

[226] Long D W D, Fahey L. Diagnosing cultural barriers to knowledge management. Academy of Management Executive, 2000, 14(4): 113-127.

[227] Henderson R, Clark K. Architectural innovation: the reconstruction if existing product technologies and the failure of established firms. Administrative Science Quarterly, 1990, (35): 9-30.

[228] 张福学. 知识管理领域的知识分类. 情报杂志, 2001, (9): 5-6.

[229] 郭睦庚. 知识的分类及其管理. 决策借鉴, 2001, (2): 11-14.

[230] 朱治理, 温军, 李晋. 海外并购、文化距离与技术创新. 当代经济科学, 2016, 38(2): 79-86, 127.

[231] Boisot M. Knowledge Assets: Securing Competitive Advantage in the Information Economy. New York: Oxford University Press, 1998.

[232] Wiig K M. Knowledge Management Foundations: Thinking about Thinking-How People and Organizations Create, Represent, and Use Knowledge. Arlington, TX: Schema Press, 1993.

[233] Wiig K M. Knowledge management: an introduction and perspective. Journal of Knowledge Management, 1997, 1(1): 6-14.

[234] Jashapara A. Knowledge Management: An Integrated Approach. 2nd ed. Harlow: Pearson Education, 2011.

[235] O'Dell C. A current review of knowledge management best practice. Conference on Knowledge Management and The Transfer of Best Practices, Business Intelligence, 1996.

[236] Marquardt M. Building the Learning Organization: A Systems Approach To Quantum Improvement and Global Success. New York: Mcgraw-Hill, 1996.

[237] Andersen A. The Knowledge Management Assessment Tool (KMAT). London: Arthur Andersen Kmat Study, 1996.

[238] Davenport T H, Laurence P. Working Knowledge: How Organizations Manage What They Know. Harvard: Business School Press, 1997.

[239] Holsapple C, Joshi K. Knowledge management: a three-fold framework. Kentucky Initiative for Knowledge Management, 1997, (7): 104-113.

[240] Steier D, Huffman B, Kalish D. Beyond full text search: AI technology to support the knowledge cycle. AAAI Spring Symposium on AI in Knowledge Management, 1997.

[241] Ruggles R. Knowledge Management Tools. Oxford: Butterworth-Heinemann, 1997.

[242] Van Der Spek R, Spijkervet A. Knowledge Management Dealing Intelligently With Knowledge//Liebowitz J, Wilcox L C. Knowledge Management and Its Integrative Elements Boca Raton: Crc Press, 1997: 31-59.

[243] Wiig K. The role of knowledge based systems in knowledge management. Workshop on Knowledge Management and AI, 1998.

[244] Becerra-Fernandez I, Sabherwal R. Knowledge Management: Systems and Processes in the AI Era. 2nd Edition. New York: Routledge, 2014.

[245] Andersen Consulting, Collaboration and Knowledge Management. http://www.ac.com:80/services/knowledge/km_home.html[2022-10-20].

[246] Liebowitz J. Building Organizational Intelligence: A Knowledge Management Primer. Boca Raton: CRC Press, 2000.

[247] Alavi M, Leidner D. Knowledge management and knowledge management systems: conceptual foundations and research issues. MIS Quarterly, 2001, 25(1): 107-136.

[248] 陈国权. 人的知识来源模型以及获取和传递知识过程的管理. 中国管理科学, 2003, 11(6): 86-94.

[249] 王众托, 知识系统工程. 北京: 科学出版社, 2004.

[250] 贾生华, 疏礼兵. 基于知识循环过程的知识管理绩效指数. 研究与发展管理, 2004,

16(5): 40-45.

[251] 付宏才, 邹平. 现代企业决策支持的知识管理模型框架. 科技进步与对策, 2003, 20(10): 47-48.

[252] 姜丹. 基于本体的知识管理模型研究. 西安: 西安电子科技大学, 2008.

[253] 林东清. 知识管理理论与实务. 李东改编. 北京: 电子工业出版社, 2005.

[254] 王旭. 知识管理五阶段模型分析. 农业与技术, 2005, (6): 151-153.

[255] 陈发祥, 梁昌勇. 组织知识管理战略的概念模型. 中国科技论坛, 2008, (2): 17-21.

[256] 杨新华, 林健. 知识管理与电子商务. 信息系统工程, 2001, (2): 37.

[257] 王平, 杨斌. 基于知识链的企业战略知识管理框架. 情报杂志, 2005, (6): 83-85.

[258] 朱亚男, 于本江. 知识管理系统模型研究. 价值工程, 2006, (2): 67-69.

[259] 熊学兵. 基于价值链的企业知识管理系统模型研究. 中国科技论坛, 2009, (1): 68-70, 83.

[260] 庄彩云, 陈国宏, 黄可权, 等. 互联网对企业知识创造过程的影响机制. 科技管理研究, 2021, 41(12): 123-130.

[261] 周健明, 周永务. 知识惯性与知识创造行为: 组织记忆与创新氛围的作用. 科学学研究, 2021, 39(6): 1103-1110, 1119.

[262] 唐彬, 卢艳秋, 叶英平. 大数据能力视角下平台企业知识创造模型研究. 情报理论与实践, 2020, 43(7): 123-129.

[263] 梁娟, 陈国宏. 多重网络嵌入、知识整合与知识创造绩效. 科学学研究, 2019, 37(2): 301-310.

[264] 吴翠花, 王玉辰, 张毅丹. 基于企业管理视角下的惰性知识激活与知识创造过程的关系. 商场现代化, 2017, (22): 83-85.

[265] 王一. 社交网络情境下知识创造过程模型构建. 情报科学, 2017, 35(4): 145-149, 159.

[266] 吕冲冲, 杨建君, 张峰. 共享时代下的企业知识创造——关系强度与合作模式的作用研究. 科学学与科学技术管理, 2017, 38(8): 17-28.

[267] 杨爽, 胡轶楠. 基于产业集群的企业知识创造模型研究. 情报科学, 2018, 36(12): 33-40.

[268] 刘瑞佳, 杨建君. 控制类型、企业间竞合及知识创造关系研究. 科技进步与对策, 2018, 35(17): 83-90.

[269] 李宇, 陆艳红, 张洁. 产业集群创新网络的知识创造效用研究——有意识的知识溢出视角. 宏观经济研究, 2017, (6): 94-106.

[270] 余红剑, 何平, 金慧. 动态能力提升导向的新创企业知识创造研究. 创新科技, 2017, (6): 4-9.

[271] 李久平, 陈忠林, 顾新. 学习型组织中的知识共享模型. 图书情报工作, 2004, (7): 33-36.

[272] 刘明霞, 徐心吾. 真实型领导、主管认同与员工知识共享行为: 程序公平的调节作用.

湖南大学学报(社会科学版), 2021, 35(1): 45-53.

[273] 苏伟琳, 林新奇. 服务型领导如何影响员工知识共享行为——一个有调节的中介模型. 财经论丛, 2019, (10): 84-93.

[274] 钟熙, 付晔, 王甜. 包容性领导、内部人身份认知与员工知识共享——组织创新氛围的调节作用. 研究与发展管理, 2019, 31(3): 109-120.

[275] 李鲜苗, 徐振亭. 领导心理资本对员工知识共享的跨层次影响研究. 软科学, 2018, 32(1): 92-94, 99.

[276] 叶龙, 刘云硕, 郭名. 家长式领导对技能人才知识共享意愿的影响——基于自我概念的视角. 技术经济, 2018, 37(2): 55-62, 119.

[277] 张亚军, 张磊, 姚楠. 自我牺牲型领导对员工隐性知识共享的影响. 领导科学, 2017, (32): 40-43.

[278] 杨霞, 李雯. 伦理型领导与员工知识共享行为: 组织信任的中介作用和心理安全的调节效应. 科技进步与对策, 2017, 34(17): 143-147.

[279] 张春阳, 张春博, 丁堃, 等. 团队层次知识共享研究回顾与展望. 图书馆学研究, 2021, (5): 2-9.

[280] 张瑞, 周万坤, 陈倩竹. 组织信任与知识共享行为的演化博弈分析. 科研管理, 2020, 41(10): 210-217.

[281] Li C R, Lin C J, Tien Y H, et al. A multilevel model of team cultural diversity and creativity: the role of climate for inclusion. Journal of Creative Behavior, 2017, 51(2): 163-179.

[282] Burmeister A, Li Y, Wang M, et al. Team knowledge exchange: how and when does transformational leadership have an effect?. Journal of Organizational Behavior, 2020, 41(1): 17-31.

[283] 唐于红, 赵琛徽, 陶然, 等. 团队中领导—成员交换差异对知识共享行为的影响研究——地位冲突的中介作用. 研究与发展管理, 2021, 33(2): 97-108.

[284] 金辉, 李辉, 段光. 知识共享是"圈子游戏"吗?——文化价值观与圈内/圈外知识共享实证研究. 研究与发展管理, 2019, 31(3): 84-98.

[285] 黄昱方, 刘雪洁. 人力资源管理动机归因如何催生员工的知识共享?. 技术经济, 2020, 39(10): 181-188.

[286] 何俊琳, 刘彤, 陈毅文. 知识共享的影响因素研究——基于 TOE 框架. 科技管理研究, 2018, 38(9): 145-153.

[287] MaZ L L, Zhang Y. Why do high-performance human resource practices matter for team creativity? The mediating role of collective efficacy and knowledge sharing. Asia Pacific Journal of Management, 2017, 34(3): 565-586.

[288] Teece D. Technology transfer by multinational firms: the resource cost of transferring technological know-how. The Economic Journal, 1977, 87(7): 242-261.

[289] Zander U. Exploiting a Technological Edge: Voluntary and Involuntary Dissemination of Technology. Sweden: Stockholm School Of Economics, 1991.

[290] 任旭, 刘佳. 魅力型领导对项目团队内知识转移影响研究. 科研管理, 2021, 42(6): 150-158.

[291] 卢艳秋, 孙丹丹, 赵彬. 代际知识转移的关键影响因素识别研究. 情报科学, 2020, 38(10): 90-96.

[292] 何辉, 闫柳媚. 研发人员即兴行为、实验文化与知识转移关系研究. 科技进步与对策, 2019, 36(21): 148-154.

[293] 贾铃铃, 陈选能. 现代学徒制中师徒间缄默知识转移的影响因素及其促进策略. 职业技术教育, 2019, 40(10): 30-35.

[294] 王嘉杰, 孙建军, 石静, 等. 技术人员流动视角下的知识转移影响因素分析——技术距离与技术多元化的作用. 信息资源管理学报, 2021, 11(5): 114-123.

[295] 邓程, 杨建君, 吕冲冲. 契约治理模式与知识转移绩效关系研究. 科学学研究, 2020, 38(5): 877-885.

[296] 姜南, 李济宇, 顾文君. 技术宽度、技术深度和知识转移. 科学学研究, 2020, 38(9): 1638-1646.

[297] 张梦晓, 高良谋. 驱动与阻碍: 网络位置影响知识转移的系统动力学研究. 科技进步与对策, 2019, 36(22): 135-142.

[298] 鞠晓伟, 张晓芝. 组织间知识转移治理模型构建分析: 基于传播能力与吸收能力角色. 情报理论与实践, 2018, 41(9): 83-89.

[299] 李春发, 赵乐生. 激励机制影响新创企业知识转移的系统动力学分析. 科技进步与对策, 2017, 34(13): 128-135.

[300] 阮平南, 栾梦雪, 刘晓燕. 多维邻近性对创新网络组织间知识转移影响研究——基于OLED产业专利数据. 科技管理研究, 2018, 38(17): 150-159.

[301] 王向阳, 郗玉娟, 谢静思. 基于区域创新系统的知识转移模型研究. 图书情报工作, 2017, 61(17): 13-20.

[302] 张立, 吴素平, 周丹. 国内外知识服务相关概念追踪与辨析. 科技与出版, 2020, (2): 5-12.

[303] 戴光强. 医学从技术服务扩大到知识服务——医学发展的新纪元. 中国健康教育, 1994, (1): 4-6.

[304] 陈叉星. 呼唤知识服务. 企业改革与管理, 1999, (6): 4.

[305] 任俊为. 知识经济与图书馆的知识服务. 图书情报知识, 1999, (1): 28-30.

[306] 田红梅. 试论图书馆从信息服务走向知识服务. 情报理论与实践, 2003, (4): 312-314.

[307] 陈英群. 知识服务的主要特征及其发展趋势. 河南图书馆学刊, 2002, (6): 41-44.

[308] 戚建林. 论图书情报机构的信息服务与知识服务. 河南图书馆学刊, 2003, (2): 37-38.

[309] 张晓林. 走向知识服务: 寻找新世纪图书情报工作的生长点. 中国图书馆学报, 2000, 26(5): 32-37.

[310] 秦晓珠, 李晨晖, 麦范金. 大数据知识服务的内涵、典型特征及概念模型. 情报资料工作, 2013, (2): 18-22.

[311] What are UNDP s' "Knowledge Services"?. http://www.undp.org/execbrd/pdf/UNDP%20knowledge%20services.pdf [2021-09-02].

[312] 李霞, 樊治平, 冯博. 知识服务的概念、特征与模式. 情报科学, 2007, (10): 1584-1587.

[313] 李桂华, 张晓林, 党跃武. 知识服务之运营方式探索. 图书馆, 2001, (1): 18-22.

[314] 靳红, 罗彩冬, 袁立强, 等. 高校图书馆知识服务模式的比较研究. 中国图书馆学报, 2004, (6): 60-62.

[315] 陈红梅. 试析面向知识服务的图书馆管理创新机制. 图书情报知识, 2004, (5): 79-81.

[316] 陈茫, 张庆普. 我国知识服务研究的演进历程知识图谱与研究态势探讨. 情报资料工作, 2018, (2): 80-91.

[317] 刘海鸥, 姚苏梅, 黄文娜, 等. 基于用户画像的图书馆大数据知识服务情境化推荐. 图书馆学研究, 2018, (24): 34, 59-65.

[318] 陈慧, 王晓晓, 吴国娇. 基于物联网的档案个性化知识服务模式: 特征与问题探析. 北京档案, 2019, (3): 12-16.

[319] 王萍, 张韬麒, 朱立香, 等. 政务微信公众号知识服务质量影响因素研究. 图书情报工作, 2018, (23): 43-50.

[320] 宋雪雁, 管丹丹, 张祥青, 等. 基于服务接触的电子政务门户网站知识服务质量影响因素研究. 图书情报工作, 2018, (23): 22-31.

[321] 尹超, 唐力明, 李孝斌. 基于用户心理行为的云制造知识服务优选决策. 计算机工程与应用, 2019, 55(21): 66-73, 78.

[322] 黄炜, 程钰, 李岳峰. 基于知识服务的中医药个人健康知识库构建研究. 现代情报, 2018, 38(12): 80-87.

[323] Liu S. New knowledge services for grey literature: innovative ways to improve our services in China. The Serials Librarian, 2021, 79(3/4): 316-325.

[324] Li H. New Exploration of Embedded Knowledge Service in University Library Based on Mooc. Proceedings of 2019 7th International Education, Economics, Social Science, Arts, Sports and Management Engineering Conference (IEESASM 2019), 2019: 4.

[325] Wang J, Bu K, Yang F, et al. Disaster risk reduction knowledge service: a paradigm shift

from disaster data towards knowledge services. Pure and Applied Geophysics, 2020, 177(1): 135-148.

[326] Ma H. Theoretical Analysis of Archives Management Mode based on Knowledge Service. 2020年第三届智慧教育与人工智能发展国际学术会议, 2020: 19.

[327] Blau J R, Alba R D. Empowering nets of participation. Administrative Science Quarterly, 1982, 27(3): 363-379.

[328] Mainiero L A. Coping with powerlessness: the relationship of gender and job dependency to empowerment-strategy usage. Administrative Science Quarterly, 1986, 31(4): 633-653.

[329] Burke W. Leadership as Empowering Others. San Francisco: Jossey-Bass, 1986.

[330] Conger J A, Kanungo R N. The empowerment process: Integration theory and practice. The Academy of Management Review, 1988(3): 471-482.

[331] Thomas K W, Velthouse B A. Cognitive elements of empowerment. Academy of Management Review, 1990, (4): 666-681.

[332] Zimmerman M A. Psychological empowerment: issues and illustrations. American Journal of Community Psychology, 1995, 26(5): 581-598.

[333] Spreitzer G M. Psychological empowerment in the workplace: dimensions, measurement, and validation. Academy of Management Journal, 1995, 38(5): 1443-1444.

[334] Herrenkohl J R, Judson G T, Heffner J A. Defining and measuring employee empowerment. The Journal of Applied Behavioral Science, 1999, 35(3): 373-389.

[335] Arnold J A, Arad S, Rhoades J A, et al. The empowering leadership questionnaire: the construction and validation of a new scale for measuring leader behaviors. Journal of Organizational Behavior, 2000, 21(3): 250-260.

[336] Konczak L J, Stelly D J, Trusty M L. Defining and measuring empowering leader behaviors: development of an upward feedback instrument. Educational and Psychological Measurement, 2000, 60(2): 302-308.

[337] Vechio R P. Negative emotion in the workplace: employee jealousy and envy. International Journal of Stress Management, 2000, 7(3): 161-179.

[338] Lorinkova N M, Pearsall M J, Sims H P Jr. Examining the differential longitudinal performance of directive versus empowering leadership in teams. Academy of Management Journal, 2013, 56(2): 573-596.

[339] Martin S L, Liao H, Campbell E M. Directive versus empowering leadership: a field experiment comparing impacts on task proficiency and proactivity. Academy of Management Journal, 2013, 56(5): 1372-1395.

[340] Rapp T L, Gilson L L, Mathieu J E, et al. Leading empowered teams: an examination of the

[341] Biemann T, Kearney E, Marggraf K. Empowering leadership and managers' career perceptions: examining effects at both the individual and the team level. Leadership Quarterly, 2015, 26(5): 775-789.

[342] Amundsen S, Martinsen O L. Self-other agreement in empowering leadership: relationships with leader effectiveness and subordinates' job satisfaction and turnover intention. Leadership Quarterly, 2014, 25(4): 784-800.

[343] Adams R. 培力、参与、社会工作. 陈秋山译. 新北: 心理出版社, 2010.

[344] 张燕, 王辉, 陈昭全. 授权赋能研究的进展. 南大商学评论, 2006, (4): 117-132.

[345] 王凯, 刘梦琴. 领导授权赋能行为研究综述. 河南财政税务高等专科学校学报, 2017, (6): 35-38.

[346] 陈慧, 王晓晓, 南梦洁, 等. 数字档案资源整合与服务过程中的隐性知识分类——以赋能思维为视角. 图书与情报, 2019, (6): 118-124.

[347] 赵春萍. 更新观念 迎合潮流. 市场观察, 1996, (7): 34-35.

[348] 雷巧玲, 赵更申, 段兴民. 对知识型员工授权赋能的动因探析. 科学学与科学技术管理, 2006, (6): 148-153.

[349] 刘云, 石金涛. 组织创新气氛对员工心理赋能的影响研究. 科学学与科学技术管理, 2009, 30(2): 164-169.

[350] 周其仁. 还权赋能——成都土地制度改革探索的调查研究. 国际经济评论, 2010, (2): 54-92, 5.

[351] 张吉东. 增权赋能: 高校思想政治教育新理念. 江苏高教, 2010, (4): 112-114.

[352] 冯果, 袁康. 从法律赋能到金融公平——收入分配调整与市场深化下金融法的新进路. 法学评论, 2012, 30(4): 85-91.

[353] 周文辉, 邓伟, 陈凌子. 基于滴滴出行的平台企业数据赋能促进价值共创过程研究. 管理学报, 2018, 15(8): 1110-1119.

[354] 罗仲伟, 李先军, 宋翔, 等. 从"赋权"到"赋能"的企业组织结构演进——基于韩都衣舍案例的研究. 中国工业经济, 2017, (9): 174-192.

[355] 魏炜, 蔡春华. 赋能型 VS 使能型, 选择哪种生态圈. 中欧商业评论, 2018, (4): 1-5.

[356] 孙新波, 苏钟海, 钱雨, 等. 数据赋能研究现状及未来展望. 研究与发展管理. 2020, (4): 155-166.

[357] 陈海贝, 卓翔芝. 数字赋能研究综述. 理论研究, 2019, (6): 53-60.

[358] 孙中伟. 从"个体赋权"迈向"集体赋权"与"个体赋能": 21 世纪以来中国农民工劳动权益保护路径反思. 华东理工大学学报(社会科学版), 2013, (3): 10-20.

[359] 甄峰, 张姗琪, 秦萧, 等. 从信息化赋能到综合赋能: 智慧国土空间规划思路探索. 自然资源学报, 2019, 34(10): 2060-2072.

[360] 胡海波, 卢海涛. 企业商业生态系统演化中价值共创研究——数字化赋能视角. 经济管理, 2018, 40(8): 55-71.

[361] 赵彩彩, 郝伟斌. 如何让数据赋能: "互联网+"背景下智慧档案服务的微观机理与现实路径探析. 北京档案, 2020, (6): 17-21.

[362] 王莉娜, 胡广伟, 刘建霞. 数据赋能视角下应急情报服务价值共创过程及能力提升——以新冠疫情防控为例. 图书情报知识, 2021, (1): 23-33.

[363] 张薇. 构建档案知识库, 助力医院科学决策. 现代经济信息, 2018, (3): 25-26.

[364] 用科技人才创新赋能档案强国建设. http://www.yueyang.gov.cn/daj/6630/30097/content_2042025.html [2023-11-29].

[365] Shigo K. IEEE creates a digital historic archive. Computers in Libraries, 2003, 23(2): 47.

[366] Sexton M, Goulding J, Zhang X, et al. The role of the HyCon design-support tool in elevating hybrid concrete as a design option for structural frames. Engineering Construction & Architectural Management, 2005, 12(6): 568-586.

[367] 李子林, 熊文景. 人工智能对档案管理的影响及发展建议. 档案与建设, 2019, (6): 10-13, 9.

[368] 陈亮. 人工智能技术在智慧档案馆建设中的应用初探——以太仓市档案馆为例. 档案与建设, 2016, (7): 80-82.

[369] 张雪沂. 中铁十六局六公司工程项目档案信息化管理研究. 南昌: 华东交通大学, 2019.

[370] 闫秀敏. 水利工程项目档案信息化建设管理思路探究. 城建档案, 2020, (4): 21-22.

[371] 王丽. 将大数据技术引入工程项目档案管理的思考. 办公室业务, 2017, (16): 135.

[372] 谢辰慧. 以知识管理为导向的企业数字档案室建设探究. 黑龙江档案, 2021, (3): 196-197.

[373] 冯硕. 基于知识管理的企业档案馆信息资源建设研究. 天津: 天津师范大学, 2012.

[374] 孟歆. 从档案知识服务角度谈档案鉴定理论的变革. 机电兵船档案, 2007, (6): 25-26.

[375] 葛荷英. 档案鉴定知识(一). 机电兵船档案, 2003, (1): 33-34.

[376] 葛荷英. 关于档案鉴定知识及诸多难题的研究. 档案学研究, 2003, (5): 12-14.

[377] 葛荷英. 档案鉴定知识(二). 机电兵船档案, 2003, (2): 25-27.

[378] 葛荷英. 档案鉴定知识(三)——文书档案的鉴定. 机电兵船档案, 2003, (3): 26-28.

[379] 葛荷英. 档案鉴定知识(四)——科技档案的鉴定. 机电兵船档案, 2003, (4): 42-43.

[380] 葛荷英. 档案鉴定知识(五)——专门档案的鉴定. 机电兵船档案, 2003, (5): 33-35.

[381] 葛荷英. 档案鉴定知识(六)——电子文件的鉴定与监控管理. 机电兵船档案, 2003, (6): 29-30.

[382] 牟凯旋. 基于知识挖掘的档案初级鉴定系统构想. 档案管理, 2014, (4): 19-21.

[383] 陈慧, 南梦洁, 刘箐. "十四五"规划下的新能源项目档案管理探索. 中国档案, 2022, (4): 62-63.

[384] 吴景周. 档案工作基本知识讲话(初稿)——第七讲档案的统计工作和保管工作. 档案工作, 1960, (9): 22-24.

[385] 朱玲玲. 论后保管模式与档案知识管理之间的互洽. 办公室业务, 2015, (2): 70-71.

[386] 冯惠玲. 电子文件时代新思维《拥有新记忆——电子文件管理研究》摘要之六. 档案学通讯, 1998, (6): 46-50.

[387] 徐拥军. 企业档案知识管理模式——基于双向视角的研究. 档案学通讯, 2007, (5): 50-53.

[388] Nitecki J Z. The concept of information-knowledge continuum: implications for librarianship. The Journal of Library History (1974—1987), 1985, 20(4): 387-407.

[389] Vassallo P. The knowledge continuum - organizing for research and scholarly communication. Internet Research: Electronic Networking Applications and Policy, 1999, 9(3): 232-242.

[390] Saba W S. On the winograd schema: situating language understanding in the data-information-knowledge continuum. Proceedings of the 32nd International FLAIRS Conference, 2019: 1-6.

[391] 张力. 产学研协同创新的战略意义和政策走向. 教育研究, 2011, (7): 18-21.

[392] 陈劲. 协同创新与国家科研能力建设. 科学学研究, 2011, 29(12): 1762-1763.

[393] 孔祥浩, 吴咏梅, 张研. 基于协同创新的知识管理模型构建. 价值工程, 2012, 31(35): 1-4.

[394] 朱容辉, 刘树林, 林军. 产学协同创新主体的发明专利质量研究. 情报杂志, 2020, 39(2): 78-84.

[395] 李林, 王艺, 黄冕, 等. 政府介入与产学研协同创新运行机制选择关系研究. 科技进步与对策, 2020, 37(10): 11-20.

[396] 张曼, 菅利荣. 高技术产业产学研协同创新效率研究——基于行业的动态分析. 当代经济管理, 2021, 43(3): 25-33.

[397] 周伟, 杨栋楠, 章浩. 京津冀城市群产业协同创新驱动要素研究——哈肯模型视域下的分时段动态对比分析//中国软科学研究会. 中国软科学研究会 2019 年中国软科学文集, 2020: 16.

[398] 赵菁奇, 金露露, 王泽强. 长三角区域创新共同体建设研究——基于技术创新政策效果评价的视角. 华东经济管理, 2021, 35(5): 40-46.

[399] 刘琦. 知识流动与区域协同创新关系的实证检验. 统计与决策, 2020, 36(23): 81-84.

[400] 张立荣, 冷向明. 协同治理与我国公共危机管理模式创新——基于协同理论的视角. 华中师范大学学报(人文社会科学版), 2008, (2): 11-19.

[401] 胡昌平, 晏浩. 知识管理活动创新性研究之协同知识管理. 中国图书馆学报, 2007, (3): 95-97.

[402] 柯青, 刘高勇. 面向 CRM 的知识协同体系研究. 情报杂志, 2009, 28(10): 115-118, 207.

[403] 张海涛, 刘伟利, 任亮, 等. 开放式创新社区的用户知识协同交互机理及其可视化研究. 情报学报, 2021, 40(5): 523-533.

[404] 坚持以科技创新引领产业发展. https://baijiahao.baidu.com/s?id=1783877312140325270&wfr=spider&for=pc [2023-11-29].

[405] International Standard Organization. Information and documentation-Management systems for records-Fundamentals and vocabulary: ISO 30300: 2011. https://www.iso.org/standard/53732.html [2022-07-10].

[406] International Standard Organization. Information and documentation-Records management-Core concepts and vocabulary: ISO 30300: 2020. https://www.iso.org/standard/74291.html [2022-07-10].

[407] 安小米, 徐明月. 文件管理术语国际标准的演进: 基于 ISO 30300: 2011 和 ISO 30300: 2020 的比较. 档案学通讯, 2021, (1): 37-43.

[408] International Standard Organization. Information and documentation-Management systems for records-Requirements: ISO 30301: 2011. https://www.iso.org/standard/53733.html [2022-07-10].

[409] International Standard Organization. Information and documentation-Management systems for records-Requirements: ISO 30301: 2019. https://www.iso.org/standard/74292.html [2022-07-10].

[410] 庞玲玲, 孙舒扬, 安小米. ISO 30301: 2011 和 ISO 30301: 2019 新旧文件管理体系标准比较研究. 档案与建设, 2019, (5): 13-16.

[411] International Standard Organization. Information and documentation-Management systems for records-Guidelines for implementation: ISO 30302: 2015. https://www.iso.org/standard/54673.html [2022-07-10].

[412] International Standard Organization. Information and documentation-Management systems for records-Guidelines for implementation: ISO 30302: 2022. https://www.iso.org/standard/81595.html [2022-07-10].

[413] International Standard Organization. Data quality — Part 64: Data quality management: Organizational process maturity assessment: Application of the Test Process Improvement method: ISO 8000-64: 2022. https://www.iso.org/standard/80752.html [2022-07-10].

[414] 邱均平, 文庭孝, 张蕊, 等. 论知识管理学的构建. 中国图书馆学报, 2005, (3): 11-16.

[415] 丁蔚. 从信息管理到知识管理. 情报学报, 2000, (2): 124-129.

[416] 汪建康, 肖久灵, 彭纪生. 企业知识管理成熟度模型比较研究. 情报杂志, 2011, 30(10): 112-117.

[417] Kulkarni U, Louis R S. Organizational self assessment of knowledge management maturity. Proceeding of the 9th Americas Conference on Information Systems, 2003, 11(1): 54-70.

[418] Schwartz D G, Tauber D. Toward a maturity model for knowledge management systems integration. Annals of Information Systems, 2009, (4): 59-78.

[419] Kuriakose K K, Baldev R, Satya M, et al. Knowledge management maturity model: an engineering approach. Journal of Knowledge Management Practice, 2011, 12(2).

[420] Robinson H S, Anumba C J, Carrillo P M, et al. STEPS: a knowledge management maturity roadmap for corporate sustainability. Business Process Management Journal, 2006, 12(6): 793-808.

[421] 祁延莉. 知识管理成熟度模型初探——以西门子公司为例. 情报理论与实践, 2005, (6): 13-16.

[422] 孙锐, 李海刚, 石金涛. 能力成熟度模型在组织知识管理中的应用研究. 研究与发展管理, 2008, (2): 64-70.

[423] 张鹏, 党延忠. 企业知识管理成熟度模型研究. 科学学与科学技术管理, 2010, 31(8): 102-106.

[424] 叶兰. 研究数据管理能力成熟度模型评析. 图书情报知识, 2015, (2): 115-123.

[425] DOCX - Australian National Data Servicedocx -澳大利亚国家数据服务. https://www.docin.com/ p-721811922.html [2022-06-23].

[426] Crowston K, Qin J. A capability maturity model for scientific data management: Evidence from the literature. Proceedings of the American Society for Information Science and Technology, 2012, 48(1): 1-9.

[427] 周林兴, 韩永继. 档案数据安全治理能力成熟度模型构建研究. 档案与建设, 2020, (7): 24-27, 19.

[428] 崔旭, 谢寒冰. 企业档案数据治理成熟度模型构建研究. 档案与建设, 2021, (12): 37-41.

[429] 全国信息安全标准化技术委员会. 信息安全技术 数据安全能力成熟度模型: GB/T 37988—2019. 北京: 中国标准出版社, 2019.

[430] 金波, 杨鹏. 大数据时代档案数据安全治理能力成熟度模型构建. 档案学通讯, 2022, (1): 29-36.

[431] Ashley L J, Misic M. Digital Preservation Capability Maturity Model (DPCMM): Genesis and Practical Uses//Diverse Applications and Transferability of Maturity Models. IGI

[432] Proença D, Borbinha J. Information governance maturity assessment using enterprise architecture model analysis and description logics. International Conference on Theory and Practice of Digital Libraries, 2019: 265-279.

[433] Rajh A. Problem-Oriented Assessments in Archives Management and an Extensive Archival Maturity Model Design//Diverse Applications and Transferability of Maturity Models. IGI Global, 2019: 121-151.

[434] 王敏, 方铸. 大数据税收管理的成熟度模型及其启示. 国际税收, 2017, (4): 19-22.

[435] 党洪莉, 谭海兵. 基于 DMM 的数据管理成熟度模型及在服务评估中的应用. 现代情报, 2017, 37 (9): 118-121.

[436] 全国 DCMM 符合性评估公共服务平台. 数据管理能力成熟度评估模型. http://openstd.samr.gov.cn/bzgk/gb/newGbInfo?hcno=B282A7BD34CAA6E2D742E0CAB7587DBC [2022-06-23].

[437] 刘珍. 如何做好高速公路桥梁工程档案资料的收集整理工作. 中小企业管理与科技（下旬刊）, 2014, (2): 134-135.

[438] 付晓小, 王晗, 刘亚琳, 等. 生态环保工程档案在长江生态保护中的作用. 中国档案, 2022, (3): 62-63.

[439] Tanriverdi H. Information technology relatedness, knowledge management capability, and performance of multibusiness firms. MIS Quarterly, 2005, 29 (2): 311-334.

[440] 李孟秋. 论科学数据管理对数字科研档案管理的启示. 浙江档案, 2022, (6): 31-35.

[441] 周林兴, 崔云萍. 大数据视域下档案数据质量控制实现路径探析. 档案学通讯, 2022, (3): 39-47.

[442] 金波, 杨鹏. 大数据时代档案数据安全保障探究. 档案学通讯, 2022, (3): 30-38.

[443] 王少鹏. 中国创新型国家建设进程监测与研究. 南京: 南京信息工程大学, 2016.

[444] 杨震宁, 李东红. 政府监管, 鳗鱼效应与知识产权管理: 企业创新绩效的提升. 中国管理科学, 2010, 18 (6): 177-184.

[445] 中央纪委国家监委网站. 创新监督 优化营商环境. https://baijiahao.baidu.com/s?id=1675326686817591475&wfr=spider&for=pc [2022-06-12].

[446] 翁媛媛, 高汝熹. 科技创新环境的评价指标体系研究——基于上海市创新环境的因子分析. 中国科技论坛, 2009, (2): 31-35.

[447] 赵彦飞, 李雨晨, 陈凯华. 国家创新环境评价指标体系研究: 创新系统视角. 科研管理, 2020, 41 (11): 66-74.

[448] 程雁, 李平. 创新基础设施对中国区域技术创新能力影响的实证分析. 经济问题探索, 2007, (9): 51-54.

[449] 顾承卫. 新时期我国地方引进海外科技人才政策分析. 科研管理, 2015, 36 (S1):

272-278.

[450] 吴玉鸣. 工业研发、产学合作与创新绩效的空间面板计量分析. 科研管理, 2015, 36(4): 118-127.

[451] 李平, 崔喜君, 刘建. 中国自主创新中研发资本投入产出绩效分析——兼论人力资本和知识产权保护的影响. 中国社会科学, 2007, (2): 32-42, 204-205.

[452] Porter M E, Stern S. Measuring the "ideas" production function: evidence from international patent output. Nber Working Papers, 2000-09-01(7891).

[453] 邱成利. 创新环境及其对新产业成长的作用机制. 数量经济技术经济研究, 2002, (4): 5-7.

[454] Aschauer D A. Is public expenditure productive?. Journal of Monetary Economics, 1989, 23(2): 177-200.

[455] Munnell A H. Why has productivity growth declined? Productivity and public investment. New England Economic Review, 1990, 30(1): 3-22.

[456] 张蕴. 优化创新生态: 建设创新型国家的当务之急. 人民论坛, 2018, (16): 140-141.

[457] 彭仲宇, 肖鹏. 绿色生态目标导向下的北京未来科技城规划建设体系构建实践. 建设科技, 2014, (23): 57-61.

[458] 吴腾宇. 中国科技市场成熟度研究. 北京: 中国政法大学, 2013.

[459] 董静, 汪江平, 翟海燕, 等. 服务还是监控: 风险投资机构对创业企业的管理——行业专长与不确定性的视角. 管理世界, 2017, (6): 82-103, 187-188.

[460] Imbriani C, Reganati F. Productivity spillovers and regional differences: some evidence on the italian manufacturing sector. Celpe Discussion Papers, 1999-07-01.

[461] Driffield N, Munday M. Foreign manufacturing, regional agglomeration and technical efficiency in UK industries: a stochastic production frontier approach. Regional Studies, 2001, 35(5): 391-399.

[462] Anning-Dorson T. Customer involvement capability and service firm performance: the mediating role of innovation. Journal of Business Research, 2018, 86: 269-280.

[463] 汪琦. 内外源创新对中国知识密集型服务贸易竞争优势促动效应的分析. 产业创新研究, 2020, (18): 16-18.

[464] 蔡超华. 领导方式与不同成熟度知识型员工的匹配研究. 经济研究导刊, 2014, (30): 171-173.

[465] 张文锋, 李娟, 李宇. 创新集群中有意识的知识溢出与创新促进机制研究. 中国软科学, 2019, (8): 175-183.

[466] Cohen W M, Levinthal D. Absorptive capacity: a new perspective on learning and innovation. Administrative Science Quarterly, 1990, 35(1): 128-152.

[467] 刘娟, 赵晴晴, 董维维. IT 驱动的知识吸收能力对企业突破性创新的作用机理——基于组织任务环境的调节效应. 预测, 2021, 40(4): 74-80.

[468] Nonaka I, Takeuchi H. The knowledge creating company. Harvard business review, 1995, 1: 995.

[469] 姚威. 产学研合作创新的知识创造过程研究. 杭州: 浙江大学, 2009.

[470] 魏旭, 蒙永亨, 潘红玉, 等. 特色小镇知识产权创造与创新产业聚集作用机制. 系统工程, 2021, 39(4): 18-29.

[471] 谢馥彤. 知识来源与企业创新产出: 一个对比的视角. 现代营销(学苑版), 2021, (5): 1-3.

[472] 史宇鹏, 顾全林. 知识产权保护, 异质性企业与创新: 来自中国制造业的证据. 金融研究, 2013, (8): 136-149.

[473] 于洋. 研发费用调整对企业创新与无形资产过度投资影响的研究. 天津: 天津商业大学, 2019.

[474] 财政部. 财政部关于印发《企业会计准则——无形资产》等 8 项准则的通知. http://www.gov.cn/gongbao/content/2002/content_61888.htm [2022-08-30].

[475] 赵旭梅. 知识产权、无形资产与企业创新力的新解构. 社会科学战线, 2017, (9): 71-76.

[476] 蓝天. 中国创意产品与服务的国际竞争力评价及出口战略. 财经问题研究, 2013, (11): 36-42.

[477] Laud G, Karpen I, Conduit J. Customer creativity and willingness to contribute to co-creative innovation in online communities. The 25th IPDMC: Innovation and Product Development Management Conference, 2018: 1-2.

[478] 刘平峰, 王雨婷, 苏超超. 大数据赋能企业知识管理创新机理与路径研究——基于华为案例. 科技进步与对策, 2021, 38(1): 122-131.

[479] 郑彦璐, 李启明. 知识转移在工程项目管理中应用的研究. 建筑管理现代化, 2009, 23(6): 481-484.

[480] 姜疆, 王飞, 殷铭, 等. 知识服务在驱动企业科技创新中的应用研究——以江苏省企业知识服务平台为例. 天津科技, 2020, 47(8): 81-85, 90.

[481] 谢新观. 远距离开放教育词典. 北京: 中央广播电视大学出版社, 1999.

[482] Delgado M, Porter M E. Clusters and the Great Recession. https://papers.ssrn.com/sol3/papers.cfm?abstract_id=3819293 [2023-12-19].

[483] 杨晓慧. 我国高校创业教育与创新型人才培养研究. 中国高教研究, 2015, (1): 39-44.

附录 访谈提纲

基于创新驱动的工程档案知识赋能及其实现路径研究访谈提纲

为完成国家社会科学基金的项目任务，调研我国工程项目档案管理的现状、问题与需求，摸清工程档案管理工作的知识赋能，挖掘、提取和开发其管理活动中隐含必需的技能、诀窍和专业知识，建立其赋能的方法和实现机制，实现其管理活动中的知识转移和知识管理机制；从档案工作者层面，了解工程档案管理活动过程中档案工作者经验和隐性知识的形成、知识的传递和共享利用，从而形成工程档案管理"主体联盟、过程联通、要素联结"的全过程控制机制。

特邀请您参与本次调研，本访谈耗时约 40 分钟，调查结果仅用于工程档案工作调研和学术研究，恳请您的支持与指导，谢谢您！

2020 年 12 月 17 日

一、个人信息

1. 您所在的城市：_____
2. 您的所属单位：_____
3. 您的性别是：
   □1. 男　　　　　　　　□2. 女
4. 您是从事档案工作的性质：
   □1. 专职　　　　　　　□2. 兼职（主要工作职能：_____）
5. 您从事档案工作有多久：
   □1. 0-5 年　　　　　　□2. 6-10 年
   □3. 11-15 年　　　　　□4. 16 年以上
6. 请问您的专业背景？
   □1. 管理科学　　　　　□2. 工程管理
   □3. 社会学　　　　　　□4. 信息技术
   □5. 信息资源管理　　　□6. 其他

二、基本情况

1. 您在公司里担任什么样的工作？您的日常工作具体涉及哪些与档案工作相关的内容？

可以任选以下几个不同的工作内容，并加以详细描述：

- ◇ 档案的生成　　　　　◇ 档案的收集
- ◇ 档案的管理　　　　　◇ 档案的保管
- ◇ 档案的利用与开发　　◇ 档案的宣传与传播
- ◇ 其他

2．您从事与档案相关工作有多久？

在现在这家公司？

和您以前其他的从业经历？

3．您能详细地描述您正在执行的项目/任务吗？您认为什么经验对于完成这次项目/任务是必需的(除技术能力以外的)？

4. 总体而言，您觉得什么样的经验和技能在工作中最为重要？
为什么您觉得很重要？
您觉得这些技能经验在实际运用中怎么能帮助到您？
这些经验技能具体与档案全过程控制中的哪个/哪些过程有联系？

5. 您意识到这些经验技能的重要性了吗？
您觉得这些经验技能是如何起到作用的？

6. 您曾经有过或试图与人分享你的经验之谈吗？
公司是否有建设一些制度或者管理工具来帮助你分享你的个人经验？
您觉得你曾经贡献的经验有被他们使用过吗？
您有曾从别人贡献的经验之中受益吗？
您觉得公司的规章制度建设策略有助于共享经验吗？或者应该怎样？

7. 您曾经保存过或者试图保存您工作中的经验吗？
公司有建设一些制度或者管理工具来帮助你保存您的个人经验吗？
您觉得这些策略或工具有用吗？或者他们应该怎么运作？

三、工程档案管理全过程管控阶段

8. 现在，我会问一些更加详细具体的问题，涉及工程档案管理全过程控制中具体的需要的技能和经验。

1) 工程档案的生成阶段

您认为什么样的经验和知识可以帮助您在档案的生成阶段，保障了档案质量的管控和提升了您的工作效率？

当您与他人共事时，您认为什么样的技能可能会影响或帮助您的工作效能？（好的沟通渠道，有效的工作分工，好的领导才能）

您现在这个项目中所运用的什么样知识，会积累运用下一个项目中？

您现在这个项目中运用的那些知识，是来自于上一个项目的积累？

2) 工程档案的收集阶段

您认为什么样的经验和知识可以帮助您在档案的收集阶段，保障了档案质量的管控和提升了您的工作效率？

当您与他人共事时，您认为什么样的技能可能会影响或帮助您的工作效能？（好的沟通渠道，有效的工作分工，好的领导才能）

您现在这个项目中所运用的什么样知识，会积累运用下一个项目中？

您现在这个项目中运用的那些知识，是来自于上一个项目的积累？

3) 工程档案的管理阶段

您认为什么样的经验和知识可以帮助您在档案的管理阶段，保障了档案质量的管控和提升了您的工作效率？

当您与他人共事时，您认为什么样的技能可能会影响或帮助您的工作效能？（好的沟通渠道，有效的工作分工，好的领导才能）

您现在这个项目中所运用的什么样知识，会积累运用下一个项目中？

您现在这个项目中运用的那些知识，是来自于上一个项目的积累？

4) 工程档案的保管阶段

您认为什么样的经验和知识可以帮助您在档案的保管阶段，保障了档案质量的管控和提升了您的工作效率？

当您与他人共事时，您认为什么样的技能可能会影响或帮助您的工作效能？（好的沟通渠道，有效的工作分工，好的领导才能）

您现在这个项目中所运用的什么样知识，会积累运用下一个项目中？

您现在这个项目中运用的那些知识，是来自于上一个项目的积累？

5) 工程档案的利用阶段

工程档案具有参考、法律、社会价值等利用价值，那么您认为什么样的经验和知识可以帮助您在工程档案的利用阶段，保障了档案质量的管控和提升了您的工作效率？

当您与他人共事时，您认为什么样的技能可能会影响或帮助您的工作效能？（好的沟通渠道，有效的工作分工，好的领导才能）

您现在这个项目中所运用的什么样知识，会积累运用下一个项目中？

您现在这个项目中运用的那些知识，是来自于上一个项目的积累？

6) 工程档案的宣传与传播阶段

公司现阶段有对工程档案的宣讲、宣传与传播活动吗？

如果有，那么您认为什么样的经验和知识可以帮助您在工程档案的宣传与传播用阶段，加强了档案意识的提升，提高了档案工作者的地位呢？

当您与他人共事时，您认为什么样的技能可能会影响或帮助您的工作效能？（好的沟通渠道，有效的工作分工，好的领导才能）

您现在这个项目中所运用的什么样知识，会积累运用下一个项目中？

四、总结

9. 您认为基于经验的知识重要吗？为什么？

10. 您认为有必要去鉴别、获取、分类和共享你的经验吗？为什么？